에드워드 사이드 선집
01

말년의
양식에
관하여

국립중앙도서관 출판시도서목록(CIP)

말년의 양식에 관하여: 결을 거슬러 올라가는 문학과 예술 / 에드워드 W. 사이드 지음 ; 장호연 옮김
-- 개정판. -- 서울 : 마티, 2012
p.230 ; 152×210mm
(에드워드 사이드 선집 ; 01)

원표제: On Late Style
영어 원작을 한국어로 번역
ISBN 978-89-92053-68-6 94100
ISBN 978-89-92053-50-1(세트)

예술 철학[藝術哲學]
600.1-KDC5
700.1-DDC21
CIP2012004631

에드워드 사이드 선집
01

말년의 양식에 관하여

On Late Style
: 결을 거슬러 올라가는 문학과 예술

에드워드 사이드 지음
장호연 옮김

차례

사이드를 그리며 8
들어가는 글 12

1 시의성과 말년성 23
2 18세기로의 회귀 49
3 「코시 판 투테」가 진정으로 말하고자 하는 것 77
4 장 주네에 대하여 105
5 사라지지 않는 구질서의 매력 127
6 지식인 비르투오소 155
7 그 밖의 말년의 양식들 177

작품 해설 212
옮긴이의 글 217
주 220
찾아보기 225

일러두기

본문에 나오는 약어들의 원제는 다음과 같습니다. 자세한 서지 사항은 주석을 참고하세요. 한국어판이 있는 경우, 본문의 원서 쪽 수 뒤에 한국어판의 쪽 수를 병기하였습니다.

ESR 『에드워드 사이드 자서전』*The Edward Said Reader*

ME 『음악적 역작』*Musical Elaborations*; 『에드워드 사이드의 음악은 사회적이다』(이다미디어, 2008)

EM 『음악 에세이』*Essays on Music*

PNM 『신음악의 철학』*Philosophy of New Music*

MM 『미니마 모랄리아』*Minima Moralia*; 『미니마 모랄리아』(도서출판 길, 2005)

RS 「리하르트 슈트라우스」'Richard Strauss'
 (『음악 논문집』*Musikalische Schriften*에 수록)

MDO 『모차르트-다 폰테 오페라』*The Mozart-Da Ponte Operas*

LCA 『사랑의 포로』*Le captif amoureux*

TL 『표범』*The Leopard*

BDA 「바흐 애호가들에 맞선 바흐 옹호」'Bach Defended Against His Devotees'
 (『프리즘』*Prisms* 에 수록); 『프리즘』(문학동네, 2004)

CP 『카바피 시 선집』*Collected Poems*

VD 『욕망의 베네치아』*Venice Desired*

※ 모든 각주는 옮긴이 주입니다.

사이드를 그리며

에드워드는 2003년 9월 25일 목요일 아침에 눈을 감을 당시 이 책을 집필하던 중이었다. 8월 말 우리는 유럽에 있었다. 에드워드는 스페인 세비야에서 열린 서동시집 오케스트라* 워크숍에 참석한 뒤 이어 포르투갈에 사는 친구의 집을 방문하던 날 병에 걸려 쓰러졌다. 며칠 후 우리는 뉴욕으로 돌아왔고, 그는 3주 동안 고열에 시달리다가 조금 차도를 보이는가 싶었다. 금요일 아침에는 일을 다시 시작할 정도로 기운을 차렸다. 그러나 결국 3일 후에 다시 앓아누워 더는 일어나지 못했다. 금요일 아침에 식사를 하면서 그가 내게 말했다. "오늘은 『저항의 인문학』Humanism and Democratic Criticism의 감사의 말과 머리말을 쓸 거요. 『오슬로에서 이라크까지, 로드맵』의 들어가는 글은 일요일까지 마치고, 다음주에는 『말년의 양식에 관하여』를 마무리하는 데 총력을 쏟을 테요. 그래야 12월에는 책을 넘길 수 있으니까." 결국 작업은 그가 마음먹은 대로 되지 않았다. 하지만 에드워드는 이 책과 관련된 자료들을 충분히 많이 남겨놓았고, 그래서 우리는 그가 죽고 나서도 그의 구상에 가깝게 작업을 마무리할 수 있었다.

내가 기억하기로 그가 작가, 음악가 등의 '말년의 작품' '말년의 양식' '아도르노와 말년성'에 관해 글을 쓰겠다는 생각을 처음 내비친 때는 1980년대 말이었다. 이런 현상에 관심을 갖기 시작해 관련 문헌들을 열심히 읽어대던 차였다. 그는 많은 친구들, 동료들과 이 주제에 관해 이야기를 나눴고, 음악과 문학에 대한 논문을 쓰면서 말년의 작품들의 예를 인용하기 시작했다. 심지어 몇몇 작가들과 작곡가들의 말년의

---

* 서동시집 오케스트라 West-Eastern Divan Orchestra: 1998년 다니엘 바렌보임과 에드워드 사이드가 유대-아랍 민족의 화합을 위해 양쪽의 청소년 연주자들을 반반씩 선발하여 창설한 오케스트라. 괴테의 『서동시집』West-östliche Divan 에서 오케스트라 이름을 가져왔다.

작품을 다룬 에세이도 썼다. 컬럼비아 대학을 시작으로 여러 곳에서 '말년의 양식'에 관한 강의를 잇달아 가졌고, 1990년대 초에는 정식 과목을 개설했다. 그리고 마침내 책을 한 권 쓰기로 결심하고 출판사와 계약을 했다.

열의를 보여준 몇몇 사람들과 친구의 도움이 없었다면 이 책은 세상에 나올 수 없었을 것이다. 가족을 대표해서 나는 이렇게 책이 나올 수 있도록 도움을 준 이들에게 고마운 마음을 표하고 싶다.

가장 먼저 그리고 가장 크게 감사해야 할 사람은 에드워드의 조수 샌드라 파이다. 그녀의 헌신적인 도움 덕에 자료들을 모아 이 책을 마무리할 수 있었다. 세세한 노트를 챙기고 풍부한 경험을 바탕으로 소중한 정보들을 알려준, 에드워드의 학생이자 예전에 조수로 일했던 앤드류 루빈에게도 감사의 말을 전한다. 에드워드와 함께 오랫동안 말년의 양식에 대해 논의한 스타티스 구르구리스는 귀중한 시간을 기꺼이 내어 자신의 아이디어를 나눠주었다. 인내심을 갖고 작업을 도와준 에드워드의 편집자 셸리 왱어, 와일리 에이전시의 새러 샬펀트와 진 아우, 그리고 에드워드와 함께 세미나를 하고 원고를 읽어준 그의 친구이자 동료인 아켈 빌그래미, 이들 모두에게 진심으로 감사하다는 말을 전한다. 이들 말고도 귀중한 시간과 정보로 큰 도움을 준 많은 친구들과 학생들이 있다. 마지막으로, 우리 가족들이 고맙게 생각하는 소중한 친구 두 명이 있다. 그들의 한결같은 사랑과 너그러움과 전문적 지식이 없었다면 이 책은 빛을 보지 못했을 것이다. 원고를 꼼꼼하게 읽고 지혜로운 조언을 해줘 이 책의 출판에 확신을 갖게해준 사람은 에드워드가 늘 "미국에서 가장 뛰어난 문학비평가"라고 말했던 리처드 포이리에다. 리처드는 이 원고가 진행되는 과정을 처음부터 끝까지 지켜봤다. 섬세함과 열정으로 이 원고를 집필하고 편집해준 다른 친구는 마이클 우드다. 그는 에세이를 편집하고 자료를 정리했을 뿐만 아니라, 이것들을 섬세하게 하나로 묶으면서도 에드워드의 목소리를 놓치지 않은 놀라운 일을 해냈다.

    2005년 4월, 뉴욕
    마리엄 C. 사이드

들어가는 글

"죽음 때문에 우리는 하루도 한가하게 지낼 수 없다."[1]
새뮤얼 베케트가 엄연한 현실을 풍자한 이 말은 죽음이 날짜를 정해서 찾아오지 않으며 우리는 한창 바쁠 때 죽을 수도 있음을 뜻한다. 그러나 때로는 죽음이 우리를 기다리기도 하며, 우리는 죽음이 기다리고 있음을 뼈저리게 인식할 수 있다. 이때 시간의 질이 빛이 변하듯 바뀐다. 현재는 새록새록 살아나거나 희미해지는 과거나 불현듯 측정할 수 없게 되어버린 미래, 혹은 도저히 상상할 수 없는 시간 감각에 의해 옆으로 밀려난다. 그 순간 우리는 이 책의 주제인 늦음/말년성*이라는 특별한 인식을 얻게 된다.

'늦다'late라는 말이 갖는 의미의 미묘한 차이를 찬찬히 생각해보자. 자연의 주기에 따라 시기가 지난 것, 생명이 다해 죽은 것, 가장 자주 사용되는 의미인 원래 이루어졌어야 할 때를 놓쳐버린 것, (말 그대로) '너무 늦은' 상태. 그러나 늦저녁, 대기만성, 늦가을처럼 정확한 시점을 뜻하는 표현들도 있다. 여기에는 정확하게 지키기로 되어 있는 시계라든가 달력이 없다. 죽은 사람은 분명 시간을 넘긴 것인데, 그렇다면 우리가 그들은 '늦었다고'(고인이라고) 부르는 것에는 시간과 관련된 어떤 까다로운 열망이 숨어 있을까? 늦음/말년성은 시간과 관련된 한 가지 관계만을 나타내는 개념이 아니며, 항상 시간을 일깨워 흐르게 한다. 그 말은 놓친 시간이든 딱 맞춘 시간이든 흘러가버린 시간이든 아무튼 시간을 기억하는 하나의 방법이다.

에드워드 사이드는 컬럼비아 대학에서 개설한 유명한 강의를

---

* lateness: 보통 late는 양식과 관련하여 '후기'라고 번역하지만 '후기'라고 하면 전기-중기-후기로 이어지는 연대기적인 의미가 자연스럽게 연상되므로, 이 책에서 사이드가 강조하는 양식의 파국적인 면, 죽음, 종말의 이미지를 강조하기 위해 '말년'이라고 번역한다.

준비하면서 노트에 이렇게 적었다. "시간의 공간화… 말년의 작품/
말년의 양식… 연대기적 순서로 풍경을 구축하여 시간이 흐름에 따라
더 잘 **보고 경험하고 파악하고 작업**할 수 있게 할 것…, 아도르노:
객관으로서의 파열된 풍경fractured landscape"(사이드의 강조 표시). 노트는
계속해서 프루스트의 여러 구절들과 홉킨스의 시 세 편을 인용한다.
프루스트의 구절들은 모두 『잃어버린 시간을 찾아서』의 마지막에 나오는
것으로, 여기서 화자는 과거를 되살려 낼 수 있다는 것을 새롭게 깨달아
기뻐하면서 동시에 자신에게 남은 시간이 많지 않으리라는 사실에
괴로워한다. 사이드의 노트에 따르면, 프루스트는 사람을 여러 갈래의
길이 엇갈리는 교차로로, 시간을 일종의 신체로, "등장인물을 지속으로"
바라본다. 한편 그는 홉킨스의 시를 읽으며 시인이 그토록 사랑한 어둠이
깔리는 풍경을, "탄식을 내지르며 설명하게 만드는… 겨울 세계"[2]를,
그리고 무엇보다 잠과 죽음을 마음의 가파른 비탈과 모진 날씨에서
벗어날 수 있는 유일한 탈출구로 묘사한 섬뜩한 대목을 생각한다.

> 오, 마음에는 험준한 산들과 가파른 절벽들이 있네.
> 누구도 규모를 짐작할 수 없는 두려운 곳.
> 무시하라. 거기에 매달려 발버둥치지 않기를.
> 우리는 그런 절벽에서 오래 버텨낼 수 없으니.
> 이봐, 좀스러운 놈, 가엾은 녀석,
> 회오리바람이 몰아치는데 안식을 찾고 있네.
> 모든 삶과 죽음은 끝나게 마련이고,
> 매일 매일이 잠으로 죽어간다네.[3]

'말년의 작품/말년의 양식' 과목을 소개하는 글에서 내가 가져온

이런 예들은 "양식의 독특함을 통해 말년성을 표현하는… 예술가들"의 작품이며, 분명 그 같은 "독특함"은 그저 시간을 공간화한다고 해서 얻어지는 것이 아니다. 아도르노가 말하는 "파열된 풍경"은 말년의 작품들이 시간과 맞서 싸우고 죽음을 "굴절된 양식으로, 알레고리로서" 드러내는 방법들 중 하나일 뿐이다. 이런 식의 굴절은 사이드한테도 중요하다. 아도르노의 용어인 "말년의 양식"은 노쇠나 죽음의 직접적인 결과일 수가 없다. 양식이란 필멸의 생명체가 아니며, 예술작품에는 잃어버릴 생명이라는 것이 없기 때문이다. 그럼에도 다가오는 죽음을 인식하는 예술가의 의식은 여러 다양한 방식으로 작품에 반영된다. 그중 우세한 형식은 "시대착오와 예외"다. 사이드는 앞서 인용한 사람들을 포함하여 그런 특징을 보여준 예술가들에 주목한다. 이들 대부분이 이 책에 어떤 식으로든 등장한다. 아도르노 본인은 물론이고 토마스 만, 리하르트 슈트라우스, 장 주네, 주세페 토마시 디 람페두사, 카바피가 이 책의 주인공들이다. 이들 말고도 사이드가 말년에 출판한 별도의 논문들에 몇몇 예술가들이 등장한다. 에우리피데스, 브리튼, 모차르트 등인데, 특히 모차르트는 적어도 하나의 오페라에서 성숙함과 구별되는 말년성을 갑작스럽게 드러냄으로써 "가사와 상황을 뛰어넘는 특별하고도 아이러니한 표현성"을 보여준다.

    이런 유형의 말년성은 소포클레스와 셰익스피어의 마지막 작품들에서 발견되는 초현세적인 차분함과 완전히 다르다. 『콜로누스의 오이디푸스』 『템페스트』 『겨울 이야기』는 시기적으로 봐서 충분히 말년의 작품이지만, 시간과 맞서는 싸움을 어떻게든 마무리했다. 사이드가 이 책의 1장에서 말하듯, "우리 모두는 말년의 작품이 어떻게 평생에 걸친 미적 노력을 완성하는지, 그 예를 얼마든지 열거할 수 있다. 렘브란트와 마티스, 바흐와 바그너를 생각해보라. 하지만 예술적 말년성이 조화와 해결의 징표가 아니라 비타협, 난국, 풀리지 않은 모순을 드러낸다면 어떨까?" 그리고 글렌 굴드처럼 라이브 연주의 세계에서 물러나 열성적으로 활동하는 동안 이미 '사후적'이라는 특성을 확고히 얻음으로써 자신만의 말년성 형식을 창조한 예술가는 또 어떨까?

사이드는 생전에 자신이 아도르노에게 큰 빚을 지고 있음을 누차 인정했다. 그는 말년의 한 인터뷰에서 자신이 "아도르노의 유일하고도 진정한 추종자"라고 말했다. (그가 스스로를 "마지막 유대인 지식인"[4]이라고 말했던, 텔아비브에서 『하레츠 매거진』과 가졌던 바로 그 인터뷰다.) 농담 섞인 말이었는데, 아도르노가 추종자를 거느렸다는(혹은 사이드가 그를 충실하게 따랐다는) 부분이 농담이었다면 그가 아도르노를 중요한 인물로 거론한 것은 진지한 의도였다. 물론 사이드는 비관적인 스승과 결정적인 지점에서 차이를 보인다. 그는 자신이 설명하는 말년성만이 중요하다고 생각하지 않았지만, 아도르노가 이런 까다로움에 담긴 "비극적 차원"[5]을 놓쳤다고 생각했다. 또한 아도르노가 말하는 "완전한 관리 사회"가 항상 위협적이기는 하지만, 모든 사회가 다 그런 것은 아니라고 보았다. 그는 『음악적 역작』에서 "즐거움과 사적 자유는 그대로 남는다"고 말했으며, 한 유명한 구절에서 브람스를 회고하며 "그의 음악의 음악"을 환기시켰다. 이는 세속적인 예술의 정치적·경제적 측면을 모두 고려하고 난 뒤에도 남아 있는 음악의 친밀한 속성을 지적한 것이다.[6]

이 책에서 말하고 있듯이 사이드에게 말년성은 "망명의 형식"이다. 하지만 망명자도 어딘가에 살며, "말년의 양식은 현재 속에 거주하지만 묘하게 현재에서 벗어나 있다." 사이드는 이렇게 말한다. "아도르노에게 말년성은 용인되고 정상적인 것을 넘어 살아남는다는 개념이다. 또한 말년성에는 누구든 실제로는 말년성을 도저히 넘어설 수 없다는 생각이 포함된다." 바로 그렇기 때문에 우리는 설령 자신이 시대 흐름과 어긋나

보일 때에도 계속해서 세상과 보조를 맞추려고 노력한다. 말년성에는 비극적 측면만이 아니라 유희적인 면도 있다. 일례로 「장미의 기사」와 「낙소스 섬의 아리아드네」에서 확인되는 리하르트 슈트라우스의 말년의 양식은 분명히 "사람을 불안하게 만들지만" 그것은 냉엄한 현재를 다른 시대로 결연히 대체하기 때문이다. "실제로 [오페라 속의] 이 세계는 일상의 압력과 걱정에서 자유롭게 벗어난다는 점에서, 그리고 방종과 재미와 사치를 무한정 추구할 수 있는 것처럼 보인다는 점에서 역사를 초월한다. 그리고 이 점 또한 20세기 말년 양식의 한 특징이다."

이렇듯 사이드가 '재미'를 저항의 한 형식으로 본다는 점은 그의 비평적 상상력이 얼마나 포용적인지 보여주는 단면이다. 이것이 가능한 것은 즐거움과 사적 자유처럼 재미 또한 현 상황이나 지배 체제와 반드시 화해할 필요가 없기 때문이며, 이런 식의 자유로 인해 이 책에 등장하는 말년성의 사례들이 하나로 묶인다. 각각의 사례들의 어조는 비극, 희극, 아이러니, 패러디 등 다양할 수 있겠지만, 사이드가 말하는 말년성의 특징을 갖는 예술가들은 모두 화해하지 않는다는 공통점을 보인다. 아도르노는 베토벤이 "화해하지 않는 것을 단일한 이미지로 화해시키기"7를 거부했다고 썼는데, 이것이 바로 사이드가 음악과 세상에 대해 논평하면서 계속해서 강조하는 바다. "내가 소중하게 여기는 아도르노의 개념은 이런 식의 긴장감, 즉 내가 화해불가능성이라고 부르는 특징을 강조하고 극적으로 부각시키는 개념이다."(ESR 437) 사이드는 다른 사람들이 로드맵이라고 부르는 것을 화해불가능성이라고 일축하지만, 아도르노와 달리 절망하지 않으며 문화적 혹은 정치적 교착 상태를 수용하지도 않는다. 음악에서나 중동 지역에서 까다로움과 차이를 생각하지 못하게 하려고 자주 화해의 꿈을 들먹이는 것이 사실이다. 그렇다고 해서 이를 생각할 수 없는 것은 아니며, 화해는 어쩌면 우리가 필요로 하는 것이 아닐지도 모른다. 사이드는 스타티스 구르구리스가 최근에 쓴 에세이에 말한 "모든 비평은 미래가 있어야 한다는 전제 아래 수행된다"는 구절을 인용한다. 구르구리스의 말을 계속하면, "말년의 양식은 바로 이런 미래를 모색하기 위해서 완화된 형태로 각인되는 과거와 나약해빠진 현재 모두를 거부하는 형식이며, 그렇게 말과 이미지, 제스처, 재현물로 표현된 형식은 지금은 당혹스럽거나 시의적이지 않거나 말도 안 되는 것처럼 보일 수 있다."[8]

사이드가 1989년 어바인 캘리포니아 대학의 웰렉 렉처에서 강의하고 1990년에 출간한『음악적 역작』에 보면 말년의 양식에 관한 아이디어의 단초를 엿볼 수 있는데, 아도르노가 1938년에 쓴 베토벤에 관한 에세이도 여기에 인용되어 있다. 당시 사이드는 훗날 컬럼비아 대학에서 가르칠 과목을 이미 연구하기 시작했던 것 같다. 그가 1993년에 런던에서 노스클리프 경 렉처를 세 차례 했을 때는 이미 몇몇 핵심적인 아이디어와 사례들이 상당히 진전된 상태였으며, 지금 이 책의 1장과 2장, 5장의 기초를 이룬다. 그 와중에 두 가지 사건이 일어났다. 먼저 사이드의 어머니가『음악적 역작』의 출간을 보지 못하고 돌아가셨다. 사이드는 그 책에 자신이 어머니와 "음악 경험을 많이 공유했다"고 적었으며, 아울러 "비록 결점이 있지만 어머니가 이 책을 읽고 당신의 생각을 말하게 해드리지 못해서 죄송한 마음뿐이다"라고 했다.(ME xi) 그의 가족과 알고 지낸 사람이라면 이 말이 특히 애통하게 들릴 것이다. 사이드 어머니는 확고한 생각을 갖고 논리적으로 말할 줄 아는 분이셨기 때문이다. 그녀가 뉴욕에 머물 때마다ㅡ우리는 꽤 오랫동안 같은 건물에 살았다ㅡ모자가 늘 남들보다 일찍 일어나 활기차게 이런저런 논의를 나누곤 했던 기억이 난다. 그리고 1991년 9월, 사이드는 정기 건강 검진을 받고 자신이 백혈병에 걸렸음을 알게 되었다. 이런 두 가지 사건으로 사이드는 회고록『에드워드 사이드 자서전』을 집필한다. 그는 이 책을 1994년에 쓰기 시작해서 1999년에 출판했다. "나는 내가 죽어가는 것을 의식하며 두려워했다고는 생각지 않는다. 비록 시간이 부족하다는 사실은 안타깝게 여겼지만 말이다."(ESR 419)

그는 열정적으로 일했다. 가르치기, 여행하기, 강의하기, 회고록 집필하기, 그리고 훗날『망명에 대한 성찰』(1998)『평화 정착의 종말』(2000)『권력, 정치, 문화』(2001)『평행과 역설』(2002)『저항의 인문학』(2004)『오슬로에서 이라크까지, 로드맵』(2004)으로 출간된 글쓰기까지. 아울러 그는 늘 전화에 매달려 있는 것 같았다. 그를 보면 헨리 제임스의 단편「사생활」에 나오는, 협회 일에 너무도 많은 시간을 쏟기에 도무지 그 많은 책들을 언제 썼는지 의심스러운 작가를 떠올리게 된다. 그렇기에 그가 내게 자주 말했던 말년의 양식에 관한 책이 이렇게 나온 것은 어찌 보면 당연한 일이다.

사이드는 이 책이 완성되기를 원했을까. 잘 모르겠다. 어쩌면 책의 완성은 원했겠지만, 결코 오지 않을 때를 기다리고 있었는지도 모른다. 비시의성을 다룬 이 책에도 알맞은 때가 있겠지만 지금은 때가 아니다. 어쩌면 영원히 아닐 것이다. 작업을 마무리하는 것은 한 생명의 종말에 대해 쓰는 것과 아주 흡사할 수 있다. 사이드의 책『시작』*Beginnings*이나 그보다 앞서 씌어진 콘래드에 관한 책의 서두를 장식하는, 자아의 형성에 관한 긴 장을 마무리하는 것과 같다. 기원origins과 달리 시작beginnings은 그것이 선택되었다는 점이 가장 중요하다. 사이드가 리하르트 슈트라우스의 말년의 작품을 가리켜 "급진적으로 황홀하게 정교한" 음악, "그저 흘러가게 내버려둠으로써 즐거움과 깨달음을 주는 음악"(ME 105)이라고 했던 말이 계속 생각난다. 이런 표현은 1991년 9월에 백혈병 진단을 받기 전에 이미 만들어진 말이지만, 이후에도 사이드가 말년의 양식에 계속 관심을 가진 것은 그저 자전적인 이유만이 아니었다. 자신의 죽음을 생각하면서 말년의 양식이라는 문제에 더욱 매달리게 된 것일 뿐, 진단이 그 문제에 관심을 갖게 한 것은 아니다. 하지만 나는 사이드가 죽음에 대해 생각하면서 이 책의 길고도 불완전한 운명이 결정되었다고 믿는다. 내버려둠에 대해 쓰는 것과 직접 내버려둠을 경험하는 것은 다른 문제이기 때문이다. 자아의 형성을 탐험하는 과정은 죽는 날까지 계속될 수 있다. 하지만 자아의 파괴는 다른 문제다. 바로 말년의 양식은 여기에 해당한다.

　이 말은 사이드 본인한테는 말년의 양식이 없었다는 뜻일까? 그 역시 스스로 말년의 양식의 특징이라고 확인한 정치적 태도와 도덕성을 분명히 가졌다. 화해하지 않은 관계의 진실에 강한 애착을 보였고, 이런 점에서 사이드의 작업은 그가 대상으로 삼았던 에세이, 시, 소설, 영화, 오페라와 같은 부류인 셈이다. 그러나 말년성은 꼭 그런 것만은 아니며, 사이드는 다른 장소와 다른 사람들한테서도 똑같은 정치적 태도와 도덕성, 그리고 열정을 발견했다. 사실 사이드는 그런 정치적 태도와 도덕성, 열정을 이전부터 보여왔다. 다른 맥락에서 그가 밝혔듯이, 말년성은 "명료하게 하고 극적인 태도를 취하며"(ME 21) 우리를 망상에 사로잡아 나아가기 어렵게 만든다. 우리는 죽음을 생각하지 않고도 이런 일을 할 수 있으며, 사이드는 이런 과업을 바로 지식인의 임무라고 여겼다. 이렇게 볼 때 음악이 연주라는 사회적 세계와 맺는 관계에 대해 질문하고 재건한 글렌 굴드는 사이드가 말하는 지식인의 본보기다. 내 생각으로는 사이드가 말년성에 깊은 관심을 갖고 있었고 자신의 삶이 얼마 남지 않았음을 인식했지만, 말년의 자아 해체라는 개념에 끌리지는 않았던 것 같다. 사이드는 이 책에서 아도르노가 말년의 베토벤을 묘사한 것에 대해 "애도하는 인물"이라는 표현을 사용했는데, 자신의 말년의 작품에는 이런 특징이 드러나지 않는다. 사이드는 자아를 계속해서 형성하길 원했고, 흔히 인생을 초기, 중기, 말기(말년)로 구분한다면 사이드의 경우엔 백혈병 진단을 처음 받고 12년이 지난 2003년 9월 예순일곱의 나이로 죽었을 때 여전히 중기에 속해 있었다. 그러면 진정한 말년성을 탐구하기에는 아직 너무 이른 시기라고 말했을 것이다. 그렇게 해서 말년의 양식을 다룬 이 책은 미완성이지만, 자료들은 대단히 풍부하게 남아 있다. 사이드가 좀더 오래 살아서 글을 많이 썼더라면 좋았겠지만 남아 있는 자료만으로도 고맙게 생각한다. 이어지는 본문에서 나는 여러 자료들을 조합했는데, 자르고 붙이는 과정은 있었지만 내용을 요약하거나 구절을 잇는 문장을 추가할 필요성은 느끼지 못했다. 즉 문장은 온전히 사이드 본인이 쓴 것이다. 앞서 내가 말했듯이 노스클리프 경 렉처는 이 책의 1장과 2장, 5장의 기초를 이룬다. 개관의 글은 『런던 북 리뷰』에 실린 「말년의 양식」이라는 제목의 논문에서 가져왔다. 이 논문에는 카바피에 대한 단상이 포함되어 있고, 비스콘티의 영화 「표범」에 관한 초기 스케치와 아도르노에 관한 상당량의 자료들이 실려 있다.

    모두 적정한 곳에 활용했다. 1장에서 나는 또한 사이드가 2000년 12월 뉴욕에서 의사들(자신의 주치의를 포함해서)을 상대로 가졌던 대담의 앞부분을 활용했다. 모차르트, 주네, 굴드를 다루고 있는 3장, 4장, 6장은 개별적인 에세이로 집필된 것이다. 7장은 메이너드 솔로몬의 베토벤 책에 대한 리뷰, 에우리피데스 희극 공연에 대한 에세이, 『런던 북 리뷰』 논문에 실린 카바피 자료, 그리고 브리튼의 『베네치아의 죽음』에 대한 에세이, 이렇게 네 편의 자료를 내가 임의로 조합한 것이다. 이렇게 해서 마지막은 아도르노와 파국적catastrophic 예술작품이라는 개념으로 다시 돌아가는데, 이는 논의를 멈추기에 좋은 지점으로 보인다. 하지만 멈춤은 끝이 아니며, 우리는 이를 유념해야 한다. 단지 사이드 자신이 이 책을 끝맺지 못했기에 하는 말이 아니다. 그에게 양식이란 양식이 말할 수 없는 것이 무엇인가 하는 문제이기도 했기 때문이다. 한 인터뷰에서 사이드는 "나는 항상 배제된 것에 관심이 많다"고 말했다. "나는 제시된 것과 제시되지 않은 것, 명료하게 표현된 것과 침묵에 처해진 것 사이에서 벌어지는 긴장에 관심이 있다."(ESR 424) 그런 관점에서 보자면 침묵 자체도 사이드가 미출간 원고에서 말했듯이 "그저 아무 말도 하지 않는 것이 아니라" 양식의 한 측면이다. 그는 팔레스타인인에 대해 이렇게 말했다. "우리는 메시지와 신호의 민족이자 암시와 간접적인 표현에 능한 민족이다."9

그가 음악의 "과묵함" "암시적 침묵"(ME 16)이라고 부른 것이야말로 음악의 가장 큰 즐거움이며, 정치적으로나 다른 면으로나 절망 가득한 곳에서 피어오르는 한 줄기 희망이다. 그것은 "불안정한 망명의 영토"이며, 거기서 우리는 "먼저 무엇이 파악될 수 없는지 진실로 파악한 다음, 그래도 어떻게든 하기 위해 앞으로 나아간다." 10

뉴저지 프린스턴에서, 2005년 4월
마이클 우드

1

시의성과 말년성

분열의 원동력으로서 그는 이들을 시간 속에 풀어헤쳐 둔다. 아마도 영원히 이들을 그 상태로 보존해두기 위함이다.
예술의 역사에서 말년의 작품은 파국이다.

신체 상태와 미적 양식의 관계는 처음에는 삶의 중차대함이나 필멸성, 의학, 건강 같은 주제와 비교할 때 부적절하고 어쩌면 시시한 주제로 보여 그냥 무시해도 좋을 것 같다. 그럼에도 불구하고 내 생각은 이렇다. 우리 모두는 의식을 가진 존재로서 계속해서 우리의 삶을 생각하고 뭔가를 만들어내는 일을 한다. 이렇게 스스로 만들어가는 과정이 역사의 기초를 이룬다 역사과학의 위대한 창설자 이븐 할둔과 비코에 따르면 역사는 본질적으로 인간노동의 산물이다.

    따라서 중요한 구분은 자연의 영역과 세속적인 인간의 역사 사이의 구분이다. 신체, 건강, 보살핌, 기질, 기능, 활동성 그리고 병과 죽음은 자연의 질서에 속한다. 하지만 그런 자연을 **이해하는** 것, 즉 우리가 의식적으로 자연을 관찰하고 살아가는 것, 우리가 삶의 감각을 개별적·집단적으로, 주관적·사회적으로 창조하는 방식, 이를 시기별로 구분하는 방식은 모두 역사의 질서에 속한다. 우리가 이를 떠올리고 분석하고 성찰할 때마다 그 양상이 계속적으로 바뀐다. 역사와 자연이라는 두 영역 사이에는 온갖 관계가 존재하지만, 지금으로서는 그 둘을 따로 떼어놓고 오직 역사에만 초점을 맞추려 한다.

    대단히 세속적인 인간인 나는 이렇게 스스로 만들어가는 과정을 오랫동안 연구해왔다. 모든 문화와 전통에 공통적으로 존재하는 세 가지 거대한 국면, 세가지 거대한 에피소드를 중심으로 연구했는데, 이 책에서 특별히 논의할 것은 세 번째 국면이다. 하지만 논의를 분명히 하기 위해 앞선 두 국면을 간단히 살펴보기로 하자. 첫 번째는 시작의 개념, 탄생과 기원의 순간으로, 역사의 맥락에서 보자면 하나의 주어진 과정, 설립, 제도, 생명, 프로젝트 등이 출발하는 방식을 생각할 때 가동되는 모든 재료가 이에 해당한다. 30년 전 나는 『시작: 의도와 방법』*Beginnings: Intention and Method*이라는 책을 낸 적이 있는데, 거기서 나는 마음이 특정한 시점에 도달하면 어떻게 출생과 함께 가장 초보적인 방식으로 뭔가가 시작되는 순간을 자신의 기원으로 소급해서 구성하는지를 살펴보았다. 역사와 문화 연구 같은 분야에서는 기억과 소급이 가령 산업화, 과학 의학, 낭만주의 시대 같은 중요한 사건들의 시작 지점으로 우리를 이끈다. 개인적으로도 발견의 연대는 과학자들에게 중요한 만큼이나, 데이비드 흄을 처음 읽고 독단적인 무기력 상태에서 힘차게 깨어났다고 회고한 임마누엘 칸트 같은 사람에게도 중요하다. 서구 문학사에서 소설의 형식은 17세기 말 부르주아의 등장과 같은 시대에 형성되었다. 그래서 처음 백 년 동안 소설은 출생, 고아 신세, 뿌리의 발견, 새로운 세상 창조, 경력과 사회 건설이라는 주제를 파고들었다. 대표적인 예가 『로빈슨 크루소』 『톰 존스』 『트리스트럼 샌디』다. 소급해서 시작 지점을 확인한다면, 그 대상은(실험이든 정부의 위촉을 받은 것이든 혹은 디킨스의 『황량한 집』 집필이든) 항상 수정되게 마련인 시점에 놓이게 된다. 따라서 전적으로 혹은 부분적으로 실현되거나, 아니면 이후 완전히 실패한 것으로 드러나는 의도의 문제가 필연적으로 수반된다. 두 번째 거대한 국면은 탄생 이후 벌어지는 연속적인 일들, 시작과 더불어 서서히 껍질이 벗겨지는 과정이며, 탄생, 청년기, 번식기, 성숙으로 이어지는 단계 내에 있다. 모든 문화는 체현의 변증법dialectic of incarnation이라고 멋지게 명명된 이미지, 혹은 프랑수아 자콥의 말을 따르자면 생명체의 논리la logique du vivant라고 하는 것을 제공하고 널리 퍼뜨린다. 우리가 스스로에 대해 갖고 있는 가장 폭넓고 복잡한 이미지를 제시하는 서양의 미적 형식은 소설이므로, 다시 소설의 역사에서 사례를 들자면, 교양 소설, 이상주의와 환멸의 소설(『감정 교육』 『잃어버린 환상』), 미성숙과 친목의 소설(영국의 비평가 질리언 비어가 19세기 영국 사회를 다룬 위대한 소설로 다윈의 세대 구성 패턴 플롯에 큰 영향을 받았다고 했던 조지 엘리어트의 『미들마치』)이 있다. 음악과 회화 등의 다른 미적 형식도 비슷한 패턴을 따른다. 그러나 전체적으로 인간의 삶의 궤적을 닮은 패턴에서 벗어난 예외적인 사례들 또한 존재한다.『걸리버 여행기』『죄와 벌』『심판』 같은 작품은 나이가 들면서 삶의 연륜이 작품에 미적으로 반영되는(셰익스피어의 경우처럼) 굳건한 동맹 관계에서 벗어난 것으로 보인다. 이것은 달리 말하면 예술에서나 삶의 경과에 대한 사고에서나 일반적으로 적절한 때가 존재한다는 사실을 명백히 보여준다. 이런 시의성timeliness의 개념은 가령 삶의 초기에 적절한 것이 훗날의 단계에 적절하지 않고, 그 반대도 마찬가지라는 뜻이다. 예컨대 여러분은 모든 것에는 때가 있고 하늘 아래 모든 목적에는 태어날 때와 죽을 때가 있다는 성경의 구절을 떠올릴 수 있다. "그러므로 나는 사람이 자기 일에 즐거워하는 것보다 더 나은 것이 없음을 보았나니, 이는 그의 본분이기 때문이라, 그의 뒤에 일어날 일이 무엇인지 보게 하려고 그를 도로 데리고 올 자가 누구랴? …너나 할 것 없이 똑같은 운명이 기다리고 있으니, 이는 죄 없는 이나 죄 있는 이, 선한 사람이나 악한 사람, 깨끗한 사람이나 더러운 사람 모두 마찬가지다."

  결국 우리는 한 인간의 삶의 건강이 얼마나 시간에 잘 호응하는가에 달려 있다고 생각한다. 시간에 맞게 늙어가는 것, 그것이 바로 시의성이다. 그래서 희극은 몰리에르나 초서에서 보듯 노인이 젊은 여자와 사랑에 빠진다거나, 철학자가 아이처럼 군다거나, 멀쩡한 사람이 병자 행세를 한다거나 하는 엇박자 행위에서 재료를 구한다. 그러나 희극은 결국 젊은 연인들의 결혼으로 마무리되는 코모스kommos*를 통해 시의성을 회복하는 형식을 취한다.

  이렇게 해서 마침내 명백히 개인적인 이유로 이 책의 주제가 된 마지막 거대한 국면에 이르렀다. 삶의 마지막 시기, 신체의 부패, 질병이나 젊은 사람도 죽음에 이르게 하는 여러 요인들의 공습이다.

여기서 나는 위대한 예술가들에 초점을 맞춰, 그들의 삶이 막바지에 이르렀을 때 어떻게 그들의 작품과 사상이 새로운 이디엄, 이른바 말년의 양식을 얻는지 논의할 것이다. 사람은 나이가 들면 더 현명해지고, 예술가들이 경력의 말년에 이르러 얻게 되는 독특한 특징의 인식과 형식이 과연 존재할까? 우리는 몇몇 말년의 작품에서 공인된 연륜과 지혜를 만나는데, 이런 작품들은 특별한 성숙의 기운, 평범한 현실이 기적적으로 변용된 화해와 평온함의 기운을 드러낸다. 가령 셰익스피어는 『템페스트』나 『겨울 이야기』 같은 말년의 희곡에서 로맨스와 우화의 형식으로 돌아왔고, 비슷하게 소포클레스의 『콜로누스의 오이디푸스』를 보면 나이 든 영웅이 마침내 신성함과 해답을 얻은 것으로 묘사된다. 베르디의 유명한 예도 있다. 그가 말년에 내놓은 「오델로」와 「팔스타프」는 현명하게 체념하는 것이 아니라 젊은 에너지를 새롭게 얻어 발산함으로써 예술적 창조력과 힘의 극치를 입증해 보인다.

우리 모두는 말년의 작품이 어떻게 평생에 걸친 미적 노력을 완성하는지, 그 예를 얼마든지 열거할 수 있을 것이다. 렘브란트와 마티스, 바흐와 바그너를 생각해보라. 하지만 예술적 말년성이 조화와 해결의 징표가 아니라 비타협, 난국, 풀리지 않은 모순을 드러낸다면 어떨까? 나이와 나쁜 건강 때문에 무르익은 성숙함이 느껴지는 평온함을 만들어내지 못한다면? 입센이 바로 그런 경우였다. 그의 말년의 작품, 특히 『우리 죽은 자들이 깨어날 때』는 이제까지 쌓아올린 경력과 솜씨를 허물고, 예술가의 말년의 시기가 초월했다고 여겨지는 의미, 성공, 발전에 관한 질문을 다시 던진다. 따라서 입센의 말년의 희곡들은 해결은커녕 분노와 불안에 찬 예술가 상을 나타낸다. 그는 드라마라는 매체를 더 많은 불안을 자아내고, 마무리의 가능성을 아예 망가뜨리고, 관객들을 전례 없이 당혹스럽고 불안하게 만들기 위한 수단으로 활용했다.

내가 양식의 요건으로서 특별하게 흥미를 갖는 것은 바로 이런 두 번째 유형의 말년성이다. 나는 조화롭지 못하고 평온하지 않은 긴장, 무엇보다 의도적으로 비생산적인 생산력을 수반하는 말년의 양식을 탐구하고 싶다.

아도르노는 1937년에 집필되어 1964년 음악 에세이 모음집 『음악의 순간』에 수록되었고 사후에 발간된 『음악 에세이』(1993)에 다시 실린 「베토벤의 말년의 양식」이라는 제목의 에세이[1]에서 '말년의 양식'이라는 표현을 인상적으로 활용했다. 누구보다 베토벤의 말년의 작품들을 변호했던 아도르노에게 작곡가의 이른바 3기에 속하는 작품들(다섯 곡의 피아노 소나타, 9번 교향곡, 「장엄 미사」, 여섯 곡의 현악4중주, 열일곱 곡의 피아노용 바가텔)은 근대 문화의 역사가 거둔 획기적 성과였다. 자신의 매체를 능숙하게 다룰 줄 아는 예술가가 이제까지 해온 기존의 사회 질서와 교감하기를 과감히 포기하고, 모순적이고 소외된 관계를 새롭게 맺은 순간이기 때문이다. 베토벤의 말년의 작품은 망명의 형식을 취한다. 아도르노의 가장 비범한 에세이 중 하나는 같은 선집에 수록된 「장엄 미사」에 관한 것인데, 그는 이 작품을 까다롭고 고풍스러우면서 미사곡을 독특하게 주관적으로 재해석한, 소외된 걸작이라 부른다.(EM 569-583)

아도르노가 자신의 방대한 저술(아도르노는 1969년에 죽었다)을 통해 말년의 베토벤에 대해 말했던 바는 확실히 그 이후 음악에 대한 그의 모든 분석의 출발점을 이루는 철학적 구성물이다. 아도르노에게 늙고 귀먹고 소외된 작곡가상은 중요한 문화적 상징이었고, 이는 토마스 만의 소설 『파우스트 박사』에도 일정 부분 기여한다. 소설에서 젊은 아드리안

---

* 코모스 : 고대 연극에서 합창단과 배우들이 주고받는 노래

레버퀸은 베토벤의 말년 시기에 관한 벤델 크레츠슈마의 강의에 깊은 인상을 받는데, 아래의 구절을 읽어보면 그것이 얼마나 불건전해 보이는지 감지할 수 있다.

> 베토벤의 예술은 자신의 영역을 훌쩍 넘어버렸어. 전통이라는 그럭저럭 쓸 만한 틀을 벗어나 일반인들의 눈으로 보더라도 놀랍게도, 절대적 고독 속에 자리 잡은 완전한 개인적 자아의 영역으로 들어섰던 거지. 그는 청력 상실로 인해 감각적 세계로부터 완전히 고립되었어. 그는 영혼의 왕국의 고독한 군주였고, 그의 냉담한 입김은 그에게 가장 호의적인 동년배들조차 소스라치게 놀라며 기겁하게 만들었어. 동년배들은 이따금씩 예외적으로만 그의 음악이 말하려는 바를 겨우 이해할 수 있었지.2

이것은 아도르노의 생각과 거의 일치한다. 여기에는 영웅주의도 있지만 비타협적인 태도도 엿보인다. 예술을 일종의 기록으로 봐서는 말년의 베토벤을 제대로 감상할 수 없다. 즉 음악을 들을 때 역사의 반영이든 자신의 죽음이 임박했음을 의식한 예술가의 삶이든, 현실과의 연관성을 강조하는 식으로 해석하면 진면목을 느낄 수 없다. 아도르노에 따르면 이렇게 베토벤의 작품을 그의 개성의 표현으로만 강조한다면, "말년의 작품들은 예술 본연의 정수에서 밀려나 기록에 가까운 것으로 좌천되는 셈이다. 사실 베토벤 말년의 작품 연구는 전기적 사실이나 숙명과의 관계를 입증하는 데 대부분 실패했다. 예술 이론은 인간의 죽음이라는 위엄에 마주하여 스스로의 권리를 포기하고 현실을 선호하는 것 같다."(EM 564) 말년의 양식은 이렇게 예술이 자신의 권리를 포기하지 않고 현실에 저항할 때 생겨난다.

임박한 죽음은 물론 존재하며 이를 부인할 수는 없다. 그러나 아도르노가 강조하는 것은 베토벤 말년의 작곡 양식이 보여주는 형식의 법칙, 즉 미적인 것의 권리다. 이런 법칙은 주관과 관습이 독특하게 어우러진 합성물로, "장식적인 트릴과 종지, 피오리투라"(EM 565) 같은 장치에서 명백히 드러난다. 아도르노는 주관이 무엇인지 설명하는 대목에서 이렇게 말한다.

> 이 법칙은 죽음을 생각할 때 정확히 드러난다…. 죽음은 예술 작품이 아닌 살아 있는 존재에게만 부여되므로, 예술에서는 그저 굴절된 양식으로, 알레고리로서 나타날 뿐이다…. 말년의 예술 작품에 드러나는 주관의 힘은 작품 자체를 떠나서도 남는 성마른 몸짓이다. 그것은 스스로를 표현하기 위해서가 아니라 예술의 외양을 담담하게 벗어던지기 위해 작품과의 결속력을 끊는다. 그렇게 해서 단편들만이 뒤에 남으며, 그것은 자릿수를 나타내는 0이라는 표시처럼 떠나고 남은 공란을 통해서만 소통한다. 죽음의 손길이 스쳐간 거장의 손은 형태를 만들기 위해 사용하는 재료 덩어리를 자유롭게 놓아준다. 그 터진 곳과 갈라진 틈, 존재의 본질에 마주한 자아의 유한한 무력함의 증인이 바로 최종 작품이 된다.(EM 566)

베토벤의 말년의 작품에서 아도르노를 사로잡은 것은 바로 작품의 삽화적 성격, 연속적인 연결에 무심한 듯 보이는 특징이었다. 우리가 「영웅」 교향곡 같은 중기의 작품을 작품번호 110번 소나타와 비교해본다면, 「영웅」은 대단히 설득력 있고 통합적인 논리에 따라 진행되는 반면, 소나타는 산만하고 때로는 극히 무심하고 반복적인 패턴으로 진행됨을 발견할 수 있다. 31번 소나타의 오프닝 주제는 대단히 투박하게 제시되고, 트릴 이후 마치 학생이 작곡한 듯한 둔탁한 반복 음형의 반주는 아도르노가 옳게 지적했듯이 "뻔뻔스러울 만큼 원시적"이다. 말년의 작품들은 대개 그런 식으로 진행된다. 극도로 난해하고 까다로운 종류의 거대한 다성음악 작법과 아도르노가 '관습'이라고 부른 것, 즉 트릴이나 앞꾸밈음처럼 작품에서 구조적으로 통합되지 않는 것처럼 보이는 무심한 수사학적 장치들이 교대로 등장한다. 아도르노는 이렇게 말한다. "그의 말년의 작품은 발전이 아니라 여전히 진행 과정이다. 더 이상 안전한 중간 지대나 자연스러운 화성이 들어설 여지를 두지 않고 극단적인 것들이 서로 불꽃을 튀기는 것 같다." 따라서 『파우스트 박사』에서 크레츠슈마가 말했듯이, 베토벤의 말년의 작품들은 미완성이라는 인상을 줄 때가 많다. 아드리안 레버퀸의 열성적인 교사는 작품번호 111번의 두 악장에 관해 자신이 연구한 바를 독창적으로 장황하게 논의하면서 위의 말을 했다.

    아도르노는 이 모든 것의 밑바탕에 두 가지 고려해야 할 사항이 있다고 주장한다. 첫째, 젊은 시절의 베토벤의 작품은 박력이 넘치고 유기적인 전체를 이루었지만, 말년으로 갈수록 정도에서 벗어난 유별난 음악이 되었다. 둘째, 베토벤은 죽음을 앞둔 노년에 이르러 자신의 작품이 로즈 서보트니크의 표현대로 "종합이 불가능하다는 사실[을 나타내고], 그저 일개 개인의 주관이 전체성을, 그리고 살아남았음을 괴롭게 의식하며 몸부림쳤던 흔적, 그마저도 영원히 포착하지 못했던 흔적일 뿐임"[3]을 나타낸다는 사실을 깨달았다. 따라서 베토벤의 말년의 작품들은 성마른 성격에도 불구하고 비극의 느낌을 전달한다. 아도르노는 베토벤의 말년의 양식에 관한 에세이의 말미에서 이런 특징이 얼마나 분명히 드러나는지를 정확하고 신랄하게 짚어낸다.

그는 괴테에서 그랬듯이 베토벤에서도 "완벽하게 숙달되지 않은 재료들이" 넘처남에 주목하고는, 계속해서 가령 말년의 소나타에서 관습이 악곡의 주요 전개 부분으로부터 "찢겨져나가고" "옆에 내던져지고 포기되는" 상황을 지적한다. 9번 교향곡이나 「장엄 미사」에 등장하는 거대한 유니즌에 대해 말하자면, 그것들은 거대한 다성음악 앙상블 옆에 그냥 서 있다. 아도르노는 이렇게 말한다.

> 극단적인 것들을 순간 속에 강압적으로 몰아넣고, 밀집한 다성음악에 긴장감을 불어넣고, 유니즌으로 다성음악에 균열을 내고, 발가벗은 음조를 남겨놓은 채 그곳을 떠나는 것은 주관이다. 주관은 단순한 악절을 기념비적인 것으로 만드는데, 이로써 주관은 돌처럼 굳어진다. 말년의 베토벤의 가장 큰 특징인 휴지와 갑작스러운 불연속성은 그와 같은 이탈의 순간이다. 주관이 작품에서 떠나는 순간 작품은 침묵하고 텅 빈 내부가 밖으로 드러난다.(EM 567)

여기서 아도르노는 베토벤을 애도하는 인물로 여긴다. 즉 말년의 작품에 거주하고 있다가 작품이나 악절이 채 끝나지도 않았는데 도중에 불쑥 자리를 떠나는 것처럼 보인다고 지적한다. 대표적인 예가 바장조 현악4중주(작품번호135번)와 가단조 현악4중주(작품번호132번)의 개시부이다. 이렇게 방기하는 듯한 느낌은 추진력 있게 밀어붙이는 중기 시절의 작품과 비교할 때 더욱 두드러진다. 가령 5번 교향곡 4악장의 엔딩의 경우, 베토벤은 차마 작품을 떠날 수 없는 것처럼 보인다. 따라서 아도르노는 [베토벤의] 말년의 작품의 양식이 객관인 동시에 주관이라고 결론짓는다.

객관은 파열된 풍경이고, 주관은 그 속에서 활활 타올라 홀로
생명을 부여받는 빛이다. 그는 이들의 조화로운 종합을 끌어내지
않는다. 분열의 원동력으로서 그는 이들을 시간 속에 풀어헤쳐
둔다. 아마도 영원히 이들을 그 상태로 보존해두기 위함이다. 예술의
역사에서 말년의 작품은 파국이다.(EM 567)

아도르노에게 늘 그렇듯이, 난제는 작품을 하나로 묶는 것, 작품에
통일성을 부여하여 부분들의 집합 이상이 되게 만드는 것이 무엇인지
밝히는 문제다. 여기가 그의 모순이 가장 분명하게 드러나는 대목이다.
"작품들이 함께 만들어내는 상像"에 호소하는 것 말고는 부분들을
연결시켜주는 것이 무엇인지 말할 방법이 없기 때문이다. 부분들
사이의 차이를 최소화하자니 통일체라고 부르는 것이 그냥 생겨난
것처럼 보이고, 특정한 정체성을 부여하자니 파국적인 힘을 축소하는
꼴이 된다. 따라서 베토벤의 말년의 양식이 지닌 힘은 부정적이다. 혹은
부정성negativity이라 부르는 것이 나을지도 모르겠다. 아무튼 차분함과
성숙함이 기대되는 곳에서 우리는 털을 곤두서게 하고 까다롭고 가차
없는, 심지어 비인간적이기까지 한 도전을 발견한다. 아도르노는 "말년
작품의 성숙함은 우리가 열매에서 발견하는 것과 닮지 않았다. 그것은…
둥글둥글하지 않고 주름져 있고, 심지어 찌들어 있다. 달콤함 대신 쓴
맛이 나고 가시투성이로 그저 쾌락을 위해 존재하지 않는다"(EM 564)고
말한다. 베토벤의 말년의 작품은 더 높은 종합에 의해 화해되거나
흡수되지 않은 채 남아 있다. 어떤 도식에도 들어맞지 않으며 화해되거나
해결될 수 없다. 작품의 확고하지 않은 특성, 종합되지 않는 단편적
특성이 뭔가 다른 것의 장식이나 상징이 아니라 작품의 본질적인
구성물이기 때문이다. 베토벤의 말년의 작품들은 사실상 "잃어버린

전체성"lost totality에 관한 것이고, 그러므로 파국적이다.

여기서 우리는 다시 말년성의 개념으로 돌아가야 한다. 어떤 의미에서 늦었다는 것일까? 아도르노에게 **말년성**은 용인되고 정상적인 것을 넘어 살아남는다는 개념이다. 또한 말년성에는 누구든 실제로는 말년성을 도저히 넘어설 수 없다는 생각이 포함된다. 말년성을 초월하거나 여기서 벗어날 수 없고, 오히려 말년성을 강화시킬 뿐이라는 것이다. 초월도 통일성도 없다. 아도르노는 자신의 책 『신음악의 철학』에서 쇤베르크가 말년의 베토벤의 화해불가능성, 부정, 부동성immobilities을 본질적으로 연장했다고 말한다. 물론 말년성은 그안에 인간의 말년의 삶의 국면을 담는다.

두 가지 사항이 더 있다. 베토벤의 말년의 양식이 아도르노의 저술에서 그토록 중요한 위치를 차지하는 이유는, 대단히 역설적이게도 베토벤의 부동적이고 사회저항적인 말년의 작품들이 우리 시대의 현대 음악에서 새로움의 핵심을 차지하고 있기 때문이다. 베토벤 중기 시대의 정수인 오페라「피델리오」에는 인류애라는 이념이 시종일관 드러나며, 이와 더불어 더 나은 세상이라는 생각도 보인다. 마찬가지로 헤겔에게도 화해 불가능한 대립은 종국에는 대항적인 것의 화해, **거대한 종합의 기술인 변증법**을 통해 해소될 수 있다. 그런데 말년의 양식에서 베토벤은 화해 불가능한 요소들을 계속 분리된 채로 놓아두었고, 그런 과정을 통해 "음악은 의미심장한 무엇에서 점차 모호한 무엇, 심지어는 자신에게도 모호한 무엇으로 변형된다."[4]

이리하여 베토벤의 말년의 양식은 새로운 부르주아 질서에 대한 음악의 거부를 통솔하고, 쇤베르크의 완전무결하게 진성하고 참신한 예술의 전조가 된다. "[쇤베르크의] 앞서간 음악은 무엇에도 의지하지 않으며, 자칭 인도주의에 눈 돌리는 일 없이 냉담하고 무심한 자신의 태도를 고집한다…. 현 상황에서 [음악은] 단호한 부정 말고는 대안이 없다."(PNM 20) 둘째, 냉혹하게 소외되고 모호한 베토벤의 말년의 양식은 그저 괴상하고 부적절한 현상이라기보다는 현대의 미적형식의 훌륭한 전범이 되며, 부르주아 사회와 거리를 두고 거부하고 심지어 죽음을 차분히 맞이함으로써 훨씬 더 큰 의의와 반항을 획득한다.

늙어가는 예술가의 지위를 대담하고도 쓸쓸하게 성찰하고 있는 이 글에서 그와 결부되는 것들과 더불어 여러 면에서 말년성이라는 개념은, 아도르노에게 미학의 근본적인 측면으로, 그리고 비판이론가이자 철학자로서 자신의 작업의 근본적인 측면으로 보이게 되었다. 음악에 대한 성찰을 중심으로 아도르노의 글을 읽어본 나는 그가 마르크스주의에 강력한 백신을 주사해서 선동적인 힘을 거의 완전히 무력화시키려는 것으로 본다. 마르크스주의에서 진보와 완성이라는 이념은 물론이요, 움직임을 나타내는 것이면 무엇이든 아도르노의 냉혹한 부정의 비웃음 아래로 무너진다. 전도유망한 출발을 뒤로 하고 이제 노쇠와 죽음을 눈앞에 둔 아도르노는 말년의 베토벤을 모범으로 삼아 말년성 형식의 엔딩을 견뎌내려 한다. 이는 뭔가 다른 것을 준비하거나 지우기 위함이 아니라 말년성 자체를 위한 것이다. 말년성은 종국에 접어드는 것, 의식이 깨어 있고 기억으로 넘치는 것, 그러면서도 현재를 대단히 예민하게 (심지어 초자연적으로) 인식하는 것이다. 이리하여 아도르노도 베토벤처럼 말년성을 대표하는 인물이 된다. 비시의적이고 추문을 일으키며 심지어 파국적 평을 내놓는 인물 말이다.

원본인 독일어로든 번역어로든 아도르노를 읽기란 몹시 까다롭다는 사실은 언급할 필요조차 없다. 프레드릭 제임슨은 그의 문장이 담고 있는 놀라운 지성과 비할 수 없는 세련됨, 내적으로 복잡하게 얽힌 문장 구조, 문장을 쉽게 바꿔 쓰려는 노력을 계속해서 헛되게 만드는 난해함에 대해 훌륭하게 지적한 바 있다. 아도르노의 산문 양식은 여러 규범들을 위반한다. 먼저 그는 자신과 독자 사이의 공통의 이해 기반에 신경 쓰지 않는다. 또한 그는 느리고 저널리스트와 거리가 멀고 일괄적으로 분류할 수 없으며, 대충 훑어볼 수도 없다. 심지어는 『미니마 모랄리아』 같은 자전적인 성격의 글조차 전기적·서술적·일화적 연속성을 심하게 파괴한다. 글의 형식은 '상처 받은 삶에서 나온 성찰'이라는 부제가 나타내듯 불연속적인 단편들의 폭포수 같은 연속으로 구성되며, 단편들 모두가 개별적인 것을 조롱하고 경멸하여 거대한 종합의 개념을 주창한 헤겔의 허구적 통일성이라는 의심스러운 '전체'를 어떻게든 공격한다. "온갖 적대적인 것들을 돌파하여 이룩한 전체성이라는 개념은, 그[헤겔]가 설령 과정을 추진하는 계기로 개별화를 규정할지라도, 전체 구성에서 개별화에 하급의 지위를 부여할 수밖에 없게 한다."5

　잘못된—그리고 헤겔의 경우 유지될 수도 없는—전체성에 대한 반격으로 아도르노는 그저 그것이 진정하지 않다고 말할 뿐만 아니라 망명과 주관을 통해 대안을 서술하고 스스로 대안이 된다. 비록 망명과 주관이 철학적 논제로 이어지더라도 말이다. 이어 그는 말한다. "사회에 대한 분석은 헤겔이 인정했던 것보다 훨씬 더 많은 것을 개인의 경험에서 배울 수 있다. 역으로 거대한 역사적 범주들은… 더 이상 기만의 의혹을 피하기 어렵다"(MM 17). 화해되지 않은 개인의 비판적 사고는 "저항의 힘"을 드러낸다. 물론이다. 아도르노처럼 비판적인 사고는 대단히 개인 특유의 것이며, 종종 무척이나 모호하지만 그가 마지막 에세이 「체념」에 썼듯이, "자신의 양심을 외면하지 않고, 겁에 질려 원치 않는 행동을 하지도 않는 비타협적인 비판적 사상가는 바로 굴복하지 않는 자이다." 침묵과 균열로 작업한다는 것은 포장과 관리를 피한다는 것이며, 사실상 자신의 말년성 지위를 수락하고 수행한다는 뜻이다. "예전에 생각했던 것이라면 무엇이든 억압되고 잊히고 심지어 사라질 수 있다. 사고는 일반적인 것의 추진력으로 작동하기 때문이다. [여기서 아도르노의 말뜻은, 개인의 사고는 시대의 일반적인 문화의 일부이면서, 한편 개별성으로 인해 자체의 추진력을 가동시켜 일반적인 것을 비켜나갈 수 있다는 것이다.] 한때 적절하다고 생각했던 것은 다른 곳에서 다른 사람에 의해 생각될 필요가 있다. 철저하게 개인적이고 무력한 사고에도 이런 원칙은 적용되어야 한다."[6]

그러므로 말년성은 일반적으로 용인되는 것에서 벗어나는 자발적 망명이며, 그것이 사라진 뒤에도 계속 살아남는 것이다. 이것이 바로 아도르노가 평가하는 베토벤의 말년의 모습이자 자신이 독자들에게 전하고자 하는 교훈이다. 아도르노가 볼 때 말년의 양식이 나타내는 파국은 베토벤의 경우 삽화적이고 단편적인 음악, 부재와 침묵으로 찢긴 음악으로 드러난다. 이런 음악은 일반적인 도식을 제공한다고 해서 완화될 수 없고, "불쌍한 베토벤, 그는 귀가 먹었고 죽음이 가까워졌어. 그러니 이런 흠은 너그럽게 눈감아줘야 해" 하고 말함으로써 슬쩍 넘어갈 수도 없다.

베토벤에 대한 첫 번째 에세이가 나오고 수년 후에 아도르노는 신음악에 대해 자신이 이전에 쓴 책의 논의를 뒤엎기 위해 「신음악의 노화」라는 에세이를 발표했다. 여기서 그는 제2차 빈 악파의 혁신을 이어받고 한발 더 나아가 집단화되고 긍정적이고 안전하게 됨으로써 "거짓 만족의 징후를 보여주려 한" 진보적 음악에 대해 말했다. 신음악은 부정적이었고, "고통을 주고 혼란스러운 뭔가의 결과물"(EM 181)이었다. 아도르노는 베르크의 『알텐베르크 가곡집』과 스트라빈스키의 「봄의 제전」의 초연 때 청중들이 얼마나 큰 외상을 입었는지 회상한다. 그것이 바로 베토벤의 말년의 양식의 성과를 이어받은 신음악의 진정한 힘이었다. 그런데 오늘날 신음악이라 부르는 음악은 그저 베토벤보다 더 노화했을 뿐이다. "백년도 더 전에 키에르케고르가 신학자로서 말하길, 한때 무서운 심연이 입을 벌리고 있던 곳에 이제 철도 다리가 놓여 승객들이 편안하게 그 밑을 내려다볼 수 있게 되었다고 했다. [노화에 들어간 현대] 음악의 상황도 이와 다르지 않다."(EM 183)

말년의 베토벤이 지닌 부정의 힘이 긍정적인 발전으로 치닫는 중기의 음악과의 불화에서 비롯되었듯이, 베베른과 쇤베르크의 불협화음 역시 "전율에 휩싸인 가운데" 일어났다. "그들의 음악은 으스스한 무언가로 느껴졌고, 작곡가들은 두려움과 떨림을 안고 이를 소개했다."(EM 185) 이후 세대들이 정서적으로나 현실적으로 위험을 감수하거나 관여하지 않고 제도적으로 불협화음을 그대로 재현하는 것은, 아도르노가 볼 때는 신음악의 강렬한 힘을 완전히 잃어버리는 것이다. 편안한 마음으로 음렬을 배열하거나 진보적인 음악으로 축제를 연다면, 가령 "12음렬 기법을… 그 안티테제, 즉 음악적 개별성의 폭발하는 힘"과 나란히 병치한 베베른의 위업의 핵심을 놓치게 된다. 이제 말년의 예술과 반대 방향으로 노화의 길에 접어든 현대 음악은 그저 "악보만 복잡할 뿐 사실상 아무것도 일어나지 않는 공허하고 들뜬 여행"(EM 185, 187)에 지나지 않는다.

따라서 말년의 양식에는 부르주아의 노화를 두고 보지 않고 계속 거리두기와 망명과 시대착오의 감각 — 말년의 양식은 바로 이런 것들을 표현하고, 더 중요하게는 스스로를 유지하기 위해 이를 사용한다 — 을 고집하려는 긴장이 본질적으로 내재해 있다. 『문학 노트』에 실린 구두점과 책 커버 등에 대한 아포리즘에서 『부정의 변증법』과 『미학이론』 같은 장대한 이론적 작업들에 이르는 아도르노의 저술들을 읽으면, 그가 양식에서 찾으려 했던 것이 결국 말년의 베토벤에서 발견한 지속적인 긴장감, 용인될 수 없는 고집, "서로 떨어지려고 발버둥치는 것들을 한데 묶어놓는 무정한 꺾쇠"(EM 186)로 연결된 말년성과 새로움의 증거였음을 알게 된다. 무엇보다 베토벤과 쇤베르크로 대표되는 말년의 양식은 따라해 본다고 해서 나태하게 베낀다고 해서 혹은 명가의 손으로 복제한다고 해서 흉내낼 수 있는 게 아니다. 여기에 역설이 있다. 경력의 출발점이 아니라 말년에 만들어진, 본질적으로 반복될 수 없고 유일무이하게 표출된 미적 작품이 그럼에도 불구하고 어떻게 이후에 오는 작품들에 영향을 미칠 수 있을까. 그리고 이런 영향은 어떻게 자신의 비타협적인 태도와 비시의성을 고집스럽게 강조하는 비평가의 작업에 스며들 수 있을까.

철학적으로 볼 때 루카치의 『역사와 계급의식』이 당당하게 개척해둔 길 없이는 아도르노의 사상을 생각할 수 없지만, 한편으로는 루카치의 저작에 제시된 승리의 확신과 초월성을 암시하는 대목을 아도르노가 거부했기에 오늘날 알고 있는 아도르노가 가능했다. 루카치에게 주관-객관 관계와 그 이율배반적 모순, 단편화와 상실, 모더니티의 아이러니한 원근법주의는 소설이나 프롤레타리아 계급의식을 담은 서사시 같은 내러티브 형식에서 훌륭하게 인식되고 구현되고 완성되지만, 아도르노에게 그 같은 선택은 루카치에 반대하는 유명한 에세이에서 말했듯이, 협박당해 어쩔 수 없이 맺은 거짓 화해다. 모더니티는 타락한 현실, 구제할 수 없는 현실이며, 신음악은 아도르노 본인의 철학적 실천과 마찬가지로 그런 현실을 끊임없이 환기시키는 것을 과업으로 삼았다.

이런 환기가 그저 '안돼' 혹은 '이런 걸로는 부족해'라는 투덜거림에 그쳤다면, 말년의 양식과 철학은 전혀 흥미롭지 않은 중언부언이었을 것이다. 무엇보다 요구되는 것은 절차에 활력을 불어넣을 수 있는 **구성적**constructive 요소의 존재다. 아도르노가 쇤베르크한테서 그토록 감탄했던 부분은 조성 화음과 고전적인 인플렉션, 색채, 리듬에 음악적 대안을 제시한 그의 창의적인 테크닉만이 아니라 엄격함이었다. 아도르노는 쇤베르크의 12음 기법을 거의 루카치가 설명하는, 주관과 객관이 서로 얽혀 벌이는 드라마라는 관점으로 묘사하지만, 종합의 기회가 있을 때마다 쇤베르크로 하여금 이를 거부하게 만든다. 그래서 우리는 루카치가 밟은 길을 거꾸로 되짚어가 마지막 단계를 아슬아슬하게 구성하고 있는 아도르노를 보게 된다. 루카치가 현대 사회의 절망의 수렁에서 빠져나오기 위해 공들여 마련한 해결책은, 아도르노가 쇤베르크의 진정한 성과를 설명하는 가운데 공들여 해체되고 무용지물이 된다. 상업적 영역을 절대적으로 거부하는 신음악에 매료된 아도르노의 말들은 예술의 밑바탕을 이루는 사회적 토대를 드러낸다. 장식, 환영, 화해, 소통, 인본주의, 성공에 맞서 싸우는 과정에서 예술은 지지할 수 없는 것이 되기 때문이다.

> 예술작품에서 기능이 없는 것, 따라서 단순한 존재의 법칙을 넘어서는 것은 모두 철회된다. 그런데 예술작품의 기능은 바로 단순한 존재를 넘어서는 초월성에 있다⋯. 결국 예술작품은 현실일 수 없으므로, 환영적幻影的 특징을 모두 제거하고 나면 예술의 존재가 갖는 환영적 성격이 더더욱 강조될 뿐이다. 이런 과정은 피할 수 없다.(PNM 70)

결국 우리는 이런 질문을 하게 된다. 말년의 베토벤과 쇤베르크가 정말 이와 같을까? 그리고 그들의 음악은 사회와의 적대적 관계 속에 그렇게 고립되어 있을까? 어쩌면 아도르노는 두 작곡가의 특정한 측면을 강조하여 자신의 글에서 특정한 외양과 프로파일을 부여하려고 이들을 이렇게 모델, 패러다임, 구성체로 묘사한 것은 아닐까? 아도르노가 행한 것은 이론적 작업이다. 즉 그가 구성한 것은 실제를 똑같이 재현해낸 것이 아니다. 그랬다면 포장된, 길들여진 복사물에 지나지 않았을 것이다. 아도르노의 저술이 놓이는 장은 그가 탈신화의 힘을 가진 부정의 변증법을 구성하는 이론의 공간이다. 아도르노가 음악에 대해 쓰든, 문학이나 사변적 철학 혹은 사회에 대해 쓰든, 그의 이론 작업은 항상 묘한 방식으로 대단히 구체적인 면모를 띤다. 다시 말해, 그는 혁명적인 출발의 관점이 아니라 오랜 경험에 바탕을 두고 글을 쓰며, 그의 글에는 문화가 풍부하게 넘쳐난다. 말년 양식의 이론가이자 엔드게임endgame*의 이론가로서 아도르노는 대단히 폭넓은 지식을 바탕으로 하며, 이는 루소와 정반대다. 또한 그에게는 부와 특권이 주어져 있었다. 오늘날 엘리트주의라고 부르는 것으로, 좀 더 최근에는 정치적 불공정함이라 부르기도 한다. 아도르노가 몸담았던 바이마르공화국의 세계는 모더니즘이 꽃을 피웠고, 고급 취향이 만개했으며 영감에 찬, 약간은 자족적인 아마추어리즘이 활발하던 세계였다. 아도르노의 자전적인 성격이 무엇보다 잘 드러나는 글은 『미니마 모랄리아』에 수록된 첫 에세이 「프루스트를 위하여」이다.

> 재능 때문이든 몸이 약해서든 유복한 부모 밑에서 자란 아들이 예술가나 학자 같은 소위 지적인 직업을 갖게 되면, 동료라는 혐오스러운 타이틀을 단 사람들 틈바구니에서 몹시 힘든 시기를 보내게 된다. 그것은 사람들이 일하지 않고도 살아갈 수 있는 그의 재산을 질투하거나 그의 진지한 의도를 불신하고, 그를 기득권층이 은밀하게 보낸 사절이 아닐까 의심하게 된다는 뜻만이 아니다. **그 같은 의심은** 마음 깊은 곳에 자리한 적개심에서 비롯되지만

보통은 확실한 근거를 갖고 있다. 그러나 진정한 문제는 다른 데 있다. 정신적인 일에 종사한다는 것은 이제 '실제적인' 일이 되고 말았다. 노동과 부서가 엄격하게 분업화되고 인원이 제한을 받는 비즈니스가 된 것이다. 돈 버는 일을 수치스럽게 생각하여 정신적 직종을 택한, 재산이 넉넉한 사람은 이런 사실을 인정하려 들지 않는다. 이 때문에 그는 벌을 받는다. 그는 '전문 직업인'이 아니며, 자신이 다루는 주제를 아무리 잘 안다고 해도 경쟁의 서열에서 딜레탕트밖에 안 된다. 그래서 그가 경력을 이어가려면 자신이 어떤 완고한 전문가보다 더 고집스럽다는 것을 보여줘야 한다.(MM 21: 강조 덧붙임; 35)

여기서 권력과 관련된 중요한 사실은 그의 집안이 부유했다는 점이다. 이에 못지않게 중요한 것은, 아도르노가 프루스트와 "기득권층"의 관계를 동료들이 질투하고 의심했다고 말한 뒤 이런 의심이 확실한 근거가 있다고 지적한 문장이다. 이 말은 지적인 포브르 생토노레 거리의 유혹과 그와 도덕적으로 상응하는 노동자 동네의 유혹 사이에서 아도르노가 결국 후자가 아닌 전자를 택했다는 의미다. 그가 엘리트주의적인 선호도를 갖게 된 것은 물론 자신의 계급적 배경 때문이다. 하지만 그는 그 계급에서 물러난 뒤에도 그런 신분이 주는 편안하고 사치스러운 느낌은 좋아했다.『미니마 모랄리아』에서 암시했듯이, 덕분에 위대한 작품과 대가들, 위대한 사상을 직업 분야로서 공부한 것이 아니라 클럽에 단골로 드나들면서 친숙하게 지속적으로 접할 수 있었다.

---

* 체스 게임의 마지막 판, 혹은 일반적으로 마지막 단계를 일컫는 표현이다.

하지만 이것은 아도르노가 어떤 체계에도, 심지어 상류 계급의 심미적 체계에도 동화되지 못했던 이유이기도하다. 그는 빤히 예측되는 것을 일체 무시했고, 자기가 접할 수 있었던 모든 대상을 냉정하긴 하지만 거의 냉소적이지는 않은 시선으로 대했다.

그럼에도 아도르노는 프루스트가 그랬듯이 가족, 지적 교제, 음악적 삶과 음악회 문화, 철학 전통 그리고 여러 학술 제도 등 서구 사회의 튼튼한 기반으로 계속 이어져오고 있는 유산을 평생 접했고, 또 그 일부로서 살아가고 활동했다. 그러면서도 늘 한쪽 옆으로 비켜 있었지 온전히 그 일부가 된 적은 없었다. 그는 음악가였지만 경력으로 추구한 적은 없었고, 철학자였지만 일차적인 주제는 음악이었다. 그리고 많은 학술적·지적 동료들과 달리, 아도르노는 비정치적 중립성을 가장한 적이 한 번도 없었다. 그의 작업은 파시즘, 부르주아 대량사회, 공산주의와 뒤얽힌 대위법 성부와 같았으며, 그것들 없이는 설명이 불가능하고 항상 그것들에 대해 비판적이고 풍자적인 태도를 취했다.

따라서 나는 아도르노가 평생 제3기 베토벤에 강렬하게 매료된 것은, 자신의 일차적인 밑바탕이 되어 준 사회로부터 어쩔 수 없이 망명해야 했던 철학자이자 문화 비평가라는 자신의 처지를 위해 베토벤을 비평 모델로서 세심하게 선택한 결과라 생각한다. 이렇게 볼 때 말년이라는 것은 사회 내에 안착함으로써 얻게 되는 많은 보상들을 얻기에는 늦었다는(그리고 이를 거부한다는) 뜻이다. 그런 보상에는 많은 부류의 사람들에게 쉽게 읽히고 이해되는 것도 포함된다. 한편 아도르노를 읽고 심지어 존경하게 된 사람들은 마치 그가 그저 진지한 아카데미 철학자가 아니라 한때 동료였던 자들의 곁을 떠난 사람으로서 연로하고 투박하고 무안할 만큼 솔직한 사람인 듯 구는 모습을 마지못해 인정하게 된다.

내가 아도르노에 대해 이런 식으로 말하는 까닭은 누구도 흉내 낼 수 없을 만큼 독특한 그의 작업에서 종말의 일반적인 특징들이 대거 발견되기 때문이다. 먼저 그가 존경했고 알았던 몇몇 사람들― 호르크하이머, 토마스 만, 슈토이어만―과 마찬가지로 아도로노 역시 세속적인 사람이었다. 여기서 세속적이란 프랑스어 mondain의 의미다. 도시에 살고 세련되고 신중한 그는 세미콜론이나 느낌표 같은 보잘것없는 것에서도 흥미로운 점들을 찾아낼 수 있는 놀라운 능력이 있었다. 이런 특징에 말년의 양식이 함께한다. 늙어가지만 정신적으로는 민첩한, 그리고 금욕적인 평온함이나 향기로운 원숙함에 절대 굴복하지 않는 유럽 문화인의 말년의 양식이다. 그는 참고문헌이나 각주 혹은 현학적인 인용문을 찾으려고 꾸물대지 않고, 충만한 자신감과 좋은 교육을 바탕으로 바흐와 그의 애호가들에 대해, 사회와 사회학에 대해 언제든 유창하게 말할 수 있었다.

아도르노는 그가 행한 많은 것들이 자신의 시대와 격렬하게 충돌했으므로 더없이 말년의 인물이다. 그는 여러 분야에 걸쳐 많은 글들을 남겼지만, 부지에 황산을 뿌려대는 거대한 뿌리개처럼 어떤 분야든지 주요 진전들을 공격해댔다. 그가 남긴 수많은 재료의 글들은 아도르노적인 시스템이나 방법으로 딱히 정리될 수 없는데, 그는 이런 식으로 생산성이라는 개념에 저항했다. 전문화 시대에 그는 자신 앞에 놓인 거의 모든 것에 대해 글을 쓴 팔방미인이었다. 그는 음악, 철학, 사회학, 역사, 커뮤니케이션, 기호학 등 자신의 영토에서 대단한 실력자였다. 독자를 위해 조금도 양보하지 않았고, 요약이나 잡담, 도움이 되는 표지판, 편의적인 단순화도 찾아볼 수 없다. 그리고 어떤 식의 위안도, 거짓 낙관론도 없다. 아도르노를 읽으면서 우리는 그가 스스로를 더 작은 부분들로 해체하는 격노한 기계 같다는 인상을 받게 된다. 그는 세밀화가처럼 무자비하게 세부사항에 집착했다. 그는 현학적인 즐거움으로 낄낄대며 들여다봐야 찾아낼 수 있는 마지막 오점까지 찾아서 드러내 보인다.

아도르노가 진정으로 혐오한 것, 그의 모든 글들이 맹렬하게 모욕하고자 한 것은 바로 시대정신이었다. 1950, 60년대에 어른이 된 독자들에게 그와 연관된 모든 것은 전쟁 전의 시대, 고로 유행에 뒤떨어진 것이었고 재즈나 그 밖에 스트라빈스키와 바그너처럼 보편적으로 인정받는 작곡가들에 대한 그의 견해는 당혹스럽기까지 했다. 그에게 있어 말년성은 퇴행과 동의어이다. 현재를 넘어 사람들이 키에르케고르, 헤겔, 카프카를 줄거리 요약본이나 안내서를 통해서가 아니라 직접 그들 작품을 읽고 논의했던 과거로 거슬러 올라가는 퇴행. 그가 쓴 글의 주제들은 어린 시절부터 알고 있었던 것으로 보이며, 대학에서 배우거나 유행에 밝은 친구들을 자주 만나 전해들은 것이 아니었다.

아도르노에 대해 내가 특히 흥미롭게 여기는 점은 그가 특별한 20세기 유형의 인물이라는 사실이다. 파시즘, 반유대주의, 전체주의, 관료주의 혹은 아도르노가 관리사회와 의식산업이라고 부르는 것들은 20세기에 새롭게 등장한 가공할 만한 형식들이다. 아도르노는 이들로부터 초연하게 거리를 두면서도 한편으로는 공모 관계에 있었던, 비시의적이게도 19세기 후반 낭만주의 이념에 사로잡혀 이들에 실망하거나 각성한 인물이었다. 그는 대단히 세속적이었다. 그가 예술 작품을 논의하면서 자주 언급했던 라이프니츠의 모나드처럼 아도르노도, 그리고 그와 거의 동년배들인 리하르트 슈트라우스, 람페두사, 비스콘티도 확고한 유럽중심주의자이고, 유행에 무관심하며, 동화하려는 모든 도식에 저항하지만, 그럼에도 거짓 희망이나 조작된 체념 없이 종말이 처한 곤경을 기묘하게 반영한다.

어쩌면 아도르노의 독보적인 전문가적 능력이야말로 가장 의미 있는 것인지도 모른다.『신음악의 철학』에서 쇤베르크의 방법론을 분석한 것을 보면 다른 매체로 된 엄청나게 복잡한 새로운 조망의 내적 작용을 언어와 개념으로 풀어낸다. 여기서 그는 단어와 음조라는 두 가지 매체의 기술적 가능성을 놀라울 만큼 정확하게 인식하고 있다. 달리 말하면, 아도르노는 전문기술의 문제 때문에 곤경에 처한 적이 없으며, 기술의 난해함과 그것을 숙달하기 위해 필요한 높은 수준의 학습 때문에 결코 움츠러들지 않는다. 그는 테크닉을 말년성의 관점으로 설명하고 스트라빈스키의 원시주의를 이후의 파시스트 집단주의의 관점으로 보는 대목에서 전문가적 능력을 더욱 과시한다.

말년의 양식은 현재 속에 거주하지만 묘하게 현재에서 **벗어나** 있다. 오직 몇몇 예술가들과 사상가들만이 자신의 전문가적 기술 역시 노화된다는 것을 인식할 만큼 여기에 주목하며, 약해져가는 감각과 기억을 동원하여 죽음을 마주해야한다고 믿는다. 아도르노가 베토벤에 대해 말했듯이, 말년의 양식은 죽음이 명확한 박자로 찾아온다는 것을 인정하지 않는다. 대신 죽음은 굴절된 양태로, 아이러니로서 나타난다. 그러나「장엄 미사」처럼 풍요롭고 파열되고 다소 일관성 없는 장엄한 작품에서 혹은 아도르노 자신의 에세이에서, 말년성이라는 주제와 양식이 우리에게 죽음을 계속 생각나게 할 때가 많다는 점은 아이러니다.

2

18세기로의 회귀

말년성과 부조화의 감각이 지배할 때
선택할 수 있는 여지는 많지 않으며,
슈트라우스의 말년의 음악은 그가 택할 수 있었던
유일하게 적합한 선택이다.

앞장에서 나는 '말년의 양식'이라는 현상에 대한 논의의 문을 열었다. 이에 대해서는 아도르노가 베토벤의 세 번째이자 마지막 시기에 대한 주목할 만한 글에서 이미 치밀하고 심오한 의미를 부여한 바 있다. 말년의 양식에 일관성이 있다는 생각은 아도르노가 이후 바그너의 「파르지팔」과 쇤베르크의 말년의 작품 등을 연구했을 때에도 일관되게 지속된다. 아도르노 본인이 20세기 말년의 양식을 대표하는 인물이었던 까닭에, 나는 일군의 20세기 예술가들을 연구하기 시작했다. 특히 리하르트 슈트라우스는 「카프리치오」 「오보에 협주곡」 목관 소나티네 두 곡, 「호른 협주곡 2번」 「메타모르포젠」 「네 개의 마지막 노래」 같은 말년의 작품들을 통해 시들지 않은 힘과 묘하게 이전 과정을 반복하고 있다는 느낌, 심지어 퇴행적이고 추상적인 특질마저 보여 나를 매료시켰다. 슈트라우스와 더불어 나는 주네의 말년의 작품에도 흥미를 느꼈으며, 이탈리아 감독 루키노 비스콘티의 말년의 영화들, 특히 1963년 람페두사의 소설 『표범』을 영화화한 것에 관심을 가졌다. 이 소설은 작가의 유일한 작품임에도 말년의 성격을 보인다.

    슈트라우스가 나의 말년의 양식 연구에서 중심을 차지한다는데 대해서는 설명이 필요하다. 글렌 굴드는 다소 엉뚱하게도 슈트라우스를 가리켜 20세기에 가장 뛰어난 개성을 보인 음악가라고 했는데, 같은 시대를 살았던 많은 음악가들과 비평가들은 아마 이 같은 주장에 동의하지 않았을 것이다. 지금까지는 슈트라우스가 「살로메」와 「엘렉트라」─「엘렉트라」는 쇤베르크의 표현주의 모노드라마 「기대」와 같은 해인 1909년에 작곡되었다─를 작곡한 뒤 「장미의 기사」(1911)에서 감상적이고 상대적으로 퇴행적인 조성의 세계, 지적 흥미가 덜한 세계로 퇴보했다는 것이 일반적인 평가이다. 이때부터 그의 음악적 발달은 제2차 빈 악파는 물론 힌데미트, 스트라빈스키, 버르토크, 브리튼 같은 덜 혁명적인 동시대 작곡가들에 비해서도 떨어진다는 게 대체적인 평이다. 사실 그는 「낙소스 섬의 아리아드네」(1916)와 「그림자 없는 여인」(1919) 같은 오페라에서 「장미의 기사」를 넘어서는 진전을 이루었지만, 바그너의 「트리스탄과 이졸데」의 반음계주의를 이어받아 발전시켰던 초창기 작품들의 파괴력에는 전혀 미치지 못한 게 사실이다. 누구보다 빈의 음렬주의에 매료되었던 굴드는 이렇게 사람들이 슈트라우스를 폄훼하는 것을 받아들일 수 없었다. 그는 슈트라우스의 진정 흥미로운 점은 눈부신 음악적 능력을 갖고 있었으면서도 시간 순서대로 음악이 발전해가는 단순한 도식을 당당히 내던진 것이라고 말했다. 굴드가 말하기를, 사실 슈트라우스는 대단한 재능과 70년 동안 흥미롭고 비범한 작품들을 계속해서 내놓음으로써

> 우리 시대의 가장 위대한 음악가 이상의 존재[가 되었다]. 내 생각에 그는 오늘날 미적 윤리와 관련된 가장 궁극적인 딜레마에 처한 대표적인 인물이다. 자신의 예술적 운명을 스스로 개척해야 한다는 불가해한 압력과 그럼에도 이를 공공의 연대기적 순서에 따라 말끔하게 정렬하고자 하는 시도 사이에서 발생하는 난감한 상황 말이다. 그는 그저 보수적인 견해에 힘을 실어주는 집결지가 아니라 그 이상의 존재다. 그에게서 우리는 역사적 발전의 전체 과정을 무시하는 드물고도 강렬한 인물을 만나게 된다.[1]

슈트라우스를 대단히 못마땅하게 여긴 아도르노 역시 슈트라우스에 대해 솔직한 생각을 털어놓았다. 이 작곡가에 대한 아도르노의 논문은 그가 남긴 글 가운데 가장 혹독한 냉소와 빈정거림으로 가득하다. 여기서 그는 슈트라우스를 속임수에 능한 자기중심적 사람, 감정을

흉내내고 날조하는 사람, 뻔뻔스러운 자기과시욕을 내보이고 향수를 불러일으키는 과장을 일삼는 사람이라고 호되게 비판한다. 아도르노에 따르면 슈트라우스는 "음악의 규율을 무시하면서 이를 지배하려 [한다.] 그의 자아 이상은 노골적으로 자신의 쾌락만을 좇는 프로이트의 성기기 인간genital-character에 딱 들어맞는다…. 그의 작품에는 유년기의 만능 호텔 같은 분위기로 넘친다. 돈이면 누구든 얻을 수 있는 왕궁 말이다."[2] 이어 아도르노는 만능 호텔 옆에는 만능 시장이 있다고 덧붙인다. 아도르노의 비판은 여기서 멈추지 않고 모멸적인 표현과 재치 있는 경구들을 쏟아낸다. 슈트라우스의 음악은 "그 자리에 계속 멈춰 있을 수 없다. 크게 판을 벌인 사업가가 자신의 사업의 거래량이 더 이상 늘어나지 않으면 이제 망하지 않을까 전전긍긍하는 것처럼 말이다." 그의 작곡 양식에는 과도기라는 것이 없다. 대신 "모티브들―최소한의 중요성만 가질 때가 많다―이 끝없이 이어지는 영사 슬라이드 필름처럼 도열해 있다." 소름끼칠 정도로 완벽한 재능의 소유자였던 슈트라우스는 "작곡 기계"였으며, 그가 실제로 쓴 작품들은 "존재하지 않는 삶을 그럴듯하게 베낀" "환영의" 음악이었다.(RS 590, 591, 605)

하지만 이렇게 극도로 비우호적인 표현들을 쏟아내는 와중에도 아도르노는 슈트라우스한테서 가치 있는 뭔가를 찾아내고자 노력했다. 비록 음악의 환영적 성격 때문에 부정적인 가치를 갖는 것이라 해도 말이다. 여기서 나는 아도르노가 음악에 대한 글을 많이 남겼고 풍자적인 재능이 넘치지만, 가끔은 일관성을 잃거나 적어도 극히 모호한 태도를 취했음을 지적해야겠다. 많은 죄악을 들어 슈트라우스를 공격한 아도르노는 이어 태도를 바꿔 작곡가의 속임수와 교활함이 "야만적으로 치달아 스스로를 파멸로 선언하기 전의 문명사회"를 지칭한다는 점에서는 유용하다는 것을 깨닫는다. 그러므로 "그의 특이함, 그의 표현을 빌리자면 '경직된' 모든 것에 대한 그의 혐오는 구제할 필요가 있다…. 그는 오만하게도 [스스로에게] '신용 있고' 끈기 있는 상인이라는 표현을 갖다 붙이는 독일 정신의 모습에 반대했다. 그는 질색을 하며 이를 옆으로 제쳐두었는데, 니체였어도 아마 그랬을 것이다." 계속해서 아도르노는 조직화된 것에 저항하고 부정을 부정하는 슈트라우스의 능력을 높이 샀다. 그는 "천재를 질식시켜 살아남을 수 없게 만드는 현실의 잡석雜石으로부터 부재의 의미를 만들어냈다."(RS 604-5)

아도르노는 이렇듯 슈트라우스가 잃어버린 유년기 세계를 멋지게, 그리고 본의 아니게 환기시키는 능력에서 그의 가치를 발견했다. 그의 음악에서는 노년기와 유년기가 "검열관을… 조롱한다." 아도르노의 이런 말은 슈트라우스가 자신의 시대의 혹독함과 공포로부터 도피했다는 뜻 같다. 즉 그의 음악은 앞선 시대로의 후퇴인 동시에 자신의 시대가 얼마나 많이 부패했는지 보여주는 지표였다는 것이다. 따라서 슈트라우스를 이해하는 것은 "잡음 아래에 깔린 웅얼거림에 귀를 기울이는 것"이다. "이 음악에서 스스로를 찬양하고 있는 삶은 바로 죽음"이기 때문이다. 결국 아도르노는 "몰락에도 필멸 이상의 무언가의 흔적이, 해체로도 소멸시킬 수 없는 경험이 존재한다"고 끝맺는다.(RS 606)

슈트라우스에 대한 이런 막연한 형이상학적인 견해는 굴드가 생각하는 슈트라우스의 이미지와 완전히 다르다. 굴드는 그가 진정한 예술가답게 연대기적 발전이니 시대정신이니 하는 것에 신경 쓰지 않고 즐거운 마음으로 작업했다고 생각한다. 굴드는 슈트라우스와 히틀러 시기의 연루에 대해 언급하지 않는다. 슈트라우스의 삶이 관통했으며 언제나 불명예스럽게 함께 엮이곤 하는 그 시대 말이다. 아도르노는 정반대로, 슈트라우스를 구시대적이자 기교는 대가인 인물로 보았다. 그의 노망과 유치증(아도르노가 사용한 말이다)이 결합되어 도처의 타락한 질서에 맹렬하게 저항한다고 여겼다. 거의 억압적인 방침을 가진 미학 안에 스스로를 고립시키며 놀라운 전문가 솜씨를 발휘한 그의 음악은 논란의 여지는 있지만 만연한 문화적 야만주의에 대한 대안이 된다는 것이다.

지금은 '슈트라우스 문제'를 자세히 논의할 때가 아니다. 마이클 스타인버그는 작곡가와 나치당 및 당시 독일 예술 당국과의 관계는 물론 그의 말년의 음악의 문제까지 두루 가리키기 위해 '슈트라우스 문제'라는 용어를 썼는데, 부당하게도 슈트라우스 말년의 음악이 위안이나 주며 "신고전주의보다는 네오비더마이어*"에 더 가깝다고 했다.3 하지만 스타인버그의 에세이가 1992년 여름 바드 대학에서 엿새 동안 열린 슈트라우스 페스티벌 행사를 위해 계획된 슈트라우스에 관한 논문집에 수록된 글이라는 걸 언급할 필요가 있다. 나는 페스티벌에서 슈트라우스의 전체적인 경력을 대표하는 곡들은 물론 그와 동시대를 살았던 쇤베르크, 레거, 바일, 피츠너, 부소니, 크셰네크, 리터, 슈레커, 힌데미트 등의 음악을 두루 소개한 여러 연주회들을 대부분 둘러보았다. 그처럼 다양한 맥락에서 보면 슈트라우스의 음악은 확실히 놀랄 만큼 생명력이 긴 높은 수준과 어떤 형식이든 항상 흥미롭게 만들어내는 솜씨로 깊은 인상을 준다. 실제로 내가 들은 그의 말년의 음악은 쉽게 무시해도 좋은 곡이 하나도 없었다. 굴드가 제대로 간파했듯이, 슈트라우스는 항상 대단히 유능했고, 후기 독일 낭만주의 작곡가들 가운데 독보적인 재능을 소유했으며, 이른바 "영광스러운 화성의

---

* 비더마이어Biedermeier 양식이란 1815년 빈 회의부터 1848년 나폴레옹 전쟁이 끝나고 혁명이 시작될 때까지의 시기 동안 중부 유럽에서 만들어진 탈정치적, 속물적, 감상적 경향의 예술을 가리키는 말이다.

절대자"였기 때문이다. 바드 페스티벌에서 연주된 다른 작곡가들의 음악에서는 그런 재능이 그렇게 강력하게 느껴지지 않았다. 다시 굴드의 말을 인용하자면, "슈트라우스는 그와 같은 세대의 작곡가 중에서 엄격한 형식적 규율을 따르며 후기 낭만주의 조성의 풍부한 자산을 활용하는 데 누구보다 관심이 많은 인물이었다."[4]

다른 사람들이 지적했듯이, 슈트라우스의 말년의 음악은 귀환과 휴식의 감정을 전달하며, 이는 그의 주위에서 벌어졌던 끔찍한 사건들을 생각할 때 극히 어울리지 않는다. 가령 슈트라우스가 1941년에 완성한 마지막 오페라 「카프리치오」를 생각해보자. 초연은 1942년에 이루어졌는데, 유럽의 유대인들을 몰살하려는 계획이 가까운 곳에서 궁리되던 때에 이 오페라가 상연되었다는 사실은 우리를 대단히 당혹스럽게 한다. 하지만 이런 소동은 작품에 그늘을 드리우지 않았고, 작품을 무대에 올리는 데 명백한 걸림돌이 되지도 않았다. 집사의 웃옷 뒷자락에서 나치 친위대 군복이 보이게 한다든가 나치의 군복 재킷이 우아한 응접실 의자 위에 부주의하게 걸려 있게 한다든가 해서 은유적 의미를 전달하는 장치—헨리 제임스의 황금 주발처럼—를 오페라에 사용할 수도 있다. 하지만 어쨌든 「카프리치오」의 무대는 「장미의 기사」처럼 18세기다. 이것은 사소하게 넘어갈 사항이 결코 아니다.

18세기에 대한 슈트라우스의 관심을 면밀히 들여다보면, 그가 이 시기를 각별하게 여겼음이 드러난다. 「낙소스 섬의 아리아드네」의 원래 계획에 따르면 호프만슈탈은 원작인 몰리에르의 『서민귀족』의 무대를 그대로 따르려고 했다. 그런데 대본 작업이 상당히 진척되었을 때 두 사람은 오페라 배경을 17세기 파리에서 18세기 빈으로 바꾸기로 결정했다. 여기에 슈트라우스가 모차르트를 평생 좋아했고(목관 소나티네 2번, 일명 「목관악기를 위한 교향곡」[1945]은 모차르트의 기풍에 바치는 곡이다)

고전주의 형식(찰스 로젠Charles Rosen이 사용하는 의미의)에 큰 애착을 보였음을 생각한다면, 18세기는 그의 전 경력에 걸쳐 계속해서 일관되게 나타난다고 할 수 있다. 사실 우리는 「카프리치오」에서는 물론 목관 소나티네 두 곡과 「오보에 협주곡」「클라리넷과 바순을 위한 이중 소협주곡」「메타모르포젠」에서도 슈트라우스의 말년의 양식이 18세기의 존재를 사실상 숭배하는 것이라고 말할 수 있다. 더 넓은 문화적 맥락에 놓고 보았을 때 슈트라우스의 양식이 다른 것과 구별되는 특징은, 바로 이렇게 18세기의 이디엄과 형식을 20세기 버전으로 계속 활용한다는 점이다. 그가 활동하던 시대에 현대 음악의 흐름은 12음 기법 혹은 음렬주의, 복조성음악, 바레즈의 경우 구체음악으로 확인되는, 좀더 명확히 진보적이거나 사실적인 특징을 보이는 양식들이 대세였다.

하지만 이렇게 18세기를 배경으로 오페라를 작곡한 사람이 슈트라우스만은 아니었다. 이런 유형의 문화적 전유가 비교적 빈번하게 일어난다는 사실을 깨닫지 못한다면, 우리는 슈트라우스를 존 코릴리아노의 「베르사유 궁의 유령」(1991)처럼 권위적이고 본질적으로 반동적인 기획과 하나로 묶는 실수를 저지르게 된다. 18세기와 구체적인 관계를 맺고 있는 20세기의 주요 오페라 작품이 적어도 세 편(같은 등급으로 분류하기 어려운 「카르멜파 수녀의 대화」*를 포함시키면 네 편)은 있다. 브리튼의 「피터 그라임스」(1945), 스트라빈스키의 「난봉꾼의 행각」(1951), 쿠르트 바일의 「서푼짜리 오페라」(1928)가 바로 그것이다. 슈트라우스의 세 편의 오페라와 이런 작품들은 함께 묶여 통합된 문화 구성체를 이룬다. 「베르사유 궁의 유령」은 이런 장르에 그다지 인상적인 기여를

---

* 프랑스 작곡가 풀랑의 1957년 작품.

하지 않았다. 이 오페라는 청중의 비판 의식을 무력화시키기 위해 18세기를 정치적으로 이용한다. 어쩌면 오페라라는 관념 자체의 당당한 위용을 감퇴시키기 위한 방법으로 압도적인 스펙터클이 아니라 평범한 일상을 무대로 삼음으로써 그저 독특하고 유별난 오페라, 20세기 후반 (제국주의적인) 미국의 관심사와는 무관한 오페라로 보인다.

코릴리아노와 대본가인 윌리엄 호프만은 여기서 급진파 보마르셰가 마리 앙투아네트와 사랑에 빠지고, 그녀는 구체제의 무기력함을 상징하는 존재가 아니라 천진난만한 소녀로 등장하는 식으로 프랑스 혁명의 역사를 끔찍하게 재구성한다. 게다가 작품의 음악적 어법조차 신고전주의 모방과 음악적 소극笑劇과 음렬주의 이후 모더니즘 경향을 이리저리 오가는, 도전적이지도 않고 확실하지도 않은 성격을 보인다. 여기에 18세기 투르크멘인의 밋밋한 혼성모방까지 더해져서 양식은 오락가락하고 시각적 표현은 저속하며 이데올로기는 혐오스러운 끔찍한 괴작이 된다. 「베르사유 궁의 유령」은 혁명 이전의 과거로의 회귀이며, 자신의 힘을 과시하려고 혈안이 되어 과거로부터 음악적·극적 요소들을 마구잡이로(혹은 미적으로 어수선하게) 슬쩍 가져옴으로써 미국인들에게 정치적 타락은 염려하지 말라고, 혹은 바로잡을 수 있다고 안심시키려는 것 같다. 이와 대조적으로 슈트라우스, 스트라빈스키, 바일, 브리튼의 오페라는 현재적 의미가 있는 사안들에 훨씬 깊이 관여하며, 18세기를 바라보는 작곡가 개인의 비전을 통해 우리로 하여금 그 시기를 문화적 상징으로서 새롭게 바라보도록 한다. 나는 리하르트 슈트라우스의 말년의 양식이 바로 이런 맥락에서 가장 흥미롭게 고찰될 수 있다고 본다.

「베르사유 궁의 유령」을 다 폰테가 대본을 쓴 모차르트의 오페라들을 새롭게 연출한 피터 셀러스의 해석과 대조해보는 것도 흥미롭다. 「피가로의 결혼」「돈 조반니」「코시 판 투테」를 각각 트럼프 타워, 뉴욕 히스패닉 거주지역, 데스피나의 만찬 장면을 무대로 한 셀러스를 공격한 신문기사들이 심할 정도로 넘쳐났다. 각각의 연출이 성공적이었는지 여부는 개개인이 판단할 문제이지만,―나는 「코시 판 투테」 공연이 다른 두 작품보다 마음에 든다―진짜 문제는 근본 사항이 이런 논란에 가려졌다는 사실이다. 즉 현대 청중들이 이탈리아 베리스모 오페라들을 꾸준히 접해서 박진성이라는 개념을 학습한 결과, 오페라 배경 무대가 실은 현실을 담은 것이 아니라 시적이고 은유적인 성격임을 잊어버렸다는 사실이다. 예를 들어 셀러스의 연출 의도가 지나치게 노골적이라거나 강압적 혹은 투박하다고 말할 수는 있겠지만, 연출가가 18세기 고전에 대해 건방지게 만용을 부린다고 비판할 수는 없다. 만용을 부리는 것이야말로 오페라가 문화적으로 행하는 본연의 임무이기 때문이다. 셀러스는 이런 연출을 통해 모차르트가 사회의 잔혹함을 극히 미시적으로 세밀히 탐구했음을 보여주려 했다. 셀러스는 코릴리아노와 대본가인 호프만이 음흉하게 이용해먹었던 18세기식 예의와 인공적 세계 아래에 감춰진 관심사를 드러냄으로써, 비판 감각을 대부분 상실한 20세기 미국 청중들에게 오페라가 단순히 메트로폴리탄 같은 제도가 만들어낸 박물관의 유물로 남는 것이 아니라 현대성을 담보한 문화가 될 수 있음을 설득력 있고 재치 있게 일깨워주고 있다.

여러분이 이런 문제에 눈을 돌리기 시작하면 오페라 무대를 선정하는 문제는 매력적인 주제다. 지금도 여전히 계속 상연되는 18세기 오페라들은 존 게이의 「거지들의 오페라」를 건전한 예외로 하면, 대부분 고대에서 주제와 배경을 취한다. 헨델과 글루크가 대표적인 예이며 그보다 못한 여러 작곡가들도 이런 식이다. 모차르트도 가끔은 고대에서 소재를 취했지만 그를 시작으로 이런 관례가 다소 줄어들었다. 물론 19세기에도 베를리오즈나 베버, 포레 같은 이들은 여전히 고대에서 소재를 취한 오페라를 계속 만들었지만 말이다. 모차르트와 베토벤에 이르러 당대의 사안을 다루고 동시대를 배경으로 하는 경향이 나타나기 시작했으며, 이것은 바그너, 스메타나, 무소륵스키, 야나체크, 버르토크, 슈트라우스, 이외에도 많은 19세기 말과 20세기 초의 작곡가들에 이르러 이른바 민족적 소재로 모아졌다. 1876년 바이로이트 극장이 설립된 후 사실주의 경향이 오페라 제작의 표준 규범으로 자리잡았고, 또 다른 규범은 베르디가 카이로 오페라하우스를 위해 「아이다」를 준비하면서 부러운 듯이 말했던 군사주의 경향이었다. 그래서 지휘자들과 연출자들은 바그너가 바이로이트에서 취했던 선례를 따라 점차 명령하는 듯한, 그리고 가끔은 독재적인 태도를 취하기 시작했다. 하지만 바그너는 특별히 독일적인 신화와 역사에 대한 관심 말고도 이국적인 장면, 그림 같은 장면, 섬뜩한 장면, 스펙터클과 과시적인 요소를 유달리 강조함으로써 거리두기 효과를 오페라 제작에 도입한 공이 있다. 이런 점에서 보자면, 바그너가 서운해 할지 모르겠지만, 마이어베어와 알레비 같은 앞선 작곡가들이 진정한 선구자이다. 이들의 작품은 큰 성공을 거두었을 뿐만 아니라 시사적인 사안을 강력하게 제기했다. 제인 풀처는 '정치, 정치화된 예술로서의 프랑스 그랜드 오페라'라는 부제가 붙은 자신의 저서 『국가 이미지』에서 19세기 중반 파리 오페라 극장의 프로그램에 나타난 소외적인 스펙터클과 정치적인 개입의 역설적인 상호작용을 연구했다. 그녀는 우리가 "사회적 맥락을 이해해야 한다"고 주장하며, 또한 "극장의 역할이 이런 레퍼토리를 경험하게 하고 제작되게 하는 데 큰 도움을 주었다"[5]고 말한다.

앞서 내가 언급했던 20세기 작품들에는 이런 식의 주장을 확실히 적용할 수 없다. 물론 어떤 수준에서 보자면 「피터 그라임스」나 「카프리치오」 같은 오페라들은 초연 당시의 시간과 공간은 물론 작곡가의 사회적·미적 환경과도 긴밀하게 연관되어 있다. 하지만 이런 20세기 오페라들은 이렇게 지역적인 측면이 있으면서도 초연 이후 작품들이 상연된 이력을 볼 때 탈지역적인 측면도 있다는 점에서 차이가 난다. 일례로 슈트라우스의 모든 오페라들은 초연 이후 독일과 유럽의 다른 곳에서 공연할 것을 염두에 두고 제작되었다. 내 생각에 「난봉꾼의 행각」은 기본적으로 국제적인 혹은 세계주의적인 작품이다. (러시아에서 추방된 미국인이 작곡하고 베네치아에서 초연된 작품이다. 따라서 딱히 일정한 본거지가 있다고 말하기 어렵다.) 「피터 그라임스」는 런던의 새들러 웰스 오페라 극장에서 초연되었지만, 원래는 평화주의자이자 사회주의자이며 동성애자인 영국 작곡가가 국외로 추방되어 뉴욕에 있을 때 구상한 작품으로, 초연되자마자 여러 나라에서 공연되기 시작했다. 「서푼짜리 오페라」에 대해 말하자면, 작품 구상과 제작 과정에서 일어난 변동 사항이 어지러울 만큼 복잡하다. 그래서 1920년대 베를린의 분위기에 푹 젖어 있는 이 작품은 그 때문에 묘한 화제성을 갖기도 하지만 그럼에도 초국적인 작품이다(브레히트와 바일이 철저하게 이용해 먹은 독일적 배경 하에 영어를 쓰는 인물들이 등장하는 영국 작품이다).

  이런 고찰은 이들 오페라에 묘사된 18세기가 갖는 독특한 지위를 이해하는 데 도움이 된다. 배경이 대단히 구체적으로 명시되어 있지만, 그것이 제시되는 방식은 청중들로 하여금 보편적인 시대로 전환시켜 감상하게 하는 식이다. 스트라빈스키의 「난봉꾼의 행각」이 특히 그렇다. 작곡가는 여기에 '도덕극'이라는 부제를 달아놓음으로써 자신의 작곡 의도를 드러내고, 오든과 함께 이야기를 쓰면서 호가스의 풍자적인 동판화 연작을 참고했다는 사실을 강조한다. 내가 이야기를 전해 듣거나 직접 가서 본 이 오페라 공연은 모두 양식화되고 아이러니와 자의식이 넘쳤다. 「돈 조반니」와 여러 바로크 작곡가들의 학문적인 테크닉을 조롱하듯 언급하여 스트라빈스키의 신고전주의 경향을 반영한다. 스트라빈스키는 19세기의 오페라 관습을 완전히 버리면서 작품의 동시대성을 힘주어 강조하고, 과거를 다루기 위해 자신이 창조해낸 양식의 인공성, 매너리즘, 변덕스러움에 주목하게 한다. 도널드 미첼이 스트라빈스키의 작곡 양식에 대해 말했듯이, "스트라빈스키가 창조적인 감정을 불어 넣기 위해 만든 [음악적] 세계의 새로운 부분은 다름 아닌 과거 자체다."6 따라서 「난봉꾼의 행각」은 엘리어트의 말을 빌리자면, 과거의 과거성pastness of the past이 당대 음악 작업의 주제로서 부각되는 작품이다.

    그렇다면 왜 하필 18세기가 과거를 대표하는 추상적이고 간결한 예가 된 걸까? 여기서 나는 추측을 해야 한다. 「피터 그라임스」 「장미의 기사」 「카프리치오」 「난봉꾼의 행각」에서 18세기를 배경으로 선택했던 공통의 동기를 찾으려면 대략적인 가정을 해야 하기 때문이다. 우선 각각의 오페라에서 배경과 시간이 명시적일 뿐 아니라 대본에 구체적인 사건과 인물을 지칭하는 대목이 많다는 점에 주목하자. 가령 「카프리치오」를 보면, 글루크가 여러 차례 거론되고 라 로슈(극장 감독)와 클레롱(오페라 스타)이 활약했던 18세기 파리 극장가가 등장한다. 「피터 그라임스」에는 영국 서포크 연안의 어촌 풍경이 자세하게 서술되며, 오페라가 기초로 하는 시詩에서 조지 크랩이 자치도시Borough라 불렸던 공동체의 습성 또한 낱낱이 제시된다. 크랩은 직접 오페라에 대사 없는 단역으로 출연하여, 한 인물로부터 소외되고 몹시 비탄에 빠진 피터 그라임스가 저지른 약탈 행위를 의사의 자격으로서 증언해달라는 요구를 받는다. 다른 오페라들도 사정은 비슷하다. 이른바 18세기의 규율을 집행하는 대단히 꼼꼼하고 정확한 시대적 요소들(특히「장미의 기사」에서 호프만슈탈은 자신의 대본에 이런 요소들을 대거 삽입했다)이 오페라

곳곳에 등장한다.

내가 이런 말을 하는 까닭은 작곡가와 대본가들이 누가 봐도 18세기가 분명한 표시들을 이런 오페라들의 장소와 시대에 고집스럽게 갖다 붙였다는 사실을 강조하기 위해서다. 배경뿐만 아니라 18세기의 음악 형식들도 사용된다. 가령 「카프리치오」에는 춤 모음곡, 「피터 그라임스」에는 파사칼리아, 「난봉꾼의 행각」에는 모차르트풍의 합주 앙상블, 「장미의 기사」에는 랜틀러, 왈츠, 무대 아리아, 그리고 「서푼짜리 오페라」에는 발라드와 코랄이 사용된다. 이런 형식들은 모두 끝없는 선율과 소용돌이치는 무형식 구조, 모호한 인상과 정서적 격랑으로 압도하는 바그너풍의 양식에 대한 반발이다. 이렇게 바그너와 거리를 두려는 전략은 슈트라우스의 경우 말년으로 갈수록 더욱 두드러진다. 이것은 우리의 연구에서 중요한 단서가 된다. 브리튼, 스트라빈스키, 바일, 슈트라우스 모두 바그너가 도입한 놀라운 혁신들의 일부를 피하려 했는데, 그들이 거리를 둔 것은 바그너의 화성 언어가 아니라—이것이 없었다면 그들의 음악도 존재할 수 없었다—바그너의 오페라, 특히 「니벨룽의 반지」와 그 이후 작품들이 구현하고 있는, 19세기에 만연한 역사를 대하는 일반 태도였다. 이런 태도에 따르면 역사가 보편적인 서사를 체현하는 것으로 본다. 그것은 「반지」에서 보탄, 브륀힐데, 에르다가 규칙적으로 끌어가는 역사로, 이렇게 장대한 역사 체계에 모든 사람과 작은 서사들이 일제히 종속된다. 신화, 집단적·종족적 기억, 국가 운명, 이 모든 것은 「반지」가 활성화시키고 있는 역사 체계의 권위에 이바지한다. 그리고 일상적인 수준에서 보자면 개별 인물들의 행동과 동기 또한 그러하다.

이런 체계는 바그너 혼자 열의를 갖고 공들여 만든 산물이 아니라, 스티븐 반이 『클리오의 의복』에서 말했듯이, 19세기 미술, 문학, 철학에서 역사를 서술하는 여러 양태들이 축적된 결과로 생겨난 것이다. 비록 반은 음악을 전혀 언급하지 않았지만, 그의 책은 역사화 경향이 19세기 오페라에까지 파고든 현상에 대한 흥미로운 논평으로 읽을 수 있다. 일례로 「아이다」에서 고대의 인물들이 묘사된 방식은 한 세대 전 로시니의 「세미라미데」에서는 생각할 수 없었을 만큼 이집트 관련 담론과 발굴에 의존한다. 헤르베르트 린덴베르거도 1870년에 나온 오페라 「신들의 황혼」과 「보리스 고두노프」에 대해 논하면서 이와 비슷한 주장을 펼친다. 각각 19세기 후반의 문헌학 이데올로기와 민족주의 이데올로기에 영향을 받았다는 것이다. 「카르멘」과 「카발레리아 루스티카나」처럼 지금도 여전히 연주되는 위대한 베리스모 오페라들은 19세기 후반의 역사관과 다원적인 사회관에 영향을 받아 거친 사실적 묘사를 한다는 점에서 역사화된 작품들이다.

　　18세기로 퇴각한다는 것은 역사적 사건 가운데 가장 총체적인 위력을 발휘했고 사회적 기초를 뒤흔들었던 프랑스혁명 이전 시대로 돌아간다는 뜻이다. 이때부터 영국과 프랑스에서 스코트, 미슐레, 매콜리, 키네 같은 저술가들이 특정 국가와 사회, 체계를 중심으로 한 역사 서술을 시작했다. 나는 브리튼과 스트라빈스키가 자신들의 오페라에서 역사에 적대적인 태도를 취했다고 말하고 싶지는 않다. 다만 이들은 18세기를 이용하여 그렇지 않았다면 시도하기 어려웠을 다른 규율, 다른 역사 표현에 도전했다. 하지만 슈트라우스가 사용한 혁명 이전의 무대는 내가 방금 논의한 세 작곡가의 경우와 상당히 다르다. 브리튼과 바일은 혁명 이전의 사회를 사람을 소외시키고 거의 적대시하는 것으로 바라본다는 점에서 닮았다. 바일에게 사회는 폭로되고 탄핵되어야 할 최악의 집단적인 자아이며, 브리튼은 사회를 연약한 개인을 망가뜨릴 수 있는 힘을 보유한 두려움의 대상으로 본다. 브리튼이 중점을 두고 묘사하는 피터 그라임스의 비애는 자신을 이해하지 못하는 대중에 둘러싸여 역사와 환경의 구속을 넘어서려고 발버둥치는 한 인간의 비극적 광경이다. 피터는 자신이 처한 곤경을 직시하지만—오페라에서 이 대목은 그가 고통에 찬 명상적 아리아를 노래하며 오케스트라에 홀로 대적하는 식으로 표현된다—자치도시에 포위되어 자신의 오두막으로 돌아가지 못한다.

다음 막에서 그라임스가 자살하는 것은 이 장면의 논리적 결과이다. 브리튼은 이런 갈등을 음악적으로 대단히 절묘하게 표현하는데, 우리는 여기서 (크랩이 능란하게 묘사한) 낭만주의 이전의 감수성을 가진 인물의 형이상학적 비애는 물론 독주자와 앙상블이 개별적으로 움직이면서 대위법적으로 서로 얽히는 18세기 콘체르탄토 형식을 금방 눈치 챌 수 있다.

바일의 방법은 이보다 단순하고 투박하다. 게이와 스트라빈스키처럼 바일도 알레고리적 유형의 인물들—산적, 거지, 전당포 주인, 창녀, 경찰—을 등장시킨다. 작가는 이들 모두의 행동을 예측 가능하고 아무런 매력 없는 행동으로 한정하여 명백히 혐오스러운 인물로, 심지어는 인간이 완벽해질 수 있고 개선될 수 있다는 인본주의적(그리고 역사적) 믿음을 반박하는 예로 묘사한다. 「난봉꾼의 행각」과 「서푼짜리 오페라」는 의도와 효과의 측면에서 대단한 차이가 있으며, 나는 이를 축소하고 싶은 생각이 없다. 하지만 나는 또한 두 오페라가 청중들에게 직접 말을 걸기 위해, 그리고 바그너에서 절정에 달한 19세기 오페라들이 완전히 내쫓았던 연극적이고 메타연극적인 주장을 적극 펼치기 위해 인물과 장면을 활용하는 방식이 얼마나 유사한지 강조하고 싶다. 두 장면이 떠오른다. 먼저 「서푼짜리 오페라」의 1막 피날레. 폴리와 그녀의 부모들이 함께 부르는 삼중창으로, 피첨은 그 주제를 "세상은 보잘것없고 인간은 시시하다"고 요약한다. 두 번째 예는 「난봉꾼의 행각」의 마지막 중창으로, 스트라빈스키가 명시한 바에 따르면 모든 배우들이 여기서 가면과 가발을 벗고 함께 노래한다.

 슈트라우스식의 18세기는 이보다 훨씬 풍성한 연구 주제이다. 앞서 보았듯이 굴드는 그의 음악을 가리켜 한 인간이 "자신의 예술적 운명을 스스로 개척하는" 극히 예민한 사례라고 단정적으로 말했다. 슈트라우스, 호프만슈탈, 클레멘스 크라우스*가 제시하는 18세기 세계에서 먼저 눈에 들어오는 점은 막강한 부와 특권이다. 「장미의 기사」와 「낙소스 섬의 아리아드네」의 극적 행동을 효과적으로 구성하는 것은 바로 그 같은 부와 특권의 과시다. 확실히 이 세계는 일상적인 압력과 근심이 없다는 점에서, 그리고 제멋대로 마음껏 즐기고 사치를 부릴 수 있어 보인다는 점에서 탈역사적이며, 이 또한 20세기 말년의 양식의 특징이다. 굴드가 그런 말까지 하지는 않았지만, 우리는 슈트라우스의 전 작품이 보여주는, 돈에 구애받지 않고 완전히 자족적으로 경력을 추구하는 음악가 이미지가 그의 18세기 오페라의 중심을 이루는 궁정의 자부심으로 인해 강화된 것이라고 추정할 수 있다. 궁정에서 벌어지는 무기력하고 어떻게 보면 안일할 정도로 경박하기까지 한 행동들은 예술 후원자나 왕비, 백작부인이 변덕을 부린 탓이며, 이는 마치 다른 오페라와 다른 작곡가들의 사실주의적 규범을 타박하는 듯하다. 슈트라우스는 부유한 집안의 사람이 하고 싶은 일을 마음껏 할 수 있음을 나타내기 위해 18세기의 왕당파와 귀족들이 보인 과장을 빌어 사치스럽고 평온무사하고 쾌락적인 삶을 보여주려 했다. 아도르노는 슈트라우스에 관한 에세이에서 이 점을 냉혹하게 꼬집었다.

 하지만 좀더 면밀히 살펴보면 모든 것이 마냥 여유로운 것만은 아니다. 세 오페라 모두는 정적인 장면보다는 대단히 세련되고 완벽하게 조화로운 서정적 악절과 사납거나 변덕스럽거나 냉소적인 활동을 담은 긴 악절이 교차되는 장면을 묘사한다. 일례로 「장미의 기사」의 1막에서 우리는 옥타비안과 마르샬린의 황홀한 이중창에 이어 옥스 남작과 그가 벌이는 꿍꿍이속, 그리고 이런저런 접견을 보게 된다. 하지만 1막의 음악적 중심은 이탈리아 테너 가수가 부르는 아리아이다. 보통 패러디나 캐리커처로 설명되곤 하는 이것은 사실은 젊은 옥타비안에 대한 마르샬린의 사랑, 마르샬린에 대한 옥타비안의 충성심 그리고 조피를 향한 그의 사랑이 모두 해결되는 마지막 삼중창(이 또한 내림사장조로 같은 조성이다)을 위한 화성적 기초가 된다.

이는 마치 슈트라우스가 음악을, 혹은 18세기를 배경으로 하는 악곡을 음악과 예술이 처한 상황을 모면하기 위한 화성적 섬으로 활용하고 있는 듯하다. 부와 변덕스러운 권력을 소유한 사람들이 주인공으로 등장하는 「낙소스 섬의 아리아드네」와 「카프리치오」가 특히 그러하다. 「장미의 기사」 이후 명시적으로 예술적인 섬(「아리아드네」에는 진짜 섬이 등장하여 본 오페라의 무대를 이룬다)은 점차 메타음악적이 되어, 인간의 세속적인 세계에서 뚜렷이 물러나 슈트라우스가 말년에 특히 관심을 가진 명상적이고 침착한 질서로 들어선다. 아도르노는 이런 퇴각을 프루스트가 말한 비의지적 기억memoire involontaire과 연관시킨다. 그런데 사실은 그보다 훨씬 덜 무작위적이고 더 계획적이다. 가령 「낙소스 섬의 아리아드네」에서 격양된 작곡가는 빈에서 가장 부유한 사람이 고쳐달라고 요구한 자신의 오페라 「아리아드네」에 또 다른 참을 수 없는 간섭이 가해지고 난 뒤에 음악의 찬가를 노래한다. 이 찬가는

---

* Clemens Krauss: 「카프리치오」의 대본가.

테세우스로부터 버림받고 낙소스 섬에 혼자 남겨진 아리아드네가 부르는 노래 '어딘가에 왕국이 있네'와 비교할 수 있다.

이 두 오페라 「장미의 기사」와 「낙소스 섬의 아리아드네」에서 이탈리아 테너와 작곡가가 각각 부르는 열정적이면서 서정적인 시와 노래는 중창용으로 다시 노래되는 마지막 장—「장미의 기사」의 마지막 삼중창, 「낙소스 섬의 아리아드네」의 경우 바쿠스와 아리아드네가 부르는 이중창—을 위한 준비 작업, 혹은 일종의 극적인 칸투스 피르무스*가 된다. 「낙소스 섬의 아리아드네」가 발표되고 20년 후에 작곡된 「카프리치오」에서 슈트라우스는 비슷한 구성을 시도하는데, 여기에는 중요한 차이가 있다. 오페라 무대는 파리 외곽의 한 궁전, 백작부인과 그녀의 오빠가 구혼자인 시인과 음악가, 라 로슈(유명한 오페라 감독), 클레롱(여배우), 그리고 이탈리아의 소프라노와 테너 가수— 이들은 오페라가 정확히 중간에 이를 때 긴 이중창을 부른다—와 함께 즐거운 시간을 보낸다. 슈트라우스의 무대 작품은 이제 모든 행위가 실내에서 벌어진다. 극적 갈등은 서정적인 음악에서 가사와 음악 중에 무엇이 더 중요한가를 놓고 벌어지며, 이런 갈등은 18세기 이탈리아에서 시작되었음이 작품 내내 거론된다. 백작부인의 사랑을 얻으려고 끈질기게 경쟁하는 시인 올리비에와 작곡가 플라망이 바로 이 문제로 다툰다. 「카프리치오」는 제대로 논의하려면 이 지면이 부족할 만큼 풍성하고 복잡한 오페라이지만, 두 가지 점이 「장미의 기사」와 「아리아드네」에서 슈트라우스가 18세기를 활용한 방식과 관련된다. 물론 1942년에 초연된 오페라이므로 그 방식이 다르다. 올리비에가 소네트를 쓰고 플라망이 거기에 음악을 붙인다. 그렇게 만들어진 곡은 오페라 전체에 걸쳐 말로 불리기도 하고 노래로도 불리며 기악으로도 연주되는 등 다양한 형식으로 등장한다. 마지막 장에서 백작부인 매들린은 혼자 남아 소네트를 부름으로써 두 명의 구혼자 가운데 한 명을 어떻게든 선택하려고 한다. 여기서 18세기 운율을 완벽하게 살린 소네트의 절은 19세기 후반의 화성 어법에 의해 노래된다.

오페라의 마지막 순간은 그녀가 가사와 음악, 올리비에와 플라망을 두고 선택하려는 장면이다. "이렇게 섬세한 짜임새를 내가 어떻게 찢어버릴 수 있으랴?" 그녀가 스스로에게 묻는다. "나 또한 그 일부가 아닌가?" 그런 질문을 한 뒤 그녀는 자신의 무대에서 갑자기 물러나 자신이 인물로 참여하고 있는 오페라의 영역으로 들어서서는, 거울을 들여다보고 거기에 비친 자신에게 묻는다. "사랑에 빠져 번민하는 매들린을 보여주는 그대 거울아, 내게 조언해주오. 내가 이 오페라의 끝을 어떻게 맺으면 좋을까?" 이어 이렇게 덧붙인다. "경박하지 않은 게 있을까?"

이 마지막 장면을 이해하려면 오페라의 앞부분에 나왔던 한 장면을 유심히 살펴볼 필요가 있다. 올리비에와 플라망이 서로 우위에 있다고 티격태격할 때 라 로슈가 함께 재능을 발휘해 오페라를 만들어보는 게 어떻겠냐고 말한다. "함께 오페라를 만들어봅시다." 누군가가 이렇게 말하자, 그 순간 슈트라우스는 18세기 무대 전체를 드러내면서 자신의 오페라를 실제로 만드는 장면을 보여준다. 이리하여 18세기는 슈트라우스가 조성 화음과 기교적 솜씨에 매진한 현역 예술가로서 활동한 이력을 나타내는 은유가 된다. 이제까지 무대 위에서 꾸벅꾸벅 졸고만 있던 라 로슈는 이 논쟁에서 중요한 역할을 떠맡는다. 그가 새로 만든 「카르타고의 몰락」이라는 제목의 과장되고 사치스러운 스펙터클을

---

* cantus firmus: 다성음악을 작곡할 때 미리 주어지는 선율로 고정선율 혹은 정선율이라고 한다.

올리비에와 플라망이 비웃자 그는 불같이 화를 낸다. "나야말로 극장과 예술의 진정한 영웅이야." 그는 이 오페라에서 가장 긴 악절에서 이렇게 말했는데, 어떤 이유에서인지 비평가들은 다들 이 장면을 무시한다. "나는 이제까지 작곡된 최고의 것들만 보존하고 있지. 선조들의 예술의 정수를 잘 맡아서 간직하고 있다네." 이 말의 요점은 금방 파악된다. 당신네들이 무엇을 할지 생각하는 동안 나는 행동한다는 것이다. 그래서 그는 이렇게 말한다. "나의 경험에 경의를 표하게." 그는 자신이 한 말을 묘비명으로 적어야 한다고 주장하고, 모두들 그의 말에 동의한다. 모두가 라 로슈를 찬양한다. 백작부인을 제외한 모두가 오페라를 쓰기 위해 라 로슈와 함께 떠나고, 하인들은 이날 오후 벌어진 일과 자신들에 대해 말한다. 이어 백작부인은 혼자가 되는데, 슈트라우스는 여기서 마지막 디테일을 추가하는 세심함을 보인다. 극이 진행되는 내내 자고 있던 홍보담당자 토프 씨가 무대에 잠깐 등장하여 자신의 존재감 없는 비중을 드러낸다. "이 모든 게 꿈인가?" 그가 묻는다. "아니면 내가 정말 깨어난 걸까?"

　　슈트라우스는 18세기를 자신의 예술을 나타내는 유연한, 그리고 풍부한 자료들로 넘치는 상징으로 점차 순화시켰다. 「카프리치오」의 개방적이고도 묘하게 암시적인 행동들 사이에 배치된 것은 바로 이런 18세기다. 라 로슈는 세상물정에 밝은 사람이고, 슈트라우스는 많은 작품을 남긴 세속적인 작곡가로 나치독일의 야만성에도 불구하고 불꽃을 지킨, 다시 말해 "선조들의 예술", 즉 하이든과 모차르트로부터 내려온 음악 전통을 지킨 수호자이다. 비록 라 로슈가 부르는 긴 악절이 다소 풍자적이고, 그래서 그의 잘난체하는 독선을 약화시키고 있지만, 슈트라우스는 자신과 라 로슈가 불꽃을 계속 타오르게 지키는 수호자임을 진지하게 믿었던 것이 분명하다. 즉 그들은 흉한 정치적 소용돌이에 말려들지 않았고, 더 중요하게는 베베른과 베르크, 쇤베르크

등 조성과 완전히 결별한 음악가들이 개척한 수많은 일탈 속에서 길을 잃지 않았다.

　슈트라우스는 18세기를 점차 순화시켜 재구성함으로써 자신이 조성 언어와 전통적인 형식을 결연하게 고집하는 인위적인 음악가임을 부각시킨다. 중요한 사실은 그가 18세기라는 특권적인 시대로 계속 돌아감으로써 드러내 보이는 세계관이 단순히 퇴행적이고 반동적이지 않다는 것이다. 그처럼 미적으로 우아하고 매력적인 사회는 그라임스가 살았던 자치도시나 스트라빈스키가 묘사한 호가스의 18세기 런던 같은 적대적 세계와 달리 살아볼 만하며, 그와 라 로슈가 연속적으로 선보인 장대한 규율을 통해 유지될 수 있다고 그는 주장한다. 말년의 슈트라우스에게 18세기는 누구든 접근해서 쉽게 복제할 수 있는 세계가 결코 아니었으며 일종의 제2의 천성 같은 것이다. 그것은 고도의 솜씨로 뒷받침되고 자신을 둘러싼 무조성에 적극 반응한 산물이었기에 그저 몽상으로 치부되지 않고 엄연한 역사적 실체로서 자리 잡게 되었다. 아마 여러분들은 말년의 슈트라우스를 베르크의 「룰루」나 침메르만의 「병사들」에 대항하는 작품으로 들을 것이다. 이렇게 전통의 명맥을 이으면서 동시에 우리로 하여금 외부 세계가 끼어드는 것을 인식하게 만드는 독특한 효과야말로 「카프리치오」의 마지막 장면이 노린 것이다.

　노먼 델 마는 초창기 작품들에 맞먹는 창조적 에너지가 다시 돌아온 말년의 시기를 가리켜 '인디언 서머'라고 부르면서 여기에 슈트라우스를 포함시켰다. 그는 「네 개의 마지막 노래」를 분석한 뒤 몹시도 우울하고 애절한 이 오케스트라 반주 가곡에 대해 다음과 같이 말한다. "임박한 죽음을 담담하게 맞이하는 노년의 피곤이 전혀 슬프지 않게 그윽이 배어난다. 우리의 마음을 찢어놓을 수 있는 형언할 수 없는 감정을 불러일으키는 것은 위대한 예술이 가진 특권이다."[7]

문득 델 마의 말에서 아도르노가 한 "예술의 역사에서 말년의 작품은 파국이다"는 말이 떠오른다. 물론 아도르노와 달리 델 마는 죽음을 앞둔 노인을 음악적으로 혹은 연극적으로 완성도 높게 연출해낸 슈트라우스의 훌륭한 솜씨에 직접적으로 반응한 것이다. '잠들기 전에'와 '황혼이 질 무렵'*이 노린 것이 바로 이런 효과이다. 대부분의 청자들은 내림마장조의 긴 오케스트라 후주가 점차 약해질 때 숭고한 슬픔이 밀려오는 것을 느끼지 않을 수 없다. 아무튼 델 마는 "우리의 마음을 찢어놓을 수 있는 형언할 수 없는 감정"을 깊이 파고들지 않는다. 슈트라우스의 말년의 양식에는 실제로 사람을 불안하게 하는 구석이 있는데, 나는 이를 살펴보는 것으로 이 장을 마치려 한다. 아도르노처럼 슈트라우스 역시 시대의 흐름을 따라가지 못한 인물이다. 본질적으로 19세기 낭만주의에 속한 작곡가로서 자신에게 어울리는 시대를 넘어 살았을 뿐만 아니라 18세기까지 고집스럽게 역행함으로써 안 그래도 구시대적인 작풍을 악화시켰다. 게다가 슈트라우스는 이런 퇴행적인 방식으로 자신감 넘치고 때로는 감동적이기까지 한 음악을 마디마디 능숙하게 써낼 수 있는 능력까지 갖추었기에 우리를 아주 곤혹스럽게 한다. 그는 고뇌나 불편함을 나타내는 징조를 거의 보이지 않았으며, 노골적으로 비통한 애가 「메타모르포젠」처럼 예외적인 경우에도 유창하고 장식적인 주장의 요소를 삽입한다. 이를 가리켜 아도르노는 "전적으로 자기 혼자서 행동하려는 개인의 의지… [그러니까] 양식을 이루려는 의지의 발명"이라고 부른다. 모질게도 아도르노는 슈트라우스의 장엄한 순간들이 "고전을 인용해대는 공식 대변인의 톤과 흡사한, 살살 달래는 듯한 순진무구함을 내비친다"(RS 598, 599)며 공박했다. 전쟁 중에 독일이 자행한 소름끼치는 약탈을 떠올린다면, 여기에 슈트라우스의 회유의 제스처와 대조되는 만의 『파우스트 박사』까지 더한다면,

곤혹스러움은 배가될 것이다.

　　슈트라우스의 "시대착오적인 퇴행"을 가차 없이 몰아붙이면서, 아도르노는 그러한 특징이 독특한 방식을 취하며 놀라우리만큼 매력적이고 일관된 수준을 보여준다는 사실은 간과한다. 일차적으로 지적할 점은 슈트라우스의 마지막 작품들이 그의 작품 전체에서 명확한 그룹을 이룬다는 점이다. 주제는 도피적이고 톤은 사려 깊고 초연하며, 무엇보다 대단히 순화되고 정화된 전문기술을 능숙하게 발휘하여 작곡되었다. 여기서 슈트라우스가 시도한 것이 얼마나 까다로운 일인지에 주목하자. 대편성 목관을 위한 세 작품은 단정하게 작곡하는 것은 사실상 불가능할 정도로 극히 복잡한 기악 앙상블을 요구하는데도 슈트라우스는 잘 해냈다. 「메타모르포젠」은 많은 경우 현악 성부가 23개로 나뉘어 독립적으로 진행되는 곡으로, 이 또한 기교적 위업을 보여주는 걸작이다.

　　「카프리치오」의 경우는 작곡가의 전통적인 양식을 고도로 완벽한 상태로 다듬어낸 결정판이다. 등장인물과 주제 그리고 작품을 연결하는 모티브는 거의 괴짜 소리를 들을 만큼 제한적이다. 마치 작곡가가 이렇게 상대적으로 사소한 문제에만 관심이 있고 더 중요한 문제에는 신경을 쓰지 않는다는 것을 공공연히 드러내려는 것 같다. 또한 당대의 선도적인 음악과 의도적으로 차별화되게 작곡함으로써 그의 작품은 실제로 한층 유약하고 별스럽게 들린다. 중단 없이 계속 이어지는 전체 작품은 사실상 오페라의 개시부인 바장조 현악 6중주곡에서 비롯된다고 할

---

* 황혼이 질 무렵 : 「네 개의 마지막 노래」는 헤세의 시에 곡을 붙인 '봄' '9월' '잠들기 전에'와 아이헨도르프의 시에 곡을 붙인 '황혼이 질 무렵'으로 구성되어 있다.

수 있다. 감미롭고 애절하며 양식적으로 독특한 이 전주곡―우아하고 정중하며 극도로 조성적이다―은 강력한 주장보다는 말수를 줄인 생략어법에 가깝다.

둘째, 그의 말년의 기악곡들은 대단한 연주력을 요구하는 고난도의 곡일 뿐만 아니라 묘하게 추상적이고 장식적인 특징을 보인다. 슈트라우스는 둘 이상의 성부를 결합할 때 교창交唱의 효과를 노린 듯 보인다. 「이중 소협주곡」의 개시부에서와 같이 높이 솟구치는 당당한 선율을 작곡하지 않을 때면 가령 「오보에 협주곡」의 1악장에서 보듯 화려한, 거의 아라베스크풍의 선율을 독주자에게 부여한다. 「메타모르포젠」은 말년의 양식을 집대성한 백과사전 같은 작품이다. 대단히 두터운 짜임새를 가진 이 곡은 그 시기의 특징적인 음악 양식을 총망라해서 보여주는 풍성한 범위를 자랑한다.

이런 특징으로 인해 슈트라우스의 음악은 의도적으로 깊이가 없게 만들어졌다. 염세적인 「네 개의 마지막 노래」도 그렇지만 「카프리치오」의 드라마조차 극적인 대조와 긴장감은 찾아볼 수 없고 청자를 흥분시키지도 않는다. 이것이 바로 슈트라우스의 음악이 주는 불편함과 당혹스러움의 핵심이다. 처음부터 끝까지 정서적으로 밀어붙이지도 않고, 균열과 단편으로 넘치는 베토벤 말년의 양식과 달리 부드럽게 다듬어지고 기교적으로 완벽한데다 세속적이며, 전적으로 음악적 세계에 안주하는 음악이다. 슈트라우스의 말년의 작품에 도전적이라는 수식어를 붙일 사람은 아마 없겠지만, 나는 이 단어야말로 여기에 딱 어울린다고 생각한다. 도전적이고, 비록 지금은 거의 사용하지 않지만 누가 봐도 슈트라우스적인 특징들(6/4 화성의 사용, 실내악인 오케스트레이션, 희롱하는 바로크 양식과 빈 음악의 요소 등)이 있으며, 당대를 대표하는 어떤 악파에도 속하지 않는다. 마지막으로, 최소주의 미학에 의거하여 그의 음악은 다른 것에 일체 관심을 두지 않는 것처럼 보인다. 슈트라우스의 음악은 같은 시대를 살았던 유명한 작곡가들이 담고자 했던 형이상학적 진술을 가볍게 무시하며, 음악에 아무런 불평도 싣지 않아 귀에 유쾌하게 들리고 그 때문에 놀라움마저 안겨준다. 말년성과 부조화의 감각이 지배할 때 선택할 수 있는 여지는 많지 않으며, 슈트라우스의 말년의 음악은 그가 택할 수 있었던 유일하게 적합한 선택이다.

3

「늪시 판 투데기가 진정으로 말하고자 한 것

「코시 판 투테」는 암시적이고 내면화된 특징들로 가득한 오페라로, 도덕적으로나 정치적으로 불분명하지는 않더라도 제한적이다. 성숙한 작품이라기보다는 상대적으로 볼 때 말년의 작품에 가깝다.

「코시 판 투테」는 1950년대 초반 내가 어렸을 때 미국에 건너가서 처음으로 본 오페라였다. 린 폰탠과 앨프레드 런트가 연출을 맡아 메트로폴리탄 오페라 극장에 올린 공연이었고, 내 기억으로는 재치 있고 아름답고 우아한 원작을 영어로 멋지게 옮겼다는 찬사를 받았다. 출연진도 화려해서 존 브라운리가 돈 알폰소를 맡았고, 두 자매 역에 엘리너 스테버와 블랑셰 테봄, 젊은 남자들 역에 리처드 터커와 프랭크 개레로, 그리고 데스피나 역에는 파트리스 문셀이 캐스팅되었다. 18세기 궁정 코미디의 멋을 잘 살려서 세심하게 연출한 공연으로, 나는 여자들이 무릎을 굽히고 몸을 숙여서 인사하고, 레이스 달린 손수건과 정교한 가발이 대거 등장하고, 아름다운 장면과 깔깔대는 웃음과 멋진 유머가 대단히 세련되고 뛰어난 앙상블 가창과 잘 어우러졌던 것을 기억한다. 이 공연이 남긴 인상이 너무도 강렬해서 이후 보거나 들은 「코시 판 투테」 공연은 대부분 모범적이었던 첫 공연의 변형처럼 보였다. 1958년 잘츠부르크에서 카를 뵘이 지휘를 맡고 슈바르츠코프와 루트비히, 파네라이, 알바, 수이티가 공연하는 것을 보고는 메트로폴리탄 프로덕션을 정교하게 발전시킨 것이라고 생각했다.

  직업적인 음악학자도 아니고 모차르트 전문가도 아니지만, 내게는 이 오페라의 대부분의 해석이 런트와 폰탠이 포착하고 과장했던 것들, 가령 와자지껄한 흥분과 품위 있는 장난, 경박해 보이는 플롯, 전반적으로 우스꽝스러운 인물들, 몹시도 아름다운 음악, 특히 눈부신 앙상블 등을 강조하는 것처럼 보인다. 나는 「코시 판 투테」라면 어떤 공연도 마다하지 않았지만, 그때마다 마음속에 특정하게 새겨져 있는 바로 그 공연을 떠올렸다. 그 공연이 훌륭하긴 하지만 그렇다고 해서 왠지 파악하기 어렵고 수수께끼 같은 오페라에 딱 맞는 해석이라고 확신하지는 않는다. 이 패턴에서 벗어난 공연이 유일하게 하나 있었다.

피터 셀러스가 연출을 맡은 「코시 판 투테」 공연으로 모차르트와 다 폰테 콤비의 다른 두 오페라와 함께 1986년과 1987년 뉴욕 퍼처스에서 열린, 지금은 없어진 펩시코 서머 페스티벌에서 처음으로 선보였다. 이 공연의 최대 미덕이라면 셀러스가 18세기의 상투적인 면을 전부 걷어냈다는 점이다. 모차르트가 이 오페라를 구체제가 무너져가는 와중에 썼으므로, 현대의 연출가들은 우리 시대에서 찾아낸 비슷한 순간에 맞춰 무대를 재구성해야 한다는 것이 셀러스의 주장이었다. 가령 미국 제국이 무너지고 계급이 붕괴되어 위기에 빠진 사회를 반영하는 인물들과 무대를 설정해야 한다는 식이다. 그래서 셀러스가 연출한 「피가로의 결혼」은 트럼프 타워의 호화로운 분위기에서, 「돈 조반니」는 마약판매상과 중독자들이 만나 거래를 하는 스패니시 할렘의 어두운 골목에서 벌어지며, 「코시 판 투테」는 데스피나의 만찬을 무대로 베트남 참전용사들과 여자친구들이 빈둥거리며 게임을 하고, 결국은 자신들이 미처 감당할 준비가 안 된 감정에 사로잡혀 스스로를 돌아본다.

    내가 아는 한 셀러스를 제외하고는 여전히 궁정풍의 우아한 18세기 고전으로 남아 있는 다 폰테 대본의 세 오페라를 그토록 전면적으로 새롭게 해석하고자 시도한 사람이 없다. 심지어는 파트리스 세로가 잘츠부르크 무대에 올린 「돈 조반니」도 야만적이고 가차 없이 몰아붙이는 속도감만 선사할 뿐, 결국은 우리가 모차르트의 무대 어법이라고 여기는 범위 내에서 작동하며, 누가 봐도 18세기 관습을 따른다는 것을 금방 알 수 있다. 셀러스의 연출이 그토록 매력적인 이유는 청중들로 하여금 모차르트의 가장 별나고 음습한 측면을 대면할 수 있게 해주기 때문이다. 그것은 바로 양식에 대한 강박적인 집착이다. 이는 죄를 지어봐야 좋을 게 없다거나 진정한 결합을 이루려면 먼저 모든 인간에 내재된 불충이 극복되어야 한다는 것을 보여주는 것과 무관하다. 「돈 조반니」와 「코시 판 투테」에 나오는 인물들은 사실상 명확한 이력과 성격을 가진 개인이라기보다는 자신들도 이해하지 못하고 이해하려고 노력도 않는 외부의 힘에 이리저리 내둘리는 인물로 해석될 수 있다. 사실 이 오페라들은 연출가들의 생각 이상으로 권력과 조종에 관한 이야기이다. 그리고 개별성은 몰아닥치는 비인격적인 힘들의 틈바구니에서 일시적인 정체성으로 격하된다. 돈 조반니가 극히 제한된 규모일지언정 도전적이고 용감한 인물로 그려지긴 하지만, 선견지명이나 카리스마적인 인물의 영웅주의가 들어설 여지는 거의 없다. 베토벤, 베르디, 로시니의 오페라들과 비교할 때 모차르트는 신앙심이나 개연성에 아랑곳하지 않고 권력이 나름의 논리로 작동하는, 도덕과 무관한 루크레티아*적 세상을 묘사한다. 진지함이 없다며 모차르트를 무시한 바그너 역시 이와 비슷한 세계관을 보인다. 「니벨룽의 반지」「트리스탄과 이졸데」「파르지팔」에 나오는 인물들이 자신들이 묶여 있고 도저히 빠져나갈 수 없는 무자비한 행동의 연쇄를 반복하며 되풀이해서 말하고 재차 인식하며 많은 시간을 보내는 하나의 이유가 그것이다. 돈 조반니를 자신의 방탕한 품성―'카탈로그의 노래'에서 레포렐로가 숫자를 들어가며 냉혹하게 폭로한―에 꼼짝없이 묶여 있도록 만드는 것은 무엇일까? 혹은 돈 알폰소와 데스피나로 하여금 음모를 꾸미게 하는 것은? 오페라만 들여다봐서는 이에 대한 즉각적인 대답을 찾기가 어렵다.

 사실 나는 모차르트가 대개의 경우 사람들 마음이 돌아서거나 의지에 따라 행동하기를 기다리지 않고 대리인을 앞세우거나(「코시 판

---

* 고대 로마의 귀족 여성으로 타르키니우스 왕의 아들에게 능욕을 당하자 아버지와 남편에게 이 사실을 알리고 명예를 지키기 위해 자결했다. 이 사건은 이후 로마 공화국 건설의 도화선이 되었다.

투테」에서처럼) 힘으로 몰아붙여(「돈 조반니」에서처럼) 추상적 힘을 구현하려 했다고 생각한다. 「코시 판 투테」에서 벌어지는 음모는 알폰소와 페란도, 굴리엘모가 벌인 내기 때문이지 도덕적 목표나 이념적 열정에 이끌린 것이 아니다. 페란도는 도라벨라와, 굴리엘모는 피오르딜리지와 사랑하는 사이다. 알폰소는 여자들이 정절을 지키지 못하리라 장담한다. 그렇게 해서 속임수 연극이 진행된다. 두 젊은이는 전쟁에 출정하는 척하며 여자들을 속인 뒤 변장을 하고 다시 돌아와 두 여자들에게 구혼한다. 알바니아인(즉 동양인)으로 변장한 남자들은 상대방의 약혼녀를 유혹하기 시작한다. 굴리에모는 금세 도라벨라와 친해지고, 페란도는 시간이 좀 걸리긴 했지만 결국 자매 가운데 신중한 편이었던 피오르딜리지를 유혹하는 데 성공한다. 알폰소는 플롯상 데스피나의 도움을 받는데, 그녀는 남자들이 내기를 벌였음을 모른 채 자신의 여주인들의 몰락을 돕게 되는 냉소적인 하녀다. 마침내 음모의 전말이 드러나고 여자들은 격노하지만, 결국은 원래의 짝으로 돌아간다. 모차르트는 커플들이 처음처럼 사이좋은 관계로 남는지 정확하게 명시하지 않는다.

많은 해설자들이 지적했듯이, 이 오페라의 플롯은 여러 '시험' 연극과 오페라에서 선례를 찾을 수 있으며, 찰스 로젠의 말대로 특히 마리보가 쓴 '증명' 연극을 닮았다. "그들은 모든 사람들이 받아들이는 심리적 관념들과 '법'을 직접 연기를 통해 증명해 보이며, 이런 법이 실제로 어떻게 작동하는지 정확히 보여준다는 점에서 거의 과학적이다."[1] 로젠은 계속해서 「코시 판 투테」는 '닫힌 체계'이며, 이 개념을 오페라에 적용해서 연구하면 흥미로울 것이라고 말한다.

우리는 다 폰테 대본의 오페라에 베토벤이 어떻게 반응했는지 살펴봄으로써 「코시 판 투테」가 18세기 후반의 문화적 맥락에서 어떤 의미였는지 많은 것을 알아낼 수 있다. 계몽주의의 열렬한 추종자였던 베토벤은 항상 다 폰테의 오페라에 상당히 언짢게 반응했던 것으로 보인다. 모차르트의 오페라를 비판했던 많은 사람들처럼 베토벤 역시 「코시 판 투테」에 대해 신기할 정도로 침묵을 지켰다. 베토벤을 포함한 모차르트의 추종자들이 볼 때 이 오페라는 키에르케고르 같은 선각자들이 「돈 조반니」「마술피리」「피가로의 결혼」에서 기꺼이 찾아냈던 형이상학적, 사회적 혹은 문화적 의의를 거부하는 작품으로 보였다. 그래서 별로 할 말이 없었던 것 같다. 대부분의 사람들이 모차르트의 음악은 대단히 훌륭하다고 했지만, 다들 속으로는 멍청한 내용과 멍청한 인물들, 게다가 더 멍청한 무대로 인해 낭비되고 있다고 생각했다. 충분히 의미심장한 일이지만, 베토벤은 「마술피리」를 모차르트의 최고 작품으로 여겼던 것 같다(독일적인 작품이라는 것이 가장 큰 이유였다). 그가 「돈 조반니」와 「피가로의 결혼」을 싫어했다는 사실은 이그나츠 폰 제이프리트, 루트비히 렐슈타브, 프란츠 베겔러가 전하는데, 진지한 작곡가의 작품으로는 너무 경박하고, 너무 이탈리아적이며, 너무 추잡스럽다는 것이 이유였다. 딱 한 번 「돈 조반니」의 성공에 기쁨을 내비쳤을 때에도 베토벤은 위대한 선배 작곡가의 오페라를 접하고 나서 자신의 독창성이 상실될까 두려워 더 이상 이를 찾아서 듣지 않으려 했다고 한다.

    여기서 우리는 모차르트의 작품이 사람의 마음을 불안하게 어지럽힌다고 생각했던 한 작곡가의 반발심을 본다. 경쟁심이 작동한 것이기도 하지만 다른 요인도 있다. 모차르트의 도덕적 중심이 모호하다는 점, 다시 말해 「마술피리」에서 그토록 열심히 설명하려 애썼던 분명한 인본주의의 메시지를 「코시 판 투테」에서는 찾을 수 없다는 점이 문제였다. 모차르트에 대한 베토벤의 반응에서 더욱 눈여겨봐야 할 점은 그의 유일한 오페라 「피델리오」가 「코시 판 투테」에 대한 직접적인, 그리고 어느 정도는 필사적인 반응으로 해석될 수 있다는 사실이다. 사소해 보이지만 중요한 예를 하나 들어보자. 남장을 한 레오노레가 간수 로코의 조수가 되어 그의 딸 마르첼리네의 환심을 사는 장면이다. 여기서 우리는 베토벤이 변장한 연인들이 나폴리로 돌아와 엉뚱한 짝에게, 즉 페란도는 피오르딜리지에게, 굴리엘모는 도라벨라에게 추파를 던지는 「코시 판 투테」의 플롯을 일부 빌려왔다고 말할 수 있다. 다만 베토벤은 음모가 시작되려는 찰나에 멈추고 청중들에게 젊은 피델리오*가 절개를 굳게 지키는 레오노레임을, 그리고 그녀가 돈 피차로의 감옥에 간 것은 자신의 정절과 부부애―부이이Jean-Nicolas Bouilly의 원작 제목이 부부애Amour Conjugal이다―를 입증해보이기 위함임을 밝힌다.

이것만이 아니다. 레오노레의 유명한 아리아 '오라 희망이여'는 「코시 판 투테」의 2막에 나오는 피오르딜리지의 아리아 '내 사랑, 부디 용서해주오'를 떠올리게 한다. 이 아리아는 피오르딜리지가 끈질기게 달라붙는 페란도의 구애에 괴로워하면서(그리고 아마 조금은 즐기면서) 정숙함을 지켜 자신에게 닥칠지 모르는 불명예를 몰아내자고 스스로에게 다짐하며 부르는 노래다("나의 헌신과 사랑으로 이 끔찍한 욕망을 떨쳐내리. 치욕과 혐오를 안겨주는 기억은 모두 지우리"). 그녀에게 기억이란 어떻게든 붙들고 있어야 하는 것, 자신의 연인에 대한 충절을 보증하는 것이며, 만약 이런 기억을 잃는다면 그녀는 마음이 흔들리고 소심하게 들뜬 자신의 현재 행동을 냉정하게 판단할 수 없다. 그리고 기억은 그녀가 부끄럽게 여기는 것, 즉 자신의 진짜 연인으로 지금은 곁에 없는 굴리엘모와 보냈던 시간을 떠올릴 때마다 몰아내야 하는 것이기도 하다. 모차르트는 그녀가 이렇게 솔직한 마음을 털어놓을 때 웅장한 호른에게 반주 음형을 맡겼는데, 레오노레가 간곡히 희망을 노래할 때에도("내 지친 몸을 비춰주는 마지막 남은 별빛이 사라지지 않기를") 이와 똑같은 조성(마장조)과 악기편성(호른)을 보인다. 그러나 레오노레는 사실상 희망과 사랑에 모든 것을 건다. 그녀는 이를 의심하지 않으며, 피오르딜리지처럼 그녀에게도 비밀이 있지만 그것은 명예로운 비밀이다. 레오노레에게는 흔들리는 마음도 의심도 소심함도 없으며, 여러 대의 호른과 함께 자신의 다짐을 선언하는 그녀의 힘찬 아리아는 피오르딜리지의 미묘하고 다소 근심 어린 숙고를 질책하는 것처럼 들린다. 마지막으로, 피오르딜리지는 이미 배신의 길에 들어선 터라 후회의 감정을 내비치며 아리아를 마무리하는 데 비해, 레오노레는 아직 사라지지 않은 남편을 위해 지조와 구제의 시련을 감내하기 시작한다.

    이런 점을 실제로 입증할 방법은 없다. 다만 「코시 판 투테」와 「피델리오」의 분위기 차이가 너무도 뚜렷하고 닮은 점 또한 명확하므로, 만약 「피델리오」를 용인된 부르주아 이념을 혼란시키고 있는 모차르트에 대한 베토벤의 의식적 대응으로 생각하지 않는다면 그야말로 무책임한 해석일 것이다. 그렇다고 해서 베토벤을 아무런 의심이나 회의도 없이 진정한 미덕과 결혼이 가져다주는 행복을 순진하게 찬양하는 전도사로 여기는 것은 옳지 않다. 제목부터가 변치 않는 것, 충실한 것을 강조하고 있지만 「피델리오」는 다소 절박하게 이런 주장에 매달리며 그렇게 강한 확신도 없다. 일례로 플로레스탄은 원칙과 자유를 지지하는 인물로 되어 있지만, 그는 우리에게 자신이 진실을 한 번 말했기 때문에 벌을 받고 있다고 말한다("용기를 내어 진실을 말했건만 그 대가가 이 쇠사슬이라니"). 그와 레오노레는 서로에 대한 열정을 형언할 수 없는 기쁨으로 표현하고—마치 거기에 대해 아무것도 말할 게 없다는 듯이—마지막 구원의 순간에 돈 페르난도가 죄수들을 풀어주라는 명령을 내리면

---

* 피델리오는 레오노레가 남장했을 때의 이름이다.

오케스트라와 합창단이 호전적으로 강하게 몰아붙이고 고정된 화음이 주기적으로 격발하는 가운데 다장조 조성이 여러 차례 강조된다. 이때 우리는 베토벤이 승리의 여운을 가급적 길게 끌고자 노력한다는 인상을 받는다. 음악이 멈추면 누구도 더 할 말이 없다. 모두가 실제로 좋지는 않고 다 해결된 것도 아니다. 잘못된 것이 잠시 옳은 것이 되는데 그것은 일시적인 유예일 뿐이다. 피차로의 지하 감옥 근처에서 한동안 불평 없이 살았던 군중들이 급하게 소집되어 어리둥절한 채로 자유와 정의의 신념을 외치지만, 사실 설득력은 없다. 자유와 정의의 힘을 오페라가 그렇게 부르짖건만 그들은 왜 그렇게 오랫동안 그런 탄압을 참아왔을까. 베토벤은 괴롭게도 그렇게 묻는 것 같다. 그에 앞서 유명한 내림나장조의 트럼펫 소리가 감옥의 어둠을 뚫고 울려 플로레스탄과 레오노레를 피차로의 무기로부터 구해내는 장면은 신의 섭리와 같은 것으로, 그것은 행동 바깥에, 불충과 악덕이 들끓는 야비한 세계 바깥에 존재한다. 베토벤은 (아마 우연히 그랬겠지만) 이런 야비한 세계를 보여주는 동시에 반박하느라 많은 시간을 보낸다.

　의심할 바 없이 이것은 베토벤에게 중요한 사안으로, 그는 「코시 판 투테」가 없었어도 이 문제를 「피델리오」에서 다루었을 것이다. 하지만 나는 모차르트가 만년의 오페라(「마술피리」를 예외로 하면)에서 묘사하는 세계에 베토벤을 불편하게 만드는 무언가가 있었음을 우리가 인정해야 한다고 생각한다. 물론 이들 오페라가 그리는 명랑하고 익살스러운 남부 유럽의 배경도 부분적으로는 그렇다. 베토벤에게 그토록 중요한 의미를 갖는 것으로 보이는 중산층의 미덕을 근본적으로 비판하고 거부하는 인상을 주기 때문이다. 20세기를 배경으로 신경과민 충동과 탈선의 욕구를 담은 '북부'의 사이코드라마로 재해석된 다 폰테의 오페라 「돈 조반니」조차도 경박하고 태평스러운 코미디로 상연될 때 훨씬 더 강력한 힘을 발휘한다. 에지오 핀자, 티토 곱비, 체사레 시에피 같은 20세기 유명한 이탈리아 출신의 성악가들이 구사한 돈 조반니 스타일이 1970년대까지 널리 유행했고, 이후에는 토머스 앨런, 제임스 모리스, 프란체스코 푸르라네토, 새뮤얼 레이미처럼 그를 키에르케고르와 프로이트에 푹 빠진 어두운 인물로 해석한 스타일이 주도했다. 「코시 판 투테」는 나폴리 배경의 등장인물들이 한결같이 부정직하고 쾌락을 좇으며, 몇몇 예외의 순간을 제외하면 이기적이고 상대적으로 죄의식이 희박하게 그려졌다는 점에서 한층 더 과감하게 '남부 유럽'의 특징을 보인다. 그들은 「피델리오」의 기준으로 보자면 분명히 괘씸한 행동들을 한다.

따라서 「피델리오」의 성실하고 무겁고 대단히 진지한 분위기는, 찰스 로젠과 스콧 버넘 같은 최근의 비평가들이 멋지게 포착한 아이러니와 아름다움만 가득할 뿐 엄숙함이라고는 찾아볼 수 없는 「코시 판 투테」를 책망하는것으로 볼 수 있다. 1막 마지막 장면에서 동양인으로 변장한 두 구혼자를 피오르딜리지와 도라벨라가 퇴짜 놓자 이들은 노골적으로 우스꽝스러운 거짓 자살소동을 벌인다. 이런 일은 여자들은 남자들을 진심으로 좋아하지만 두 구혼자는 재미로 연극을 하기 때문에 벌어지는 아이러니한 상황이다. 데스피나가 여주인들이 이해할 수 없는 말을 하며("그게 무슨 말이오?") 의사 행세를 하는 것도 이런 가벼움에 일조한다. 이리하여 진실이 담긴 감정은 우스꽝스러운 상황으로 빛을 잃는다. 2막에서 변장과 가짜 연극이 무르익어 네 명의 주인공들의 감정까지 움직이는 상황에 이르자 모차르트는 농담을 더 밀어붙인다. 그 결과 이들은 파트너를 달리 해서 또 다시 사랑에 빠진다. 이것은 베토벤에게는 대단히 중요한 고정된 정체성을 침해한다. 사실 「피델리오」에 나오는 모든 인물들은 변하지 않는 본질의 틀에 엄격하게 갇혀 있다. 예컨대 피차로는 처음부터 끝까지 못된 악당이고,

플로레스탄은 선의 옹호자, 페르난도는 빛을 가져다주는 밀사이다. 이것은 변장과 변심과 방황이 규범이고 절개와 안정감은 말도 안 된다며 조롱당하는 「코시 판 투테」와 완전히 반대다. 데스피나는 2막에서 이 점을 분명하게 말한다. "벌어진 일은 과거의 일, 이제 더 이상 말하지 말아요. 과거는 잊고 노예 같은 속박에서 벗어나세요."

그럼에도 우리는 「코시 판 투테」의 쾌활한 외양에 묻혀버렸거나 가려졌으며, 상당히 가차없고 도덕과 무관하게 작동하는 내부 체계에 주목할 필요가 있다. 이 오페라를 겉으로 보이는대로 활달한 소극으로 즐겨서는 안 된다고 말하려는 것은 아니다. 하지만 비평가의 역할은 모차르트와 다 폰테가 속임수와 전치된 사랑의 이야기를 통해 전달하려 했던 것이 무엇인지 밝히는 것이다. "비평가는 공연의 수단을 의식하게 만든다"는 블랙머의 말은 참으로 옳다. 따라서 나는 「코시 판 투테」가 겉보기에는 쾌활하고 멋진 음악이지만 구석자리에 이와 다른 면모를 숨기고 있음을 드러내고자 한다. 물론 우리는 모차르트와 다 폰테의 공연 수단을 의식하는 과정에서 극장에 앉은 우리 앞에 오페라가 전개되는 독특한 방식에서 즐거움을 얻기도 한다.

앨런 타이슨의 꼼꼼한 연구 덕분에 우리는 모차르트가 「코시 판 투테」의 아리아와 서곡을 작곡하기 전에 중창곡들을 먼저 만들었다는 사실을 알고 있다. 이런 작곡 순서는 그가 이전에 작곡한 「피가로의 결혼」과 「돈 조반니」에서처럼 뛰어난 개인에게 초점을 맞추지 않고 인물들 사이의 관계에 치중했다는 사실과 일치한다. 다 폰테가 대본을 쓴 세 오페라 중에서 「코시 판 투테」는 시기적으로 가장 나중이고 가장 복잡하고 괴상할 뿐만 아니라 내적 구성이 가장 긴밀하며 선율이 서로 얽혀 있어서 비밀을 풀기가 가장 어렵다. 사랑, 인생, 이념의 문제를 용인된 수준을 넘어 한계에 더욱 가깝게 밀어붙이기 때문이다. 이것이

가능했던 이유는, 그리고 「코시 판 투테」가 앞선 두 작품에 일반적으로 적용되는 정치적·지적 해석을 피해가거나 거부하는 작품이 된 이유는 이 곡을 작곡하던 1789~90년 무렵 모차르트의 삶과 시대에서 부분적으로 찾을 수 있다. 그러나 이유는 모차르트와 다 폰테가 함께 작품을 만들어간 방식에서도 찾을 수 있다. 그들은 명확한 틀과 방향을 잡아줄 유명한 원작이나 유명한 인물을 정해놓고 작업하지 않았다. 「코시 판 투테」는 협업의 산물이며, 역동적이고 균형감 있는 플롯과 음악의 부분들이 서로 긴밀하게 호응하는 방식은 외부의 출처에서 이식되거나 부과된 것이 아니라 내부적인 필요에 따라 구성된 특징이다.

모차르트는 예컨대 1막에 나오는 많은 곡에서 인물들이 생각하고 행동하고 서로 짝을 이뤄 노래하는 방식에 주목하게 한다. 상대방의 성부를 서로 모방하기도 하고, 앞서 불렸던 선율을 다시 가져오는 경우도 많다. 모차르트는 우리가 선율과 모방과 패러디를 구분하기가 대단히 어려운 닫힌 체계의 내부에 들어온 것처럼 느끼게 만들고 싶었던 모양이다. 이는 1막에 나오는 6중창에서 멋지게 표현된다. 여기서 알폰소는 데스피나, 두 명의 변장한 남자, 이어 두 여성을 차례로 자신의 음모에 끌어들이는데, 그러면서 행동에 대해 논평을 하고 데스피나한테도 평을 할 기회를 준다. 곡 전체(오페라의 기본 조성인 다장조로 진행된다)는 제안과 충고와 진술이 어지럽게 뒤얽히는 가운데 성부가 서로 모방하는 솜씨가 모차르트의 그 어떤 작품에도 뒤지지 않는다. 이로써 이제까지 우리가 그나마 붙들고 있던 안정감과 엄숙함의 마지막 흔적마저 날아가고 만다.

하지만 오늘날 음반이나 실연으로 「코시 판 투테」를 접하는 사람은 모차르트가 얼마나 세심하게 이 모든 것을 의도했는지 놓칠 가능성이 높다. 오늘날 극장에서 관람하는 오페라는 연극적이고 과장된 면은 있겠지만 기본적으로 극적이지 못한 형식이다. 대부분의 관객들은 언어를 이해하지 못하며, 설령 이해하더라도 가수들을 이해할 수 없다. 게다가 「코시 판 투테」의 플롯은 개연성이 부족하고, 인물들에게는 밝혀내야 할 흥미로운 과거도 없으며, 충성스럽게 감정을 투여해야 할 복잡한 관계도 없어 보인다. 눈부신 음악을 제외하면 표면에 드러난 것이 전부인 것 같다. 사회적 토대와 아도르노가 50년 전에 청취의 퇴행이라 불렀던 것으로 인해 음악과 드라마, 언어가 분리된다. 그 결과 우리는 오페라를 일반적으로 멍청하거나 감상적이거나 비현실적인 이야기로 서로 연결된 아리아 또는 곡조의 연속으로 보는 경향이 있다. 우리는 무대에서 아무리 멍청하고 말도 안 되는 일이 벌어지더라도 무시하고 음악에 귀를 기울인다. 몇몇 작곡가들은 오페라에 심오한 깊이나 의미심장한 무게를 부여한다. 대표적으로 바그너는 글을 통해 자신이 오페라에서 표현하려 한 것을 정성들여 설명했다. 하지만 바그너 애호가라 할지라도 오페라극장에서 「로엔그린」이나 「트리스탄과 이졸데」 공연을 보며 바그너의 이념을 마음속에 새길 사람은 많지 않다. 오늘날 오페라라고 불리는 형식은 드라마보다 덜 진지하고 음악적 소극보다 더 무게감이 있다고 여겨지며, 논리보다 감정에 더 호소하는 형식이다. 내게 오페라에 대해 가장 중요하고도 과격한 질문으로 보이는 것은 이것이다. "대체 이 사람들이 왜 노래를 부를까?" 하지만 오늘날 오페라가 상당히 많은 비용이 들고, 대체로 돌이킬 수 없을 만큼 먼 과거나 특이하고 특권적이고 가벼운 현재를 배경으로 연출되는 대규모 프로젝트인 상황에서 이 같은 질문은 대답은커녕 제기되는 경우조차 별로 없다.

　「코시 판 투테」는 오늘날 아무 생각 없이 무작정 무대에 올린다면 현대 사회의 이념과 정치와 충돌하여 특별한 문제를 일으킨다. 결국 오페라를 청중이나 후원 기업을 불쾌하게 하지 않는 무해한 작은 상자에

밀봉한 채로 계속 두려는 소수 집단의 취향과 편견만을 반영할 뿐이다. 따라서 「코시 판 투테」를 제대로 보려면 우선 그 작품이 1790년 1월 26일 빈에서 초연되었을 때는 지금과 같은 '고전'이 아니라 최신 오페라였음을 상기할 필요가 있다. 모차르트가가 이 오페라를 작곡하던 1789년 초, 당시 그는 개인적으로 대단한 시련을 겪고 있었다. 앤드류 스텝토는 이 작품을 작곡할 당시 모차르트의 삶이 어떤 처지였는지를 통찰력과 기지를 발휘하여 논의한다. 물론 그 역시 다른 평자들과 마찬가지로 추측에 의존해야 했다. 우리가 현재 보유하고 있는 실질적인 정보가 이상하리만치 드물기 때문이다. 스텝토는 먼저 1787년 「돈 조반니」가 초연된 뒤 "모차르트의 건강 상태와 경제 상황이 악화되었다"고 지적한다. 독일 공연이 실패했고 "창조력에 대한 확신을 잃은" 것으로 보여 작곡은 거의 하지 않고 단편들과 미완성곡들만 유난히 많이 남겼다. 특히 프리드리히 빌헬름 황제를 위한 4중주 작곡에 어려움을 겪어 1년이 넘도록 완성하지 못했다.[2]

우리는 모차르트가 왜 「코시 판 투테」 작업을 시작했는지 사실 잘 모른다. 다만 스텝토는 그 작품이 "그렇기에 대단히 중요한 시기에 놓이는 작품이며, 작곡가는 분명 예술적 도전의식을 갖고 재정적으로 재기할 수 있는 절호의 기회로 생각했을 것"(MDO 209)이라고 추측한다(내 생각에 옳은 추측 같다). 그가 최종적으로 내놓은 악보에는 1789년에 있었던 삶의 또 다른 흔적들이 배어 있다. (스텝토가 지적한) 하나의 흔적은 모차르트가 오페라를 쓰고 있을 때 부인 콘스탄체가 바덴에서 요양을 하느라 그의 곁에 없었다는 점이다. 그곳에서 그녀는 "부도덕한 행실을 보였고" 그 때문에 모차르트는 자신은 배우자에게 충실한데 그녀는 변덕스럽고 사람을 당혹스럽게 하는 반려자라는 편지를 즉각 보내 그녀의 가정에서의 위치를 **새삼 떠올리게**—기억과 망각은 「코시 판 투테」의 기본 주제이다—했다.

> 사랑스러운 부인에게! 솔직하게 당신한테 말하고 싶소. 아무리 생각해도 당신은 불행할 이유가 없소! 당신을 사랑하고 당신을 위해 모든 걸 해줄 수 있는 남편이 있잖소. 당신의 발에 대해 말하자면, 당신은 환자일 뿐 곧 낫게 될 것이오. 당신이 즐겁게 지낸다니 솔직히 기쁘지만 가끔 자신을 그렇게 싸구려로 만들지 않았으면 좋겠소. 내가 볼 때 당신은 N.N과 지나치게 자유롭게 어울리는 것 같소…. N.N이 다른 여자들한테는 그렇게 친절하게 굴지 않으며, 분명 당신의 행실 때문에 편지에다 그렇게 역겹고 말도 안 되는 헛소리를 적었다는 걸 제발 기억하시오. 여자는 항상 품위 있게 보이도록 행동해야 하오. 안 그러면 사람들이 수군거리기 시작할 테니까. 내 사랑! 이렇게 솔직하게 털어놓아 미안하오. 하지만 내 마음이 평온해지려면 당신이 이 점을 유념해야 하오. 언젠가 당신이 사람들이 요구하면 너무 쉽게 응한다고 내게 고백했던 것 기억하시오. 당신은 그 결과가 어떤 건지 알고 있소. 내게 했던 약속 잊지 말아요. 오, 제발, 노력해 봐요. 내 사랑!(MDO 87-88)

스텝토가 여기서 지적하는 것은 모차르트가 콘스탄체와의 일을 해결하는 데 본인의 안정감과 통제력이 얼마나 중요하게 작용했는가 하는 점이다. 그는 모차르트가 "맹목적인 낭만적 사랑"을 믿지 않아서 "그것을 무정하게 비꼬았다"(「코시 판 투테」에서 여실히 드러나듯이)고 주장한다. 하지만 스텝토가 인용하고 있는 이 시기의 모차르트 편지들은 그렇게 일면적이지 않다. 한 편지에서 모차르트는 콘스탄체한테 그녀를 볼 수 있다는 생각에 얼마나 흥분되는지 모르겠다며 이렇게 덧붙인다. "사람들이 내 마음속을 들여다볼 수 있다면 나는 부끄러움에 몸 둘

바를 모르게 될 거요." 우리는 이제 그가 끓어오르는 정열과 육체적 욕구에 대해 뭔가 말을 하리라 기대한다. 그런데 그는 이렇게 말한다. "내게는 모든 게 차갑소. 얼음처럼 차디차다오"(MDO 90). 그리고 "모든 것이 공허하다"는 말도 덧붙인다. 스텝토가 인용하고 있는 또 다른 편지에서 모차르트는 "끔찍한 고통을 안겨주는 공허함, 절대로 채워지지 않고, 절대 멈추지 않고 계속되며, 오히려 날이 갈수록 심해지는 갈망의 심정"(MDO 90)을 털어놓는다. 모차르트가 주고받은 편지들을 보면 이렇게 그칠 줄 모르는 에너지(날이 갈수록 점점 심해져가는 공허함과 충족되지 않은 갈망으로 표현된)와 냉정한 통제력을 함께 보여주는 편지들이 제법 있다. 나는 이런 특징이야말로 모차르트의 삶과 전체 작품에서 「코시 판 투테」가 차지하는 위치에 대해 중요한 점을 시사한다고 생각한다.

 물론 「피가로의 결혼」과 「돈 조반니」도 「코시 판 투테」와 같은 그룹에 속한다. 그런데 앞선 두 오페라가 개방적이고 직접적이며 지적으로나 도덕적으로 쉽게 의미가 파악되는데 비해, 「코시 판 투테」는 암시적이고 내면화된 특징들로 가득한 오페라로, 도덕적으로나 정치적으로 불분명하지는 않더라도 제한적이다. 결국 다 폰테의 세 번째 오페라는 전작들만큼 성숙한 작품이라기보다는 상대적으로 볼 때 말년의 작품에 가깝다. 오페라의 악보는 중창곡 중심으로 구성되었을 뿐만 아니라 예전의 작품을 거론하는 대목도 많다. 스텝토는 이를 가리켜 "주제적 회상"이라고 부른다. 1막의 한 장면에서(도라벨라의 레치타티보 '아, 저리가')오케스트라가 갑자기 「돈 조반니」의 기사장을 연상시키는 빠른 스케일 악절을 연주한다. 모차르트는 음악에 무게를 더하기 위해 대위법을 사용한다. 그래서 2막 피날레에서 내림마장조 카논canon이 등장할 때 청중들은 대단히 엄격하다는 느낌 말고도 가사와 상황을 넘어서는 독특한 아이러니의 표현을 경험하게 된다. 연인들이 결국 짝을 바꿔 연을 맺으려 하는 장면에서 세 사람은 와인을 들며 온갖 생각과 기억을 잊어버리자며 다성음악으로 노래한다. 오직 굴리엘모만이 피오르딜리지가 페란도를 저버릴 것이라 굳게 믿었는데 그것이 실패로 돌아가자 낙담하여 카논 밖에 머문다. 그는 여자들이("간악한 여인들이여") 독약을 마셔 상황이 모두 끝났으면 좋겠다고 생각한다. 여기서 모차르트는 마치 연인들의 당혹스러움을 대위법을 통해 닫힌 다성음악 체계로 반영하고, 나아가 비록 그들이 모든 과거의 인연과 기억을 잊어버리자고 생각은 하지만, 순환하고 반복하는 형식의 음악을 통해 그들이 다시 논리적으로 맞는 짝에게로 돌아가게 될 거라는 걸 보여주고 싶어하는 것 같다.

이런 순간은 「코시 판 투테」에서만 찾아볼 수 있는 독특한 것이다. 인간의 욕망과 충족을 본질적으로 작곡 기법의 문제로서 그려내며, 감정과 욕구를 탈출구도 없고 기품도 찾기 어려운 논리적 회로 속으로 몰아간다. 일례로 굴리엘모가 부르는 심술궂은 선율 라인은 가사에 함축된 결합의 의미를 부정한다. 그러나 전체 오페라—플롯, 인물, 상황, 중창, 아리아—를 보면 그와 같은 어울림이 당연한 듯 보이는데, 두 쌍의 친밀한 남녀 커플과 두 '외부' 인물이 다양한 방식으로 서로 얽혔다가 풀렸다가 다시 얽히면서 여러 변화를 보이는 움직임이 오페라의 줄기이기 때문이다. 거의 질릴 정도로 등장하는 균형과 반복이 이 오페라의 핵심이다. 우리는 여기 나오는 인물들에 대해 아는 것이 거의 없다. 그들의 이전의 삶이 어땠는지 드러나지 않으며(「피가로의 결혼」과 「돈 조반니」의 인물들은 앞서 벌어진 사건과 음모에 계속해서 연루된다), 그들의 정체성은 연인의 자격이 되는지 시험해보기 위해 존재할 뿐, 일단 한 차례 순번을 돌아 처음과 반대의 상황에 놓이면 오페라는 끝이 난다. 분주하고 수다스럽고 돌림노래 같은 주제들을 가진 서곡이 이런 기운을 완벽하게 포착한다. 모차르트가 오페라의 대부분을 완성하고 난 후에야 서곡을 작곡했음을 기억하라. 즉 그는 자신이 정교하게 작업한 작품의 구조적 특징을 완전히 파악한 후에 서곡을 작곡했다.

 오직 한 인물, 돈 알폰소만이 예외다. 그는 오페라가 시작되기 전에 행동을 개시한 유일한 인물이다. 막이 열리고 시작되는 삼중창은 앞서의 논의가 계속 이어지고 있는 것처럼 들리는데, 여기서 페란도와 굴리엘모는 알폰소가 앞에서 했던 발언("당신은 이미 그들이 진실하지 않다고 말했소")을 곡이 끝날 때까지 계속 물고 늘어진다. 그는 어떤 인물인가? 알폰소는 모차르트의 인생과 작품 곳곳에 등장하는 연로한 권위자들과 같은 계열이다. 「돈 조반니」의 기사장, 「마술피리」의 자라스트로, 혹은 「피가로의 결혼」에 나오는 바르톨로와 알마비바 백작을 떠올려보라. 하지만 알폰소는 도덕의 근본 토대가 아니라 지조 없는 여자들의 변덕스러움을 입증하려 한다는 점에서 다른 이들과 차별화된다. 그리고 그는 네 명의 연인들을 미몽에서 깨어난 분별 있는 사랑으로 이끄는 데 성공한다. 마지막 중창곡에서 그가 속임수를 써서 자신들을 잘못된 길로 이끌었다며 여자들이 비난하자 알폰소는 아무런 후회의 기색도 없이 맞받아친다. 자신의 행동은 그들에게 제대로 된 길을 가르쳐주려는 것이었고, 그래서 그들은 이제 자신이 알려준 대로 하게 되었다는 것이다. ("내가 당신들을 속였소. 하지만 그것은 당신들의 연인에게 속지 않게 하기 위함이었소. 이제부터 더욱 현명해져서 내가 하라는 대로 행하시오.") 그는 네 사람 모두 함께 손잡고 웃자고 말한다. 알폰소의 노래에 「마술피리」를 예견하는 요소가 포함된 것은 흥미로우며 전혀 우연이 아니다. 왜냐하면 「마술피리」는 「코시 판 투테」에 사용된 증명 또는 시험 이야기를 도덕적으로 좀 더 너그럽게 다시 고쳐 쓴 오페라처럼 보이기 때문이다. 정절은 「코시 판 투테」에서는 승리하지 않지만 「마술피리」에서는 승리를 거둔다.

돈 알폰소는 자라스트로처럼 자신의 행동을 통해 근엄함이나 고매한 도덕심을 드러내지는 않지만, 그 역시 극의 행동을 이끌고 조정하는 인물이다. 이 오페라를 평하는 사람들은 대부분 돈 알폰소에 주목하지 않는데, 사실 노골적으로 도덕과 무관한 「코시 판 투테」의 세계에서 그는 결정적인 중요성을 가진 인물이면서 또한 매혹적인 인물이기도 하다. 그가 스스로를 지칭하는 여러 명칭들—배우, 교사, 학자(그가 구사하는 라틴어 문구들과 폭넓은 고전 인용은 그가 훌륭한 교육을 받았음을 암시한다), 음모자, 아첨꾼—은 그의 본질적인 정체성을 직접 드러내지 않는다. 사실 그는 세속적인 성 경험이 많고 이제 다른 사람들의 경험을 이끌고 조정하고 조작하려 하는 노련한 난봉꾼이다. 이런 점에서 그는 상냥한 교장, 군사 전략가, 철학자와 닮았다. 그는 세상에서 많은 것을 보았고, 몸소 살았던 인생과 비슷한 것을 다시 상연해낼 수 있는 인물이다. 그는 결말이 어떻게 날지를 미리 내다본다. 따라서 그가 오페라에서 벌어지는 행동, 특히 여자들의 행동과 관련해서 놀랄 일이란 거의 없다. 바다에 쟁기질하기, 모래에 파종하기, 그물에 걸린 바람 잡기, 이런 말도 안 되는 일들이 알폰소의 현실을 규정하며, 연인들의 교사로서, 그리고 몸소 실습도 해본 사람으로서 그가 살고 있는 세상이 얼마나 불안정한지를 강조한다. 이를 효과적으로 연출하는 음악적 구성물은 라단조의 선동적인 악절이다. 그럼에도 그는 사랑의 경험을 기꺼이 즐기며, 젊은 네 친구를 위해 사랑의 신비를 벗겨내고자 마련한 음모를 흔쾌히 수행한다.

나는 돈 알폰소에게 익살스러운 면이 없다고 주장하려는 것은 아니다. 다만 내 말은 그가 모차르트는 물론 당대의 앞서간 사상가들과 예술가들에게 극히 중요한 의미를 갖는 문화적·심리적 실체에 대단히 가깝게 다가선 인물이라는 점이다. 먼저 모차르트의 오페라에서 주인공이 피가로에서 돈 조반니, 돈 알폰소로 계속 발전해간 사실에 주목하자. 모두들 나름의 방식으로 인습에 도전한 앞서간 자들이다. 비록 돈 알폰소는 돈 조반니처럼 죗값을 치르거나 피가로처럼 길들여지지 않았지만 말이다. 원래 인생이라는 것이 돈 알폰소의 경험이 말해주듯 수수께끼 같고 변화가 심하므로 보통 인간의 삶을 지배하는 결혼이나 다른 사회적 규범들의 안정감은 믿을 게 못 된다. 이런 사실을 깨닫게 되면 이제 알폰소는 더욱 격동적이고 파란만장한 새로운 영역에 속한 인물, 경험이 쉴 틈도 없이 똑같은 환멸스러운 패턴을 계속 반복할 뿐인 세계의 인물이 된다. 그가 두 쌍의 연인들을 위해 마련한 게임에서는 인간의 정체성이 실제 세계에서처럼 변화무쌍하고 불안정하고 무차별적으로 주어진다. 따라서 놀랍지 않게도 「코시 판 투테」의 중심 주제 가운데 하나는 오직 현재만 남겨놓고 기억을 전부 지워버리자는 것이다. 이를 시행하는 것은 극중극의 플롯 구조다. 알폰소는 시험을 통해 연인들을 자신들의 과거와 충절로부터 떼어놓는다. 이어 남자들은 새로운 정체성을 갖고 다시 구애에 나서서 결국 성공한다. 데스피나도 이 연극에 연루되는데, 그녀와 알폰소는 두 남녀 커플과 감정적으로 거리를 둔다. 그렇게 해서 페란도와 굴리엘모는 새로운 역할을 떠맡고, 연인으로서 자신들의 책임감을 진지하게 생각하며, 그 과정에서 알폰소의 말이 사실임을 입증한다. 하지만 굴리엘모는 피오르딜리지의 변심을 순순히 받아들이지 않으며, 따라서 한동안은 알폰소의 행복하고 기만에 빠진 무리들 바깥에 맴돈다. 결국 그는 씁쓸함을 딛고 알폰소의 명제*를 받아들인다. 이 말은 여기서 처음으로 분명하게 표현되는데, 우리가 주목할 점은 알폰소의 진술이 오페라의 기본 조성인 다장조로 진행된다는 점이다. 클라이맥스 장면은 1도-4도-5도-1도의 기본 화성 진행으로 이루어진다. 양식은 격식에 딱

맞고 모차르트의 곡 치고는 극히 평이하다.

이 순간은 오페라의 후반에 등장한다. 알폰소는 그렇게 때가 오기를 기다렸다가 단호하게, 군소리 없이 단조롭게 상황을 마무리한다. 마치 그가, 그리고 모차르트가 이런 결론에 도달하려고 1막을 증명 준비에 쏟고 2막을 상황 전개에 할애한 것처럼 보인다. 그리고 그 결론은 마침내 밝혀진 오페라의 음악적 뿌리이기도 하다. 이렇게 볼 때 알폰소는 그저 닳아빠지고 세속적인 사람이기만 한 것이 아니라 자신의 견해를, 비록 전적으로는 아니지만, 끈질기게 실행해 보이고 엄격하게 가르치는 교사이다. 그는 자신의 생각을 증명하기 위해 실험 대상자와 공간이 필요했는데, 물론 이렇게 해서 그가 얻게 될 즐거움이 새롭지 않다는 것은 미리 알고 있었다. 약간의 흥분과 즐거움은 주겠지만, 그가 이미 잘 알고 있는 것을 확인시켜 줄 뿐이다.

이렇게 볼 때 돈 알폰소는 그와 거의 동시대를 살았던 사드 후작을 약간 완화시켜 표현한 인물로 볼 수 있다. 푸코는 이 난봉꾼을 가리켜 이렇게 인상적으로 묘사했다.

> 욕망의 모든 환상과 그것이 수반하는 온갖 광포함에 빠져 있으면서도, 명료하고 꼼꼼하게 설명된 표상을 통해 자신의 가장 사소한 동작까지 조명할 수 있고, 또 그렇게 해야 하는 인물이다. 난봉꾼의 삶을 지배하는 엄격한 질서가 있다. 모든 표상은 욕망을 가진 살아 있는 육체에서 즉각적으로 생명을 부여받아야 하며, 모든 욕망은 표상적 담론[이 경우 2막에 등장하는 사랑의 언어]이라는 순수한 빛으로 표현되어야 한다. 따라서 '장면들'은(사드에게 있어서 장면이란 표상의 질서를 따르는 방탕함을 말한다) 엄격한 계기에 따라

연속되며, 장면들 내부에서는 육체의 결합과 이성의 집결 사이에 조심스러운 균형이 맞춰진다.3

우리는 오페라의 첫 곡에서 알폰소가 희끗한 머리카락에 경험이 풍부한 인물로서 '권위를 갖고' 말하는 장면을 떠올린다. 여기서 우리는 과거에 욕망에 빠져 있었던 그가 이제는 "명료하고 꼼꼼하게 설명된 표상을 통해" 자신의 생각을 조명할 준비가 된 것으로 봐도 좋다. 그 표상이란 물론 그가 굴리엘모와 페란도한테 강요한 연극이다. 「코시 판 투테」의 플롯은 알폰소와 그에 못지않게 냉소적인 조력자 데스피나가 함께 조작한 장면들이 엄격한 계기에 따라 연속되는 식으로 구성된다. 그리고 여기서 성적 욕망은 푸코가 말했듯이 표상의 질서를 따르는 방탕함, 즉 미몽에서 깨어났지만 여전히 흥미진진한 사랑을 교육받는 연인들 이야기에 수반되는 것이다. 게임이었음이 밝혀지자 피오르딜리지와 도라벨라는 자신들이 경험한 것을 진심으로 받아들인다. 두 남녀가 원래의 짝으로 돌아갔는지 여부를 모호하게 처리해서 해석자들과 연출자들을 당혹스럽게 만들었던 결말 부분에서 그들은 이성과 환희를 노래한다.

    이처럼 모호한 결말은 거추장스러운 속박과 일관된 정체성, 고정성이나 지조의 관념을 강요하지 않으므로 수많은 여러 바꿔치기가 가능하다. 푸코는 이러한 문화적 순간에 대해, 언어가 명명하기의 능력은 유지하지만 그것은 "극도로 정밀하게 축소된 의식"에서 그럴 뿐이며 "그

---

* 알폰소가 오페라 제목인 '코시 판 투테' 즉 '여자란 모두 다 그래'를 말하는 장면이다. 이것을 화성으로 옮기면 1도-4도-5도-1도가 된다.

의식을 무한히 확장한다"고 말한다. 사랑의 수사학과 욕망의 표상은 근본적으로 변하지 않는 존재의 질서에 고정된 닻을 내리지 않으므로 연인들은 얼마든지 다른 파트너를 찾아다닌다. "우리의 생각은 아주 짧고, 우리의 자유는 아직 온전치 못하며, 우리의 담론은 장황하게 반복될 뿐이다. [그러므로] 우리는 발아래 놓인 광활한 그림자 층이 실은 바닥 없는 심해라는 사실을 직시해야 한다."4 이런 암울한 전망에 숨통을 틔워주기 위해 모차르트는 오직 한 인물인 굴리엘모로 하여금 공개적으로 화를 내게 했다. 거칠게 몰아붙이면서 매력적으로 재잘대는 그의 아리아 '친애하는 여성들, 너무 하오'가 바로 그것이다.

    돈 알폰소는 이런 분노를 터뜨리게 만든 장본인으로, 미숙한 젊은이들을 표준과 규범과 확실함이 사라진 세상으로 안내하는 베르길리우스 같은 인물이다. 그가 말하는 지혜와 총명의 언어는 그의 권력과 통제가 발휘되는 (분명) 소규모이고 좁은 시야에 한정된다. 대본에는 고전에 대한 언급이 많은데, 기독교를 가리키거나 모차르트가 다른 곳에서 숭상했던 것으로 보이는 프리메이슨의 신성을 지칭하는 것은 없다(그는 1784년에 프리메이슨 회원이 되었다). 돈 알폰소의 자연관은 부분적으로 루소와 비슷하다. 신앙심은 없고, 환상과 변덕이 심하고, 변명이나 결정 없이 일단 욕망이나 채우고 보자는 식이다. 돈 알폰소가 1787년 아버지 레오폴트가 죽고 난 뒤 그의 오페라에 등장한 권위적 인물로 겨우 두 번째라는 점이 모차르트한테 더욱 중요한 사실이다. 아버지의 죽음으로 급하게 만들어낸 「돈 조반니」의 소름끼치는 기사장은 아들을 엄숙하고 비판적으로 대할 아버지의 면모를 구현하는데(메이너드 솔로몬은 모차르트의 사상 속에 바람직한 주인/노예 관계가 망상처럼 각인되어 있다고 설득력 있게 논의했다), 이는 알폰소의 경우에는 찾아볼 수 없는 특징이다.

알폰소는 쉽게 감정을 드러내지 않으며, 그저 젊은 친구들과 게임을 하고 싶다는 기색을 보일 뿐, 그의 '장면들'이 밝혀낸 불충의 만연에도 전혀 마음이 흔들리지 않는 것 같다.

내 생각에 알폰소는 기사장을 좀더 불경하게 다듬은 인물이며, 대담하게도 도덕을 가르치는 교사가 아니라 사랑에 능숙한 난봉꾼 혹은 속임수와 변장과 장난과 특히 지조 없음의 철학을 규범으로 가르치는 은퇴한 방탕자로 제시된다. 알폰소는 나이도 많고 속세와 거리를 둔 인물이므로 젊은 연인들의 관심사와는 거리가 먼 인간의 필멸을 의식하고 있음을 슬쩍 내비친다. 볼프강이 말년에 레오폴트에게 보낸 유명한 편지(1787년 4월 4일자)를 보면 뚜렷한 숙명론의 분위기가 감지된다. 모차르트는 이렇게 썼다. "죽음이 우리의 존재의 진정한 목표이므로 나는 먼저 인류의 가장 좋은, 가장 진실한 친구와 돈독한 관계를 맺어 더 이상 죽음의 이미지가 두려움을 주지 않을 뿐더러 오히려 위안이 되게 만들었습니다! …죽음은 진정한 행복으로 가는 문을 여는 열쇠입니다. 나는 비록 젊지만 밤에 침대에 누울때면 항상 또 다른 날을 보지 못할 수도 있으리라는 생각을 합니다."5 오페라에서 죽음은 대부분의 사람들이 생각하는 것보다 덜 무섭고 두려운 존재로 묘사된다. 하지만 이것은 기독교의 정서가 아니라 자연주의자의 사고방식이다. 이들은 죽음을 친숙하고 사랑스럽기까지 한 존재, 다른 경험으로 이어지는 문으로 바라본다. 하지만 죽음은 숙명론과 말년성을 의식하게 하는 것으로, 즉 삶이 종착지에 다다라 끝이 보인다고 느끼게 하는 것으로 제시되기도 한다.

이리하여 「코시 판 투테」에 등장하는 권위적 인물은 친구이자 쾌활하고 독재적인 스승, 간섭이나 협박 없이 복종을 이끌어내는 인물이 된다. 그리고 이런 지위는 모차르트의 음악 양식에서 확인된다. 젠체하는 인물들이 알폰소의 제안을 받아들여 게임을 벌이고, 알폰소는 윽박지르는 손윗사람이나 훈계하는 현학자가 아니라 함께 즐기는 배우로 참여하는 식으로 전개된다. 알폰소는 희극의 결말이 어떻게 될지 이미 알고 있지만, 도널드 미첼이 말하듯이 여기서

> 우리는 오페라의 사실성 때문에 가장 거북한 측면에… 마주치게 된다. 우리가 바라는 것은 동화 같은 화해의 가능성이다. 그러나 모차르트는 너무도 정직한 예술가였기에, 모든 당사자들[알폰소를 포함하여]이 똑같이 '죄'를 지었을 뿐 아니라 상대방의 죄를 낱낱이 다 알고 있는 상황에서 그렇게 서로 용서하며 좋게 마무리하기란 불가능하다는 사실을 감추지 못했다. 「코시 판 투테」에서 최고로 멋진 점은 피할 수 없는 삶[그리고 여기에 죽음을 덧붙일 수도 있다]의 현실에 용감하게 맞선다는 점이다. 대단원에 이어지는 코다가 행하는 것이 바로 이것이다.6

「코시 판 투테」의 결말은 사실 이중적이다. 세상사의 모습을 그대로 보여주기도 하고—여자란 모두 다 그래—그들이 앞으로 그렇게 될 것임을 보여주기도 한다. 하나의 상황이 다른 상황으로 대체되는 것이 마치 죽음으로 중단될 때까지 그 과정이 계속 반복될 것이라는 사실을 암시하는 것만 같다. 그래도 당분간은 모든 것이 그대로다. 피오르딜리지의 말대로 "죽음만이 내게서 사랑을 빼앗아갈 수 있어요." 죽음은 기독교식 화해와 구원의 자리를 대신 차지하고, 비록 알려지지 않고 설명할 수도 없지만, 휴식과 안정에 대한 우리의 진정한 희망을

충족시키는 열쇠가 된다. 죽음은 최종적인 평온함을 안겨주리라 암시하는 것으로 우리를 위로한다.

그러나 오페라가 건드리는 거의 모든 진지한 주제들이 그렇듯이, 죽음도 두려움과 경계의 대상이며,「코시 판 투테」에서는 사실상 배제되어 있다고 할 수 있다. 여기서 우리는 모차르트가 이 오페라를 작곡했을 당시 말했던 외로운 갈망과 냉정함이라는 특별한 감정을 떠올릴 필요가 있다. 이 오페라에서 우리에게 감동을 주는 것은 물론 음악이다. (특히 2막에서) 네 명의 연인들이 우쭐함과 후회와 두려움과 분노를 오가는 복잡한 감정의 변화를 표현하는 대목을 제외한다면, 음악은 모차르트가 묘사하려는 상황보다 한층 더 흥미롭다. 그러나 그런 순간에도 피오르딜리지가 '굳건한 바위처럼'에서 노래하는 믿음, 헌신과 그녀가 관여하고 있는 참으로 경박한 게임의 불일치는 그녀의 고귀한 감정과 그녀가 부르는 노래를 퇴색시킨다. 그 결과 음악은 몹시 힘이 들어가 있으면서 동시에 감각적인 아름다움으로 넘친다.
나는 이것이야말로 모차르트의 충족되지 않은 갈망과 냉정한 솜씨에 딱 들어맞는 특징이라고 생각한다. 아리아를 들으며 무대에서 진지한 요소와 우스꽝스러운 요소가 서로 티격태격하는 광경을 보면, 억측이나 절망감에 빠지지 않고 모차르트의 엄격한 규율을 어쩔 수 없이 따라가게 된다. 나는「코시 판 투테」가 신중하게 범위를 제한하고 있지만, 그것이 담고 있는 내용을 넘어, 혹은 다르게 표현하자면, 그 속에 담긴 내용을 통해 여러 가지로 해석할 수 있는 여지를 두는 작품이라고 생각한다. 모차르트는 다 폰테와 함께 작업하면서 속죄나 변명의 기회가 아예 없는 세상, 유일한 법은 방탕함과 조작의 힘으로 표현되는 이동과 불안정이며 죽음에 의해서만 영원한 안식을 맞이할 수 있는 세상을 제시하려 했는데, 이렇게 잠재적으로 끔찍한 견해에 「코시 판 투테」보다 더 가까이 다가간 작품은 결코 쓰지 못했다. 모차르트가 이 오페라에서 독보적인 솜씨를 발휘하여 이룩한 것은 그토록 사람의 마음을 만족시키는 음악과 그토록 부주의하고 무의미해 보이는 이야기의 결합이다. 하지만 우리는 이 작품의 솔직한 재미가 불길한 비전을 유예하려는 것임을 놓치지 말아야 한다. 결국 「코시 판 투테」의 한계는 무대에서 작품을 즐기는 데 아무런 방해가 되지 않는다.

4

장 주네에 대하여

지금도 잊혀지지 않는 것은 사물을 꿰뚫어보는
주네의 푸른 눈이다.
그의 시선은 멀리까지 뻗어나가 불가해하면서도
놀랄 만큼 중립적인 표정으로 사람들을
꼼짝 못하게 붙들 것만 같았다.

내가 장 주네를 처음 본 것은 1970년 봄이었다. 미국 사회의 상상력이
뿜어내는 에너지와 패기가 사회 곳곳에 스며들기 시작하던 소란스럽고
어수선한 시대였다. 소리를 지르며 흥분할 일이 늘 있었고 부르짖어야
할 대의명분이 있었으며, 인도차이나 전쟁이 새로운 국면으로 접어들어
사람들이 애도하거나 항거했다. 미국이 캄보디아를 침공하기 두 주
전에 나는 컬럼비아 대학에서 봄 축제가 한창이던 때에 장 주네를
보았다. 당시 대학은 아직 1968년 소란의 충격에서 완전히 회복하지
못한 상태였다. 대학 당국은 불안해했고, 교수진들은 심하게 양분된
상태였으며, 학생들의 교육은 교실 안팎에서 활발하게 이루어졌다. 블랙
팬서*를 지지하는 정오 집회가 열릴 예정이었다. 컬럼비아 대학의 당당한
행정 건물인 로우 라이브러리의 계단이 집회 장소였고, 나는 무엇보다
장 주네가 연설자로 나온다는 소문을 듣고 무척 참석하고 싶었다.
해밀턴 홀을 지나 집회 장소로 가는 도중에 내가 가르쳤던 학생 한 명을
만났는데, 캠퍼스 일에 특히 열성적이었던 그 친구는 주네가 정말로
연설을 하러 온다며 나를 안심시켰다. 자신이 바로 동시통역을 맡게
되었다는 것이다.

그날 집회의 광경은 두 가지 이유로 잊을 수 없다. 먼저 주네를
실제로 보게 되어 몹시 감동적이었다. 블랙 팬서 군중들과 학생들
가운데에 자리한 그는―계단 중앙에 선 그를 청중들이 빙 둘러싸고
있었다―검은색 가죽 재킷과 푸른 셔츠에 단정치 못한 진 차림이었다.
그는 대단히 편안해 보였다. 자코메티가 그린 그의 초상화에서처럼
격렬함과 뛰어난 자제력과 거의 종교적인 차분함을 동시에 담은

---

* Black Panthers: 미국 사회에서 흑인들의 권리를 주장하기 위해 1965년에 결성된 급진적인 단체.

모습이었다. 지금도 잊히지 않는 것은 사물을 꿰뚫어보는 주네의 푸른 눈이다. 그의 시선은 멀리까지 뻗어나가 불가해하면서도 놀랄 만큼 중립적인 표정으로 사람들을 꼼짝 못하게 붙들 것만 같았다.

 그날 인상적이었던 또 하나는, 주네의 팬서 지지 발언이 힘 있고 간결한 프랑스어였는데 나의 예전 학생은 이를 장식적인 만연체로 통역했다는 사실이다. 가령 주네가 "흑인들은 미국에서 가장 많은 탄압을 받는 계급입니다"하고 말하면, 통역가의 현란한 장식을 거쳐 이렇게 바뀌었다. "이런 망할 잡것 같은 한심한 나라에서 반동적인 자본주의가 모든 사람들을 엿 먹이는 한심한 상황을 보면, 단지 일부만이 아니라 어쩌고저쩌고." 주네는 이런 지독한 장광설을 아무렇지도 않은 듯 묵묵히 듣고 있었고, 연사가 아니라 통역가가 집회를 지배하는 주객전도의 상황에서도 눈 하나 깜빡이지 않았다. 그렇게 짧은 연설을 마치고는 과장된 몸짓 없이 사라지는 그를 보자 그에 대한 존경과 흥미가 생겨났다. 『꽃의 노트르담』과 『도둑 일기』를 학생들에게 가르치며 주네의 문학적 위업에 대해 알고 있었던 나는 통역가가 덧붙인 과격한 괴짜 이미지와는 영 딴판으로 무척 수수해 보이는 그의 모습을 멀리서 보고는 놀랐다. 통역가는 주네가 희곡과 산문에서 묘사한 매음굴과 감옥에서의 외설적인 행동을 염두에 둔 나머지 그가 그날 집회에서 말한 내용은 무시했던 모양이다.

 내가 두 번째로 주네를 만난 것은 1972년 늦가을, 당시 내가 안식년 휴가를 보내고 있던 베이루트에서였다. 내 오랜 친구 한나 미하일이 내게 전화를 걸어 주네와 만나게 해주고 싶다고 말했는데, 처음에는 이 제안을 그렇게 진지하게 받아들이지 않았다. 한나와 주네가 친구라는 사실도 상상하기 힘들었지만, 주네가 이미 팔레스타인 저항 운동에 상당히 적극적으로 관여하고 있다는 사실도 몰랐기 때문이다.

어쨌든 한나 미하일은 내가 이렇게 소개하기에는 훨씬 더 중요한 인물로 기억되어야 한다. 한나와 나는 같은 세대 사람이다. 우리 둘 다 팔레스타인 사람으로 1950년대 중반에 그가 하버포드에서 학부 과정을 공부했을 때 나는 프린스턴에 있었다. 우리는 같은 시기에 하버드 대학원에 다녔는데, 그는 정치학과 중동 연구를 전공했고 나는 비교문학과 영문학 전공이었다. 아무튼 항상 몹시 친절하고 조용하고 지적으로 총명한 그는 내게 라말라 지역의 퀘이커교도 공동체에 뿌리를 둔 독특한 팔레스타인-기독교 문화를 가르쳐주었다. 그는 아랍 민족주의에 헌신했고, 나보다 훨씬 더 아랍 세계와 서방 세계 양측 모두를 편안해했다. 그래서 나는 1969년 그가 미국인 부인과 어렵사리 이혼했다는 소식을 들은 뒤, 그가 워싱턴 대학의 좋은 교직을 버리고 암만에 근거지를 둔 혁명―우리는 그렇게 불렀다―에 참가했을 때 소스라치게 놀랐다. 1969년 암만에서 만난 뒤 1970년에 다시 만났을 당시 그는 '검은 9월' 사건*이 일어나기 전과 사건 초기에 파타FATAH 정당을 위해 정보를 수집하는 일을 주도적으로 맡았다.

한나는 조직에서 아부 오마르라는 이름을 썼고, 그의 조직 활동과 이름은 주네 사후에 출간된 자전적 작품 『사랑의 포로』(프랑스 원제 *Le captif amoureux*에는 번역으로 옮길 수 없는 미묘한 어감이 있다)에도 나온다. 내 생각에 주네는 이 작품을 『도둑 일기』의 후속편으로 여겼던 것 같다. 1986년에 출간된 『사랑의 포로』는 주네가 15년 동안 어울리며 지낸 팔레스타인인들에 대한 개인적 경험과 감정 그리고 회상을 놀라울 만큼

---

* 검은 9월 사건: 제3차 중동전쟁 이후 미국 주도의 평화협상에 반대하는 팔레스타인해방전선이 투쟁을 벌이자 1970년 9월 요르단 정부가 이를 무력으로 진압한 사건을 말한다.

풍성하고 산만하게 담아놓은 책이다. 앞서 말했듯이, 주네와 만났을 때 나는 그가 오랫동안 팔레스타인인들 문제에 관여해왔다는 사실을 몰랐다. 솔직히 말하면, 그가 개인적으로나 정치적으로 북아프리카 문제에 개입했다는 사실도 몰랐다. 한나는 그날 저녁 8시에 내게 전화를 걸어 조금 후에 주네와 같이 들르겠다고 말했고, 그래서 마리엄과 나는 젖먹이 아기를 침대에 재운 다음 따뜻하고 조용한 베이루트 저녁에 그들이 오기를 기다렸다.

나는 당시 주네가 세계 각지의 문제에 개입한 것을 두고 호들갑 떨고 싶지는 않지만, 돌이켜보면 그는 요르단, 팔레스타인, 레바논에서 벌어질 당혹스럽고 놀라운 사건들을 이미 불길하게 예감하고 있었던 것 같다. 거의 정확히 3년 후에 레바논 내전이 일어났고, 한나는 4년 후에 죽었으며, 이스라엘의 레바논 침공은 10년 후에 일어났다. 『사랑의 포로』가 발간된 것은 그로부터 14년이 지나서였다. 그리고 내 관점에서 볼 때 실로 중요한 사건은 15년 후에 팔레스타인 독립국가 선언으로 이어지는 인티파다*가 들끓기 시작했다는 점이다.

경천동지할 사건들이 안 그래도 우스꽝스러운 이 지역 지형을 완전히 새롭게 재편한 모습은 폭력적이면서도 왠지 모를 아름다움마저 느끼게 했다. 당시 벌어지고 있는 상황이 얼마나 불안정한지를 내게, 그리고 분명히 다른 사람들에게도 알려준 것은 레반트 지역[지중해 동부 지역]을 돌아다니던 주네의 조용한 행보였다. 1972년에 내가 그를 만났을 때는 그의 『병풍』을 읽지도 보지도 않았고 『사랑의 포로』는 아직 발간되지도 않은 상황이었지만, 나는 이 거대한 예술가가 레바논, 팔레스타인 등지를 누비며 삶의 시야를 얻고 극적인 모습을 터득했음을 깨달았다. 내가 그때 그를 만나지 못했다면, 지금 내가 느끼는 바를 영영 느끼지 못했을 것이다. 그것은 『병풍』의 탈구되었지만 엄격한 에너지와 비전이 1962년 알제리가 독립한 이후에도 누그러지지 않고, 마치 질 들뢰즈와 펠릭스 가타리가 『천 개의 고원』에서 주장한 유목민처럼 승인과 계시를 찾아 여기저기 계속 떠돌아다닐 것이라는 점이다.

주네의 외모와 태도는 내가 컬럼비아 집회에서 봤을 때와 다를 바 없이 조용하고 수수했다. 그와 한나는 10시가 조금 넘은 시각에 도착해서는 거의 새벽 3시까지 머물다 갔다. 그날 우리가 나누었던 두서없는 논의를 여기에 다 서술할 필요는 없겠지만, 몇 가지 인상적인 장면과 에피소드는 전하고 싶다. 한나는 그날 줄곧 침묵을 지켰다. 나중에 내게 말하길, 사물을 집중해서 바라보는 주네의 특별한 시야의 힘을 내가 온전히 느껴보기를 바라서 그렇게 말을 아꼈다고 했다. 나중에 나는 한나가 자신의 주변 사람들 모두에게 그 같은 너그러운 기회를 주었고, 그것이 자유를 갈망하는 한나의 진정한 힘임을 알게 되었다. 자신의 동료가 이것을 정치적 사명으로 여겼다는 걸 주네가 높이 평가했음은 분명하다. 두 사람은 이런 유대를 바탕으로 열정과 거의 자신을 버리는 포용력을 서로 공유했다.

먼저 내가 블랙 팬서 집회에서 느낀 감흥을 주네한테 말한 다음 통역가가 그의 발언을 멋대로 꾸며낸 것에 대해 어떻게 생각하는지 묻는 것이 적절해 보였다. 그는 내 학생이 자신의 발언을 과장한 것에 별로 개의치 않는 듯했다. "내가 그 모든 것을 말하지는 않았겠죠." 그는 이렇게 말한 다음 엄숙하게 한마디 덧붙였다. "하지만 내 생각도 그랬습니다." 우리는 사르트르에 대해 이야기를 나눴는데, 주네는 자신에 대해 방대한 책을 쓴 사람*에 대한 이야기가 분명 약간은 거북했을 것이다. 그런데도

---

* intifada: '민중봉기'를 뜻하는 아랍어로 팔레스타인의 반이스라엘 운동을 말한다.

그는 전혀 상관없다는 듯이 대답했다. "그 친구가 나를 성인으로 만들고 싶다면 그래도 좋아요." 계속해서 그는 이스라엘 편을 강력하게 드는 사르트르의 입장에 대해 말했다. "그는 팔레스타인의 권리를 지지하는 발언을 했다가는 파리에 있는 친구들이 자신을 반유대주의자라고 비난할까봐 두려워하는 겁쟁이입니다." 7년 후 파리에서 시몬 드 보부아르와 사르트르가 주최한 중동 지역에 관한 세미나에 참석했을 때, 나는 오랫동안 내가 존경해온 서양의 위대한 지성이 시오니즘에 얼마나 사로잡혀 있는지 깨닫고는 주네가 했던 말을 떠올렸다. 그래서인지 사르트르는 수십 년 동안 팔레스타인인들이 이스라엘의 지배를 받으면서 어떤 고통을 참아야 했는지 세미나에서 한 마디도 하지 않았다. 이에 대한 증거는 1년 후 『현대』 Lse temps modernes의 1980년 봄호에 수록된, 파리에서 열린 우리의 세미나의 산만한 논의 전체를 담은 원고에서 쉽게 확인할 수 있다.

그렇게 베이루트에서 나눈 대화는 몇 시간 계속되었고, 주네의 길고 당혹스러운, 하지만 인상적인 침묵으로 종종 이야기가 중단되었다. 우리는 요르단과 레바논에서 그가 겪은 경험과 그의 프랑스에서의 삶과 친구들(그는 이들에 대해 강한 혐오를 드러내거나 완전히 무관심하거나 둘 중 하나였다)에 대해 이야기했다. 그는 계속해서 담배를 피웠고 술도 마셨지만, 술로 인해 생각이 흐트러지지는 않은 것 같았다. 그날 저녁 그가 자크 데리다에 대해 대단히 긍정적이고 놀라울 정도로 따뜻한 말을 했던 기억이 난다. 남자친구 un copain라고 말했는데, 나는 그때까지 데리다를 하이데거 유형의 정적주의자 quietist라고 생각했었다. 데리다의 『조종』 Glas*은 아직 나오지 않았고, 나는 그로부터 6개월 후 마리엄과 아들 녀석과 함께 파리에 몇 주 머물면서 데리다를 만나 주네와의 우정이 함께 축구 시합을 보면서 싹트기 시작한 것이라는 말을 들었다. 나는 아주 멋지다고 생각했다. 『조종』에 보면 1973년 4월 우리가 레이드홀에서 만났던 얘기가 잠깐 나온다. 거기서 데리다는 내 이름을 밝히지 않고 그저 주네에 관한 소식을 들려준 '친구'un ami라고만 언급한다. 이 점이 언제나 조금은 섭섭하다.*

    베이루트에서 만난 주네로 다시 돌아가자면, 내가 그를 만나면서 독특하다고 생각했던 것은 그의 실제 모습이 내가 책으로 접한 이미지와는 도무지 닮지 않았다는 점이다. 곧 나는 그가 기회만 나면 자신이 쓴 모든 글이 '자신과는 반대로'contre moi-meme 쓰였다고 말한다는 것을 알게 되었다. 『병풍』에 관해 그가 로저 블랭*에게 보낸 편지가 대표적인 예다. 1977년 후베르트 피히테와 인터뷰를 할 때도 자신은 혼자 있을 때에만 진실을 말한다고 했으며, 1983년 『팔레스타인 조사』와 가진 인터뷰에서는 이런 생각이 좀더 정교하게 표현된다. "내가 말하는 순간 상황이 나를 배반합니다. 나는 그저 내가 말하고 있다는 이유만으로도 내 말을 듣는 사람에 의해 배반당합니다. 단어의 선택도 나를 배반합니다."1 이런 설명들은 불편할 정도로 긴 그의 침묵을 해석하는 데 도움을 준다. 그는 팔레스타인을 방문하여 자신이 관심을 갖는, 그리고 피히테와의 인터뷰에서 밝힌 바에 따르면, 자신이 성적 매력을 느끼는 사람들을 돕고자 상당히 의식적으로 행동했을 때 이런 침묵을 자주 보였다.

---

* 사르트르는 1952년 주네를 '악의 성자'로 묘사한 유명한 저서 『성 주네』를 발표했다.
* 1974년에 출판된 『조종』은 보통 데리다 사상의 분기점으로 평가받는다. 이 책과 함께 데리다는 하이데거 철학의 강한 영향에서 벗어나, 해체론적 사유를 철학 안팎의 경계를 자유롭게 넘나들며 심화시켜 나간다.
* 프랑스에서 un copain과 un ami는 뉘앙스의 차이가 있다. copain이 ami에 비해 절친한 사이라는 뜻이 훨씬 강하다.
* Roger Blin: 프랑스의 희극 배우이자 연극 연출가이며 『병풍』의 초연 연출을 맡은 인물이기도 하다.

그래서인지 주네의 작품은 다른 주요 작가들의 작품과 달리 단어나 묘사하는 상황과 인물이, 비록 신경을 써서 효과적으로 그려졌을지라도, 잠정적이라는 느낌을 준다. 주네의 작품이 가장 정확하게 전달하는 것은 그를 몰아가는 추진력과 그가 창조한 인물들이지 그가 말하는 내용이나 올바름, 인물들이 생각하거나 느끼는 바가 아니다. 그의 말년의 작품들, 특히『병풍』과『사랑의 포로』는 이런 면에서 대단히 노골적이고 악명 높기까지 하다. 대의명분에 헌신하는 것보다 훨씬 더 중요하고 더 아름답고 참된 것은 그것을 배반하는 것이라고 그는 말한다. 나는 이 말이 모든 말을 공허한 몸짓으로, 모든 행동을 연극으로 축소시키고 마는 침묵에 대한 그의 끝없는 추구를 또 다르게 표현한 것이라고 생각한다. 본질적으로 적대적인 주네의 양식을 부정해서는 안 된다. 그는 사실은 자신이『병풍』과『사랑의 포로』에 끌어들인 아랍인들과 사랑에 빠졌다. 그 진실이 노골적인 거부와 부정을 뚫고 환히 빛난다.

이것은 전복된 혹은 타파된 오리엔탈리즘의 모습일까? 왜냐하면 주네는 모든 아랍인들을 사랑으로 대할 뿐만 아니라 그들과 함께 있거나 그들에 대해 글을 쓸 때 (자비로운 선교사들처럼) 특별한 위치에 서고자 열망하지 않는 것처럼 보이기 때문이다. 그렇다고 그가 현지인들처럼 생활하거나 자기 외의 다른 존재가 되려고 한 것은 아니다. 주네가 식민지에 관한 지식이나 민간전승에 의존하려 했다는 증거는 전혀 없으며, 그는 아랍인의 풍속이나 정신구조 혹은 부족의 역사에 관한 상투적인 정보들로 글을 쓰거나 말하지 않았다. 자신이 보거나 느낀 것을 해석하기 위해서는 이런 것들을 이용했을 수 있겠지만 말이다. 아랍인들과의 최초의 만남이 어떻게 시작되었든 간에(『사랑의 포로』를 보면 그가 오십년 전 18살 때 다마스쿠스에서 병사로 근무하면서 아랍인과 처음 사랑에 빠졌다고 한다) 그는 이국적 취미를 가진 연구자로서가 아니라 비록 아랍인들과 달랐지만 아랍의 현재 모습을 즐기고 편안하게 생각하는 사람으로서 아랍의 세계에 들어와 살았다. 아랍/이슬람 세계에 대해 서구 사회가 가진 사실상 모든 지식과 경험을 규정하고 지배하고 표명하는 오리엔탈리즘의 맥락에서 볼 때, 주네와 아랍인들의 비범한 관계에는 조용하지만 대담한 전복적 특징이 존재한다.

이런 사항들은 주네를 읽는 아랍의 독자들과 비평가들에게 특별한 종류의 책임감을 부과해서, 우리가 그를 읽을 때는 남달리 주목하게 된다. 분명 그는 아랍인들을 좋아했다. 아랍인들과의 불편한 관계에 더 친숙한 서구의 작가들과 사상가들에게는 찾아보기 어려운 특징이다. 그리고 바로 이 같은 감정이 그의 말년의 주요 작품들에 새겨져 있다. 두 작품 모두 솔직하리만큼 당파적이다. 『병풍』은 식민지 투쟁이 정점에 달했을 때의 알제리 저항군을 지지하며, 『사랑의 포로』는 1960년대 말부터 1986년 주네가 죽을 때까지 팔레스타인 저항군을 지지하는 작품이다. 그래서 주네가 어떤 위치에 있었는지는 누구든 금방 알아볼 수 있다. 프랑스에 대한 그의 분노와 적의는 그가 직접 겪은 경험과도 무관하지 않다. 따라서 어떻게 보면 『병풍』에서 프랑스를 공격하는 것은 자신을 메트레이 소년원*에 가둬놓았던 프랑스 정부에 도전하는 의미가 된다. 그러나 다르게 보자면 프랑스는 권위를 대표한다. 모든 사회운동이 일단 성공을 거두고나면 딱딱하게 굳어져 만들어진 그 권위 말이다. 주네는 『병풍』에서 주인공 사이드의 배반을 찬양하는데, 그것은 배반이 영원히 반항하는 개인에게 자유와 아름다움이라는 특권을 보장할 뿐만 아니라, 선제공격을 통해 일반적인 혁명의 경로로는 결코 얻을 수 없는

---

* 주네는 열다섯 살 때 절도와 부랑 혐의로 메트레이 소년원에 들어가 3년을 보내야 했다.

것을 미리 얻게 해주기 때문이다. 그들이 성공한 후에 처음으로 만나게 되는 커다란 적—그리고 희생자—은 자신의 국적이나 성공 여부나 이론의 가르침 때문이 아니라 사랑 때문에 혁명을 지지했던 예술가와 지식인들일 가능성이 높다.

 주네는 팔레스타인에 대한 애착을 간헐적으로 보였다. 한동안 애착이 수그러드는가 싶더니 1982년 가을, 그가 베이루트로 돌아와 사브라와 샤틸라 난민촌에서 벌어진 대학살에 대해 잊혀지지 않는 글을 썼을 때 되살아났다. 알제리에서 혁명이 사라지고 난 뒤 그가 팔레스타인에 주목하게 된 것은(『사랑의 포로』의 마지막 페이지에서 이런 말을 한다) 그곳의 투쟁에서 혁명이 계속되고 있음을 보았기 때문이다. 『병풍』에서 머더, 레일라, 카디자가 행하는 사후의 삶에 대한 연설과 사이드의 행보에 드러나는 고집스럽고 반항적이고 극도로 반역적인 면모가 연극이라는 틀을 넘어 팔레스타인 저항 운동으로 이어진 것으로 보인다. 그리고 우리는 그가 마지막으로 남긴 이 위대한 희곡에서 주네의 내면에 몰두한 자아와 내면을 망각한 자아가 서로 투쟁하는 것을 본다. 이와 더불어 서구-프랑스-기독교라는 그의 정체성이 완전히 다른 문화와 분투하는 광경을 본다. 바로 이런 상반된 것의 만남을 통해 주네의 훌륭한 위대함이 부각되고 거의 프루스트적인 방식으로 『병풍』의 의미를 찬찬히 되짚어보게 된다.

 섬뜩하고 집요하고 때로는 코믹한 연극적 과장도 보이는 이 희곡의 위대성은 단지 권력과 역사를 가진 프랑스 제국의 정체성만이 아니라 정체성이라는 개념 자체를 세심하고 논리적으로 발가벗겼다는 데 있다. 프랑스가 알제리를 정복했을 때, 그리고 알제리인들이 1830년 이후로 프랑스에 저항했을 때 내세운 민족주의라는 이름은 정체성의 정치에 절대적으로 의지한다. 주네가 로저 블렝에게 말한 바 있지만,

민족주의는 1827년 알제리 관리의 '부채 사건'*부터 1962년 라울 살랑 사령관*의 재판 때 그의 변호를 맡은 프랑스의 극우 변호사 티시에 비냥쿠르를 80만 명의 피에 느와르*가 지지한 사건까지를 아우르는 하나의 이념이었다. '알제리는 프랑스 땅'Algerie francaise이라는 슬로건은 프랑스를 강조한다. 그러나 이와 정반대편인 알제리인들의 반응도 마찬가지로 정체성을 긍정한다. 정체성을 통해 전투원들 간의 동맹, 애국주의의 팽배, 심지어주네가 늘 아낌없는 지지를 보내는 억압받는 자들의 정당한 폭력까지도 모두 '알제리인을 위한 알제리'Algerie pour les algeriens라는 일치단결의 대의명분에 가동되는 것이다. 정체성 중심주의 논리에 대항하는 주네의 급진적인 면모를 가장 잘 보여주는 대목은 물론 사이드가 동료들을 배반하는 장면과 여자들이 주문을 외며 악의 힘에 호소하는 장면이다. 작품에 무시무시한 힘을 불어넣는 야비한 언어와 동작 그리고 독특한 무대장치와 의상에서도 이런 점은 발견된다. 사뿐사뿐한 발걸음pas de joliesse, 주네는 블랭에게 그렇게 말했다. 이 희곡이 지닌 부정의 힘이 도저히 참아낼 수 없는 게 하나 있다면, 그건 바로 천하게 단장하는 것, 미봉책으로 누그러뜨리는 것, 규율을 제대로 지키지 않는 것이기 때문이다.

따라서 우리는 주네가 『병풍』을 가리켜 '폭발적으로 타오르는 시'poetic deflagration라고 말한 것을 진지하게 받아들일 때에야, 언어로

---

* 알제리의 관리가 프랑스 영사의 오만함을 참다못해 부채로 그의 얼굴을 때린 사건으로, 3년 후 프랑스의 알제리 침략의 계기가 되었다.
* Raoul Salan: 1956~58년. 알제리 주둔군의 사령관을 지냈고 이후 군직에서 은퇴한 뒤 1961년 알제리 폭동을 이끌었다는 혐의로 체포되어 재판을 받고 종신형을 선고받았다.
* pied-noir: '검은 발'이라는 뜻으로 알제리에 살다가 알제리 독립 후 프랑스로 철수한 사람들을 말한다.

드러난 타협 이면에 감추어진 그의 고독한 진실에 다가갈 수 있다. 이 말은 모든 정체성을 불태우고 풍경을 환히 밝히기 위해 화학약품을 이용한 방화와 같다는 뜻으로, 『병풍』을 보면 해럴드 경이 마음 놓고 재잘거릴 때 알제리인들이 그의 장미덤불에 불을 지른다. 주네는 이 작품이 너무 자주 상연되어서는 안 된다는 요구를 대단히 겸손하면서도 주저하는 투로 여러 번 밝힌 바 있는데, 그건 바로 이런 이유에서다. 주네는 너무도 생각이 깊은 사람이어서 관객들이—그리고 그런 점에서는 배우와 연출자들도—정체성의 상실이라는 묵시록적 일소一掃의 과정을 빈번하게 견뎌낼 수 있으리라 생각지 않았다. 그러므로 『병풍』은 대단히 희귀한 경험이 되어야 했다.

『사랑의 포로』도 만만치 않게 비타협적이다. 이 작품은 내러티브가 없고, 정치, 사랑, 역사에 대한 단상을 비연속적으로 두서없이 나열해놓았다. 사실을 말하자면, 독자를 불평 없이 이리저리 끌고 다니며, 때로는 분위기와 논리를 급박하게 바꾸는 것이야말로 이 책의 가장 주목할 만한 성과다. 주네를 읽는다는 것은 결국 반항과 열정, 죽음과 재생이 서로 긴밀하게 얽힌 곳으로 끊임없이 돌아가는, 전혀 길들여지지 않은 그의 독특한 감수성을 받아들이는 것이다.

> 불과 강철이 폭풍처럼 몰아닥치면 당신은 어떻게 될까? 당신은 무엇을 할 수 있을까? 불타오르고, 비명을 지르고, 그러다가 타다 남은 나무로, 암흑으로 돌아갈 뿐. 재가 되어 우선 먼지로, 이어 흙과 씨앗과 이끼로 서서히 덮여 어느새 턱뼈와 이빨만 남고, 결국은 장례식의 흙더미로 남아 그 위에는 꽃이 피고 안에는 아무것도 남지 않겠지.[2]

재생의 반란을 통해 팔레스타인인들은, 그들에 앞서 알제리인들과 블랙 팬서가 그랬듯이, 주네에게 새로운 언어를 보여준다. 질서정연한 소통의 언어가 아닌 놀라운 서정성의 언어를, "경이의 순간과… 번뜩이는 이해의 순간을" 전하는 논리 이전의, 그럼에도 고도로 세련되고 강렬한 언어를. 미궁 같은 산만한 구조로 된 『사랑의 포로』에서 기억할 만한 구절들은 대부분 언어에 관한 성찰이다. 주네는 늘 언어를 정체성과 진술을 나타내는 것에서 위반적이고 파괴적이며 심지어는 의도적으로 사악하기까지 한 배반의 양태로 변형시키고자 한다. "우리가 이런 '변형'에서 '배반'해야 할 명백한 필요성을 본다면, 이제 우리는 바람직한 것, 어쩌면 성애의 흥분에 필적할 만한 것을 배반하고 싶어질 것이다. 배반의 황홀함을 아직 경험하지 못한 사람은 황홀함에 대해 전혀 모른다고 해도 무방하다."(LCA 85/59) 이런 인식에서 우리는 『병풍』에 나오는 머더, 레일라, 카디자, 사이드의 사악함, 동료들을 멋지게 배반하는 알제리 해방군 게릴라들의 사악함과 똑같은 것을 보게 된다.

그러므로 주네의 글쓰기 목표는 맹렬한 반율법주의 성향을 지키는 것이다. 여기에 '타자'와 사랑에 빠진 한 남자가 있다. 본인 스스로가 추방자이자 이방인인 그는 팔레스타인 혁명을 추방당한 자와 이방인들의 "형이상학적" 폭동으로 보고 강한 공감을 느낀다. "내 마음은 거기에 있었다. 내 몸은 거기에 있었다. 내 영혼은 거기에 있었다." 하지만 그의 "맹목적인 믿음"이나 "내 자신 전체"는 결코 거기에 속할 수 없었다.(LCA 125/90) 사기꾼으로서 존재한다는 의식, 영원히 경계("인간의 성격이 스스로와 조화를 이루든 모순을 이루든, 자신을 가장 완전하게 드러내는 곳"[LCA 203/147])에 머무르는 불안정한 사람이라는 의식이야말로 바로 이 책의 주된 경험이다. "내 인생 전체는 하찮은 일들로 이루어졌고, 이것이 앞뒤 가리지 않는 대담한 행동으로 영리하게 폭발했다."(LCA 205/148) 이쯤에서

50년 전에 아랍인들 사이에 제국주의 대리인으로 활동했던(대리인으로 행세하지는 않았지만) 로렌스를 떠올릴 사람이 있을지 모르겠다. 그러나 로렌스의 확신에 찬 주장과 공평한 지배에의 욕구는 주네(대리인이 아니다)에 이르면 에로티시즘과 열정적으로 몰아치는 정치적 파고에 진심으로 헌신하는 것으로 대체된다.

  정체성은 우리가 사회적·역사적·정치적, 혹은 영적 존재로서 살아가면서 스스로에게 부과하는 어떤 것이다. 문화의 논리와 가족의 논리가 여기에 더해져서 정체성의 위력을 증대시킨다. 주네처럼 비행을 저지르고 격리되고, 또 권위를 위반하는 재능이 있고 이를 즐기는 사람은 그로 인해 자신에게 부과된 정체성의 희생자이므로, 그에게 정체성은 결연하게 반대해야 할 무엇이다. 무엇보다 주네가 선택한 알제리와 팔레스타인 같은 장소를 볼 때, 정체성은 더 강력한 문화, 더 발전한 사회가 자신보다 못하다고 판결된 사람들을 짓밟고 그 위에 자신을 부과하는 과정이다. 제국주의는 정체성의 수출품이다.

  따라서 주네는 정체성을 넘나드는 여행자, 혁명적이고 끊임없이 선동적이기만 하다면 자신과 무관한 대의명분에 기꺼이 몸 바치려고 밖으로 떠나는 관광객이다. 금지령이 내려졌음에도 불구하고 변경 지대가 매혹적인 이유는 급진적인 자코뱅당원이 변경을 넘는 순간 마키아벨리 같은 권모술수가가 되기 때문이라고 『사랑의 포로』에서 말한다. 다시 말해, 혁명당원도 미국 입국을 앞두고는 세관 신고를 하고, 여권을 머리 위로 쳐들고 입씨름을 하고, 비자 신청을 하고, 비굴한 태도를 보인다. 주네는 내가 아는 한 이런 일을 결코 한 적이 없다. 베이루트에서 그는 자신이 어떻게 캐나다에서 미국으로의 입국을 은밀히 불법으로 했는지 내게 말하며 한없이 쾌활한 표정을 지어보였다. 하지만 그가 알제리와 팔레스타인을 선택한 것은 이국취미가 아니라 위험하고 전복적인 정치적 동기 때문이었다. 협상해야 할 경계, 충족해야 할 기대, 처리해야 할 위험요소 때문에 그곳을 찾은 것이다. 그리고 내가 팔레스타인인으로서 말하는데, 1970년대와 1980년대에 주네가 팔레스타인을 선택한 것은 가장 위험한 정치적 선택이자 두려운 여행이었다. 서방에서 기득권을 누리는 자유주의자로도 주류 정치 문화로도 흡수되지 못한 이들은 팔레스타인인이 유일하다. 팔레스타인인 아무나 잡고 물어보라. 어떻게 우리의 정체성이 여전히 범죄자, 비행자의 이미지로 굳어졌는지 말해줄 것이다. 대부분의 다른 종족과 민족에게는 권한을 부여하고 해방시켜주고 다양하게 위엄을 부여해준 서방이지만 우리를 표현하는 말은 여전히 테러리즘이다. 따라서 주네가 1950년대에 알제리를 선택하고, 이어 팔레스타인을 선택한 것은 그의 연대감이 얼마나 강력한지 보여주는 필수적인 행위이자 계속적으로 투쟁 중인 다른 정체성과의 동일시를 통해 황홀경을 느끼려는 그의 의지이며, 또 그렇게 이해되어야 한다.

이렇게 정체성은 정체성과 충돌하여 삐걱거리고, 정체성의 와해는 둘 모두를 훼손시킨다. 주네는 이렇듯 정체성에 대해 상상할 수 있는 가장 적대적인 인물이다. 그의 모든 노력은 엄정하면서도 우아하며, 리처드 하워드가 샤토브리앙 이후 가장 정연한 프랑스어 문체라고 했던 양식으로 표현된다. 그의 글에서는 단정치 못하거나 산만한 구석을 전혀 느낄 수 없다. 그가 단정한 양복을 입고 사무실에 출근하는 광경을 상상할 수 없는 것처럼 말이다. 주네의 유목적 에너지는 정확하고 우아한 언어 속에 들어앉아 있다. 낭만적인 희망도 없고 흔히들 내비치는 불안도 없이 궤적을 그리며 돌 뿐이다. 그는 언젠가 이렇게 말했다. "천재는 절망을 통해 단련되는 것이다."『병풍』의 12장에 나오는 카디자의 '악'에 바치는 찬가에 이런 감성이 완벽하게 포착된다. 성직자의 엄격함과 자기

비움이 결합된 이 찬가의 고도로 정형화된 리듬은 라신과 자지*가 믿기지 않게 결합된 듯한 인상을 준다.3

주네는 정체성의 해체를 시도한 또 다른 현대 사상가 아도르노와 비슷하다. 아도르노는 어떤 사고도 그에 상응하는 다른 것으로 번역될 수 없다고 했는데, 그럼에도 자신의 정밀함과 절망을 소통하려는 그의 강렬한 충동은—『미니마 모랄리아』를 걸작이 되게 한 섬세함과 반서사적 에너지와 더불어—주네의 장례식풍 화려함과 외설적인 소란에 완벽한 형이상학적 반주를 제공한다. 아도르노에게 없는 것은 주네의 상스러운 유머다. 이는 『병풍』에서 해럴드 경과 그의 아들, 요부와 전도사, 매춘부와 프랑스 병사들을 절묘하게 희화한 대목에서 두드러지게 나타난다.

하지만 아도르노는 최소주의자이다. 총체성을 불신하고 혐오했던 그는 대신 단편과 아포리즘, 에세이, 여담으로만 글을 쓸 수밖에 없었다. 그런데 아도르노의 소형화 논리와 달리, 주네는 디오니소스풍의 대규모 형식에 떠들썩한 축제의 화려함을 과시하는 시인이다. 그의 작품과 관련이 있는 것은 입센의 『페르귄트』, 아르토와 페터 바이스의 연극,* 그리고 에메 세제르*이다. 주네의 인물들이 우리에게 흥미로운 것은 심리적 특징 때문이 아니라, 대단히 정교하게 상상되고 이해된 하나의 역사를 나름의 강박적인 방식으로 인과관계에 맞게 정연하게 구현해내고 있기 때문이다. 주네는 걸음을 내디뎠고 합법적인 경계를 넘었다. 백인들은 거의 시도조차 하지 않는 일을 그는 했다. 그는 세계주의의 중심지에서 식민지까지 장소를 횡단했다. 의문의 여지가 없는 그의 연대감은 파농에 의해 확인되고 열정적으로 분석된 바로 그 억압자들을 향해 있다. 그러므로 그가 창조한 인물들은 권력—폭동을 일삼는 원주민들의 권력뿐만 아니라 제국주의 국가의 권력까지도—이 자신들에게 부과한 역사를 연기하는 배우들이다.

    나는 극히 소수의 몇몇 예외를 제하면, 20세기에 식민지 상황에서 나온 위대한 예술은 주네가 『병풍』에서 원주민들의 형이상학적인 반란이라고 부른 것을 항상 지지하는 입장이라고 말해도 틀리지 않다고 생각한다. 알제리의 상황은 『병풍』을 비롯하여 폰테코르보의 「알제리 전투」, 파농의 책들, 카텝 야신*의 작품들을 만들어냈다. 이런 작품들과 비교하면 카뮈는 초라하다. 그의 소설과 에세이, 이야기들은 겁을 집어먹은, 그래서 너그럽지 못한 마음의 필사적인 몸부림이다. 팔레스타인에서도 상황은 마찬가지다. 급진적이고 변혁적이고 까다롭고 통찰력 있는 작품은 팔레스타인인들이 쓰거나 그들을 대변하는 작품들이지—하비비, 다르위시, 자브라, 카나파니, 투칸, 카셈, 주네— 그들을 주로 억압한 이스라엘인들에게서는 나오지 않았다. 주네의 작품은 레이먼드 윌리엄스의 표현을 빌리자면 희망의 근원들이다. 1961년 그가 『병풍』과 같은 극히 연극적 과장이 심한 작품을 완성할 수 있었던 것은 내 생각에 알제리 민족해방전선(이하 FLN)의 승리가 바로 눈앞에 다가왔기 때문이었던 것 같다. 이 작품은 프랑스군의 사기 저하와 FLN의 도덕적 승리를 포착했다. 하지만 팔레스타인은 상황이 한층 더 불확실했다. 요르단과 레바논의 재앙이 최근에 있었고, 불법점유와 추방, 흩어짐의 위험이 그들 주변에 산재한 상태였다. 내가 앞서 말했듯이

---

* Zazie: 프랑스의 대표적인 여성 팝스타.
* Antonin Artaud & Peter Weiss: 두 사람 모두 20세기 중반 초현실주의 연극 운동에 관여했던 극작가들이다.
* Aime Cesaire: 서인도제도 태생의 프랑스 시인으로 흑인해방 문제를 적극 다루었고 정치에 직접 참여하기도 했다.
* Kated Yacine: 알제리 출신의 소설가이자 극작가.

『사랑의 포로』가 명상적·탐색적·개인적 성격에 반연극적이며, 모순이 많고, 기억과 성찰이 풍부한 것은 바로 그런 이유에서다.

> 이것은 내 자신이 선택한 질서에 따라 말하는 나의 팔레스타인 혁명이다. 나 말고 다른 사람들의 혁명도 아마 많이 존재하리라. 혁명에 대해 생각한다는 것은 마치 잠에서 깨어나 꿈속에 무슨 논리가 있었는지 찾으려 하는 것과 같다. 한창 날이 가문데 예전에 홍수로 다리가 휩쓸려갔을 때 어떻게 강을 건넜는지 상상하려 해봐야 소용없다. 잠에서 반쯤 깨어나 혁명을 생각할 때면 우리에 갇힌 호랑이의 꼬리로 보인다. 그 꼬리는 난폭하게 몰아치다가 곧 피곤하다는 듯 옆으로 툭 떨어진다.(LCA 416/309)

주네가 오늘날까지 살아 있었다면 얼마나 좋을까 생각해본다. 1987년 서안 지구와 가자 지구에서 시작된 팔레스타인인들의 인티파다 때문이다. 『병풍』이 주네가 써내려간 알제리인들의 인티파다 운동이라고 말하는 것은 그리 과장이 아니다. 이로 인해 팔레스타인인들의 인티파다가 피와 살을 얻었고 풍부해졌다. 삶은 예술을 모방하지만, 1989년 11월 조앤 아칼라이티스가 연출하여 거스리 극장에 올린 『병풍』 공연에서 보듯, 가끔은 예술이 삶을 모방하고, 그럴 수 있다면 죽음도 모방한다.

    주네의 말년의 작품에는 죽음의 이미지들로 가득하다. 『사랑의 포로』가 특히 그러한데, 이 작품을 읽는 독자들이 우울함을 느끼는 부분적인 이유는 주네가 이 책을 쓰면서 죽어가고 있었고, 그가 보고 알고 썼던 많은 팔레스타인인들 역시 죽어갈 운명이었음을 독자들이 알기 때문이다. 흥미로운 것은 『병풍』과 『사랑의 포로』 모두, 비록 죽거나 죽게 될 운명이지만 어머니와 아들이 주네의 마음속에서 서로 만나는 긍정적인 회상 장면으로 끝난다는 사실이다. 『병풍』의 마지막 장면에 나오는 사이드와 어머니의 화해와 회상은 그가 25년 후에 쓰게 될 마지막 작품을 예시한다. 여기에는 감상적인 면이 전혀 없는데, 그것은 주네가 죽음을 별로 중요하지 않고 도전적이지도 않다는 듯 묘사하는 데도 이유가 있다. 주네는 또한 나름의 이유 때문에 거의 원형原型에 가까운 어머니(이름 없이 그냥 어머니라고만 언급된다)와 성실하지만 다소 냉담하고 때로는 모질기까지 한 아들의 관계가 일차적으로 중요하고 정서적인 안정을 준다는 점을 그려내고 싶어했다. 위협적인 권위의 인물인 아버지가 아예 나오지 않는다는 점을 제외하면, 주네의 상상력은 마지막 순간을 전치된 관계로 그려낸다. 두 작품에 나오는 어머니와 아들 모두 주네가 좋아하고 존경하는 사람들이며, 희곡과 회상록에 주네 본인과 그의 어머니는 등장하지 않는다.

그럼에도 주네 본인이 그 장면과 관련이 있다는 사실에는 의심의 여지가 없다. 특히 『사랑의 포로』에는 주네가 함자와 그의 어머니를 만났던 경험이 특별하게 회고된다. 태곳적부터 이어진 근원적인 관계―격렬하고 애정과 참을성이 필요한―는 죽음을 넘어서도 지속된다는 것일까. 하지만 주네는 영원함이나 부르주아(그리고 이성애)의 안정성에서 뭔가 좋은 것이 나올 수 있음을 신중하게 거부하는 입장이므로, 죽음을 긍정적으로 묘사하면서도 이를 자신의 주된 관심사인 부단한 사회적 격동과 혁명의 혼란 속에 용해시킨다. 두 작품에서 의외로 단호하고 비타협적이고 깐깐한 인물은 어머니이다. "너는 좌절하면 안 돼." 너는 그들 편에 흡수되어서는 **안 된다**. 길들여진 혁명가나 순교자가 되어서는 안돼. 사이드의 어머니는 아들에게 그렇게 말한다. 연극이 끝나갈 무렵 사이드가 결국은 사라지자(물론 살해당한 것이다), 동료들이 그의 죽음을 기리며 혁명가를 만들지나 않을까 불안하게, 그리고 내 생각에는 혐오스럽게 우려하는 인물도 또 다시 어머니이다.

주네는 자신과 그의 인물들을 데려가려고 기다리고 있는 죽음이 작품 속의 '폭발적으로 타오르는' 격동의 소란에 개입하여 저지하거나 심각하게 훼손하는 것을 원하지 않는다. 이런 격동의 소란이야말로 작품의 핵심이자 신비스러운 순간이기 때문이다. 그러므로 이렇게 영락없는 종교적 확신이 막판에 그토록 중요하게 부각된다는 것은 놀라운 일이다. 주네에게 악마든 신이든 절대자는 인간의 정체성이나 인격화된 신으로는 인식될 수 없고, 오직 모든 것이 말해지고 행해진 뒤에도 가라앉지 않는 것, 포섭되거나 길들여지지 않는 것으로만 인식된다. 그와 같은 힘은 어쨌든 거기에 몸담은 사람들을 통해 표현되고 배려되어야 하는데, 그럴 경우 자체적으로 노출되거나 인격화될 위험을 감수해야 한다는 것이 주네의 최종적이면서 가장 완고한 역설이다. 우리가 책을 덮거나 공연을 보고 극장을 떠날 때에도 그의 작품은 우리에게 계속 말한다. 노래를 막아서라고, 서사와 기억에 의심을 품으라고, 지금 강렬한 애정을 느끼는 이미지를 우리에게 안겨준 미적 경험을 무시하라고. 그렇게 비개인적이고 진실한 철학적 위엄과 그렇게 얼얼하리만큼 인간적인 감수성이 결합된 주네의 작품은 화해되지 않는 긴박함을 우리에게 전달한다. 20세기 후반의 그 어떤 작가도 거대한 파국의 위험과 섬세하고 서정적인 감정적 반응을 그토록 장대하고 대담하게 이어가지 못했다.

5

사라지지 않는 구질서의 매력

람페두사 소설의 말년성은 개인적인 것이 집단적인 것으로 변모하려는 찰나에 사건들이 일어난다는 데에 있다. 소설의 구조와 플롯은 이런 순간을 실로 멋지게 그려내지만 여기에 동조할 생각은 결단코 없다.

아도르노는 베토벤의 말년의 작품을 가리켜 구성 면에서 소외되고 소외시키는 작품이라고 말한다. 「장엄 미사」나 「함머클라비어 소나타」 같은 까다롭고 위압적인 작품은 청중과 연주자 모두가 꺼리는데, 그것은 가공할 만큼 어려운 기교를 요구하고, 뒤죽박죽에 산만한 내적 연속성으로 인해 쉽게 따라갈 만한 선율이 존재하지 않기 때문이다. 아도르노가 주장하기를, 바흐는 그래도 '주관적인' 작곡가들이 선율적인 영감을 발휘하듯이 직접적이고 참신한 소박함을 갖고 푸가 주제를 다루었지만, 「장엄 미사」에는 "실러가 말한 소박함에 가까운 뭔가를 찾아볼 수 있는 음악 주제와 형식의 조화가 사라졌다. 베토벤이 「장엄 미사」에서 작업한 음악 형식의 객관성은 매개된 것으로, 찬찬히 풀어야 할 문제다."1 「장엄 미사」의 종교적 요소를 논의하면서, 아도르노는 베토벤이 칸트처럼 주관의 관점에서 궁극적인 존재론의 문제를 제기하고 있다는 대담한 주장을 한다. 즉, 그 작품은 사실상 "누군가가 속임수 없이 절대자에 대해 무엇을 어떻게 노래할 수 있는가" 하는 질문을 던진다는 것이다. 이어 아도르노는 「장엄미사」의 양식적 특징과 의고주의를 풍부한 상상력을 가동하여 분석한다. 음악의 움직임은 "표현되지 않은, 규정되지 않은 무언가를 향해" 뒷걸음치고, 그렇게해서 나온 딱딱한 양식과 애매함은 작품에 뭔가 마무리되지 않은 듯한 신비한 특징을 부여한다. 주관과 객관의 완연한 조화를 상실한—여기서 아도르노는 화해 불가능한, 영원히 풀리지 않는 내적 대립이 말년의 베토벤 작품에서 가장 중요한 특징임을 재차 확인한다—「장엄 미사」는 사실상 "배제의 작품, 영원한 포기의… 작품이다." 그 과정에서 포기된 것이 또 하나 있는데, 이는 "보편적으로 인간적인 것"과 인간이 되기 위한 구체적인 방법을 화해시키겠다는 목표다. 베토벤이 환멸에 차서 이렇게 화해 불가능성을 깨달은 것을 가리켜 아도르노는 약간의 풍자를 담아 "후기 부르주아 정신의 노력"2이라고 말한다.

아도르노는 자신이 문화 산업이라고 간주한 것과 타협하기를 거부했던 유럽 지식인의 표본과 같은 존재다. 정체성 중심주의에 반대하는 그의 입장은 반율법주의자의 대항과 일치하며 해결되지 않는 모순을 강조한다. 그는 이런 점을 주장하고 설명하기 위해 자신이 독일어 원문으로든 다른 언어로 번역된 것이든 항상 까다롭기 그지없는 산문을 쓴다고 믿었다. 내가 말했듯이, 아도르노는 시대와 어긋나려고, 니체적인 의미로 역행하려고 발버둥쳤던 말년성 그 자체다.

그러나 당신도 아도르노만큼 똑똑하고 베르크, 베토벤, 후설, 헤겔에 대해 글을 쓰는 것이 전문분야라면, 그렇게 매력 없어 보이는 양식을 만들어낼 수 있었을 것이다. 아도르노는 일차적으로 에세이스트였고, 에세이란 그에 따르면 "대상 속에서 앞이 보이지 않는 캄캄한 것에 관심을 두는" 형식이며, "내밀한 형식적 법칙은 이단이다." 아도르노의 의미로 볼 때 에세이스트라는 존재는 당대에 유행하는 모든 것에 영원히 맞서 싸우고 화해하지 않는 사람을 뜻한다. 그는 보통 "에세이가 당대에 갖는 의미는 시대착오에 있다"3고 말한다. 리하르트 슈트라우스도 시대착오적이기는 마찬가지였다. 그는 월트 디즈니의 「판타지아」나 호세 이투르비*와 오스카 레반트*가 출연하여 멋지게 연주하는 할리우드 뮤지컬 등으로 음악 산업이 거대화되어 가는 시대에 여전히 고전 음악을 작곡한 인물이다. 슈트라우스는 온화한 성품의 소유자였지만 말년의 작품에서 말년성의 양식을 드러냈다. 18세기 악기 편성과 기만적일 정도로 단순하고 순화된 실내악곡 양식을 결합했는데, 이는 그때까지 자신에게 무심했던 지역 청중들은 물론 전위적인 동료 작곡가들을 자극하기 위해서였다. 하지만 슈트라우스와 아도르노는 본질적으로 대중들의 가혹한 요구로부터 어느 정도 면제된, 대신 할리우드 영화와 대량 시장 소설의 상업적 보상도 기대하기 어려운 고급문화의 영토에 속한다. 그렇다면 이렇게 대중들이 보다 쉽게 접근할 수 있는 영역에서는 말년의 양식이 어떻게 드러날까?

1958년 이탈리아에서 람페두사의 『표범』이 작가 사후에 출판되고 1963년에 같은 소설을 루키노 비스콘티가 영화화함으로써 이 문제를 탐구할 수 있는 멋진 기회가 생겼다. 귀족 출신이면서 대단히 시대착오적인 두 인재가 이렇게 소설과 영화에서 모두 커다란 성공을 거둔 것은 극히 이례적인 사건이다.

시칠리아의 귀족 주세페 토마시 디 람페두사(1896~1957)는 삶의 말년에 이르러서야 『표범』을 집필하기 시작했다. 그는 아마도 본토에서 나쁜 평을 얻을까 두려워했던 것 같고, 다른 작가들과 경쟁하는 것도 내키지 않아 했다. 그는 이탈리아 문학과 문화에 심취해 있었지만, 많은 동년배들과 달리 한편으로는 프랑스 문학(특히 중세와 르네상스 시대)에도 조예가 깊었고, 더욱 특이하게도 영국 문학에도 관심이 많았다. 영국인 전기작가 데이비드 길모어는 람페두사가 자신의 조카와 몇몇 청년들에게 고전부터 시작해서 19세기 소설(그가 가장 좋아한 작가는 스탕달이었다)과 20세기까지의 문학을 찬찬히 가르쳤음을 자세히 묘사한다. 1954년 말이 되자 다른 사람들이 쓴 작품에 질려버린 그는 자신의 소설을 쓰기 시작했다. 길모어는 람페두사가 "자신에 이르러 경제적·물리적 소멸을 맞게 된 유서 깊은 가문의 마지막 자손으로서" 자신이 "유일무이한 시칠리아 세계"가 사라지기 전에 그 "생생한 기억"을 되살려 기록으로

---

* Jose Iturbi: 스페인 출신의 피아니스트이자 지휘자로 몇 편의 할리우드 영화에 출연한 적이 있다.
* Oscar Levant: 미국의 피아니스트이자 작곡가 겸 희극 배우이며, 라디오, 영화, 텔레비전 출연으로 유명세를 얻었다.

남길 수 있는 마지막 사람임을 예감하고는 글을 쓰기로 마음먹었다고 추측한다.4 그는 퇴락의 과정에 흥미를 보였다(그리고 비통해했다). 퇴락의 징조를 보여주는 한 사건은 가족 소유물—산타 마게리타의 저택 한 채(소설에 나오는 돈나푸가타)와 팔레르모의 궁전 하나—이 소실된 것이었다.

람페두사의 유일한 소설 『표범』은 많은 출판업자들에 의해 거절되었다가 그가 죽고 1년이 지난 1958년 11월, 펠트리넬리가 출판하여 일약 베스트셀러가 되었다. 4년 후 루키노 비스콘티가 이 소설을 영화로 옮겼다. 영화의 첫 상영은 1963년 3월에 있었는데, 여러 상업적 이유 때문에 오랫동안 185분짜리 원판 필름을 보는 것이 사실상 불가능했다. 버트 랭커스터가 살리나 공작 역을 맡았고, 클라우디아 카르디날레가 안젤리카를, 알랭 들롱이 탄크레디를 연기했다. 비스콘티의 작품 중에 시대극으로는 이에 앞서 「센소」*Senso*가 있었지만, 사치스럽고 화려한 연극적 무대와 장대한 사실적 인테리어, 그리고 과장된, 거의 우화적인 인물들이 나오는 「표범」이야말로 감독의 경력에서 마지막 장을 연 작품이다. 「표범」이후 작품으로는 「베네치아에서의 죽음」「저주받은 자들」「루트비히」「이방인」「순수한 사람들」이 있으며, 대부분이 비스콘티가 활동한 또 다른 분야였던 오페라를 떠올리게 하는 대규모 시대극이다. 1976년 그가 죽자 라 스칼라 극장에서 바그너의 「니벨룽의 반지」를 무대에 올리고 프루스트의 장대한 소설을 영화화하려는 계획이 미완으로 남겨졌다. 그의 이 모든 말년의 작업들은 퇴보라는 주제, 낡고 일반적으로 귀족적인 질서가 물러나고 새롭고 어리석은 중산층 세계가 불쾌하게 열린다는 주제로 모아진다. 새로운 중산층을 잘 보여주는 인물은 「표범」에서 딸을 오래된 시칠리아 귀족 가문으로 시집보내는, 돈 많고 세련되지 못한 벼락출세가 돈 칼로제로이다.

람페두사와 비스콘티 모두 귀족 가문 출신으로, 자신들의 작품이 그리고 있는 사멸하는 질서를 대표하는 인물들이다. 하지만 두 사람은 소설과 장편 영화라는 장르를 통해 작업한다. 이들 장르가 대중 사회와 더불어 발달해온 복잡한 역사는 람페두사가 전하고 비스콘티의 영화가 커다란 스크린에 재차 상영하는 이야기와는 상충하는 경향이 있다. 여기서 우리는 비스콘티가 마르크스주의자였을 뿐만 아니라 로셀리니와 초창기 데 시카가 선도한 네오리얼리즘 전통에 확고하게 속하는 영화들(대표적으로 「흔들리는 대지」)을 만들며 영화감독으로서 경력을 시작했음에 주목할 필요가 있다. 그의 후배 질로 폰테코르보도 로셀리니가 개척한 전통에서 시작했지만, 비스콘티는 폰테 코르보와 달리 마르크스주의자로 남아 있으면서도 네오리얼리즘 사조를 넘어 경력을 계속 넓혀갔다. (그의 전기작가 로랑스 스키파노에 따르면, 비스콘티는 「표범」을 끝낸 뒤 "공산당 서기장 팔미로 톨리아티의 죽음으로" 그의 관을 옆에서 지켜야 했기에 다음 영화 「올사의 아름다운 별」 — 일명 「산드라」 — 의 제작을 늦춰야 했다고 한다.)[5] 폰테코르보는 대략 비스콘티가 「표범」을 촬영하던 시기에 「알제리 전투」를 만들었다. 몇 년 후에는 비스콘티의 「저주받은 자들」이 촬영되던 때와 비슷한 시기에 다음 작품인 「번」을 찍었다. 그런데 폰테코르보가 네오리얼리즘에서 벗어나면서 이탈리아 바깥의 제3세계 식민지 전쟁으로 눈을 돌려 독창적인 유사 다큐멘터리 양식으로 된 혁신적이고 선동적인 영화들을 만들었다면, 비스콘티는 그와 반대로 1940, 50년대 할리우드 영화가 선호한 낡은 형식과 장대한 서사적 시대극을 정교하고 세련되게 다듬었다. 그는 대중 혁명과 새로운 부르주아 질서가 밀어닥치면서 위협받는 옛 계급에 대한 향수를 자신의 영화 주제로 삼았다. 그의 초기의 사회주의적인 영화를 선호했던 이들은 역사적·정치적 정적주의를 보인 이 시기의 비스콘티를 비판한다. 「표범」에도 이런 비판이 계속 따라다녔으며, 이 영화를 자주 보기가 그토록 어려운 데는 이런 이유도 있다.

표면적으로 볼 때 람페두사의 소설은 실험적인 작품과 거리가 멀다. 형식과 관련된 주요 혁신은 내러티브가 불연속적으로 구성된다는 점이다. 날짜나 때로는 사건을 중심으로 비교적 독립적인, 그러면서 정교하게 구성된 단편들이나 에피소드가 이어진다. 사건을 중심으로 한 에피소드는 6장 '1862년 11월 무도회'가 대표적이며, 이는 비스콘티의 영화에서 가장 길고 복잡하며, 어쩌면 가장 유명한 시퀀스가 되었다. 이렇게 단편들로 구성된 구조는 람페두사로 하여금 소박한 플롯에 얽매이지 않고 자유롭게 해준다. 덕분에 그는 단순한 사건이 불러일으키는 여러 기억들과 앞으로 벌어질 일들(가령 1944년 연합군의 상륙)을 자유롭게 오가며 작품에 활력을 불어넣는다.

『표범』은 시칠리아의 살리나 공작 돈 파브리치오의 이야기다. 그는 가문의 재력이 줄어들고 이제 죽음이 임박했음을 느끼는 거물로 위대한 천문학자이기도 하다. 아내와 못마땅한 세 딸과 평범한 두 아들과 함께 지낸다. 그의 유일한 즐거움은 활기에 넘치는 조카 탄크레디이다. 탄크레디는 벼락출세한 상인의 아름다운 딸 안젤리카와 사랑에 빠졌다. 이야기는 가리발디가 주도한 이탈리아 통일 운동이 진행되던 시대를 배경으로 한다. 공작이 최후의 고결한 대표자인 옛 귀족주의 질서가 최종적으로 쇠락해가는 시대다. 돈 칼로제로가 공작을 방문하여 자기 딸 안젤리카의 결혼 제안을 받을 때, 두 사람 사이의 거래는 파브리치오의 천체 관측과 의상, 화장실과 미래에 대한 생각이 의도적으로 부풀려져 묘사된다. 돈 칼로제로도 자신의 과거를 윤색할 기회를 얻는데, 이때 독자의 눈에는 매력도 없는 지방의 사업가가 가문의 전통을 날조해내면서(그는 공작에게 자신의 딸 안젤리카가 실은 비스코토 세다라 남작부인이라고 말한다) 공작의 멋진 조카를 돈으로 매수하고자 하는 것처럼 보인다. 람페두사는 이어 탄크레디의 탄탄한 미래와 살리나 가문의 계속되는 몰락을 찬찬히 묘사하며, 이어 공작이 탄크레디의 결혼이 확정될 때까지 비밀을 숨기려고 탄약고에 가둬놓은 불쌍한 시종 돈 치치오를 생각하게 한다. 자잘한 세부 사항은 많다. 그는 탄크레디와 그의 가문의 불운과 장점을 묘사하고는 공작다운 화려한 몸짓을 해보이며 이렇게 말한다. "이 모든 재앙의 결과가… 바로 탄크레디요. 우리 같은 사람들이 확실하게 알고 있는 게 있소. 어쩌면 그의 선조들이 인생의 부침을 여러 번 거뜬히 이겨내지 않았다면 그와 같은 젊은이가 그렇게 고귀하고 섬세한 매력을 갖기란 불가능했을 테지요." 이런 구절로 인해 에피소드는 은유적이든 말 그대로든 풍성해지며, 소설 전체가 전하려는 것이 바로 이것이다. 거대하고 심지어 호사스럽기까지 한, 하지만 이제는 얻을 수 없는 특권의 세계가 노쇠, 상실, 죽음과 관련된 우울함과 이어지고, 더 정확하게는 그런 우울함을 낳는다는 것이다. 길모어는 람페두사가 작가들을 호리호리함, 과도하게 호리호리함, 비대함, 이렇게 세 가지 범주로 분류했다고 말한다. 첫 번째 범주에는 라클로, 칼뱅, 라파이예트 부인이 속하고, 두 번째 범주에는 라로슈푸코와 말라르메가, 그리고 마지막 범주에는 단테, 라블레, 셰익스피어, 발자크, 프루스트가 속한다. 람페두사 본인의 소설은 양식적으로 검소하고 문체가 단출하다는 점에서 호리호리한 범주에 속해 보이지만, 세부 묘사와 암시는 비대한 범주에 속한다.[6]

    중요한 것은 람페두사의 소설이 대중 장르에 속한다는 점이며, 두 명의 위대한 문화적 선배의 영향이 없었다면 그저 '부자들과 유명인사들의 은밀한 사생활' 정도로 알려졌을 수도 있다는 점이다. 두 명은 비스콘티한테도 마찬가지로 큰 의미를 갖는 인물로 프루스트와 그람시이다. 두 이탈리아인과 프루스트는 닮은 점이 많다. 프루스트처럼 그들도 사회의 관점에서 바라본 시간의 흘러감을 찬찬히, 그러면서 이해하기 쉽게 성찰하기 위해 대중적 형식을 불러들인다. 세속적이고, 기지가 넘치고, 귀족적인 우아함이 있고, 어느 정도는 과잉이다.

프루스트는 람페두사가 가장 좋아했던 작가였다. 내 생각에는 두 사람 모두 과거를 계속 회고함으로써 움직이지 않는 현재가 활력을 부여받고 확장된다는 느낌을 공유했기 때문이 아닌가 싶다. 살리나 공작의 거대한 풍채, 그리고 과거로 거슬러 올라가는 소설 기법을 통해 그를 마치 물속에 잠긴 거인처럼 시간에 잠긴 존재로 묘사하는 방식은 대단히 프루스트적이다. 그리고 『표범』에서 벌어지는 행동에 만연하는 필멸의 느낌은 『잃어버린 시간을 찾아서』의 마지막 구절, 특히 마르셀이 제1차 세계대전 이후 몹시 부패한 파리로 돌아가는 장면을 암시한다. 물론 프루스트와 달리 람페두사는 막판에 구원의 예술에 관한 이론을 펴지 않았고, 그는 지적 속물이나 수다쟁이가 아니라 진짜배기 귀족이다. 자신과 같은 부류의 사람들의 관심사와 원한 관계, 서로에게 입히는 복잡한 상처들을 시시콜콜 따지는 데는 별 관심이 없었다. 어쨌든 1860년대의 시칠리아는 파리가 아니었고, 소설에 나오는 모든 사람들은 그저 편협한 촌뜨기일 뿐이다. 아무튼 프루스트와 람페두사 모두 귀족에 대해 무한한 애정을 갖고 있었음은 사실이다. 귀족의 지위가 쇠락해가는 것은 그들에게 한 시대의 쓸쓸한 종말이었다.

로랑스 스키파노는 비스콘티가 1971년에 1906년생인 자신은 "만과 프루스트, 말러의 시대에 속한다"[7]고 했던 말을 인용한다. 비스콘티의 배경과 성장과정에 대해 알고 있는 사람이라면 다들 그의 세계와 프루스트가 훌륭하게 묘사한 귀족 세계가 얼마나 닮았는지 눈치챌 것이다. 프루스트처럼 비스콘티도 아름답고 재능 많은 어머니와 특별한 사이였고, 프루스트와 마찬가지로 동성애자였다. 람페두사의 세계가

정치적·경제적 퇴락의 세계라면, 비스콘티는 프루스트의 세계에 더
가깝다. 도덕과 영혼은 타락했지만, 야비하고 탐욕스러움에도 불구하고
사람을 끌어들이는 매력이 넘치는 세계다. 여기에 미적 연속성으로
볼 때 당혹스러운 단절이 존재한다. 「로코와 그의 형제들」로 이어지는
비스콘티의 초기 영화들은 규율이 잡혀 있다. 금욕적이고 사실적이며
검소하고 잘 통제된 영화들이다. 그런데 마치 자신을 그대로 방치한
듯한 「표범」부터는 초기작품들과 확연히 대조되는 풍요로움이
특징이다. 「표범」의 대본과 함께 발간된 인터뷰에서 비스콘티는 자신이
베르가*보다 프루스트를 선택했다(즉 실제 일어난 사건을 직접적이고 사실적으로
기록하는 것보다 기억이라는 필터를 통하는 것을 선호했다)고 주장하는데,
대부분의 비평가들은 비스콘티의 영화가 대책 없는 향수에 빠져드는
경향을 지적한다. 특히 마지막 대규모 무도회 시퀀스에서는 예술에
엄격하게 헌신하는 마르셀*과 완전히 다르다. 비스콘티는 탄크레디와
안젤리카를 스완과 오데트로 생각했다고 말한다. 우리는 『잃어버린
시간을 찾아서』에서 서술자가 잃어버린 시간을 소생시키는 작업을
자의식적으로 행했던 것을, 그래서 결국 예술가의 소명과 기억을 완전히
동일시했던 것을 기억한다. 하지만 비스콘티에 관한 뛰어난 책에서
제프리 노엘 스미스가 말했듯이,

    화려하고 호화스러운 귀족 무도회와 공작으로 출연한 버트
    랭커스터의 모습은 영화 앞부분에 전개된 주제들보다 더 중요한

---

* Giovanni Verga: 베리스모 양식을 대표하는 시칠리아 태생의 소설가. 마스카니의 오페라
「카발레리아 루스티카나」의 원작자로도 유명하다.
* 프루스트의 『잃어버린 시간을 찾아서』의 남자 주인공.

자리를 차지하는 것으로 보이며, 점차 그런 주제를 옆으로 밀쳐내 웅장하고 압도적인 마지막 장면에 이르면 시칠리아 귀족사회를 사실상 미화한다. 그 에피소드는 길이도 개봉 때와 달리 완전판에서는 한 시간 넘게 지속되며, 성격도 완연한 향수의 분위기로 가득하다. 영화가 이제까지 벌어진 사건들에 대해 비판적인 태도를 취했던 것과 달리, 여기에 이르면 주인공의 관점을 공유하는 것으로 슬쩍 넘어간다. 공작이 처음부터 이상화된 인물로 그려지고 있음을 볼 때, 중도에 자유간접문체*로 바뀐 이유는 한 가지로 해석할 수밖에 없다. 비스콘티는 자신을 주인공과 동일시하는 것이다.8

노엘 스미스의 이런 분석은 그보다 더 매정하게 비스콘티를 비판했던 이들이 비스콘티풍의 나르시시즘이라고 지적한 것과 일치한다. 이 주제는 베르나르 도르가 1963년 『현대』에 발표한 강경한 논문에서 처음 제기된다. 그는 여기서 비스콘티의 「표범」을 『잃어버린 시간을 찾아서』가 아니라 그보다 먼저 나온 나약하고 아련하게 우울한 『즐거움과 나날』의 프루스트와 연계시킨다. 나는 비스콘티가 어느 정도는 자신의 선호도와 배경 때문에 프루스트의 분위기를 흡수했겠지만, 실은 람페두사한테서 더 많은 영향을 받았다고 말하는 것이 옳다고 생각한다. 마지막 두 장만 제외하면 비스콘티의 각색은 원작을 극도로 충실히 따라가며, 무엇보다 공작을 계속해서 의식과 행동의 중심에 두고 있다. 다만 비스콘티는 소설의 마지막 두 장을 완전히 지워버렸다. 그래서 결국 병에 걸려 죽어가는 공작의 모습은 영화에서 볼 수 없다.

마지막 장면에서 공작은 전문의를 만나러 갔던 나폴리에서 돌아와 기진맥진한 채 팔레르모의 남루한 호텔에 누워 있다. 장녀와

막내아들인 콘체타와 프란체스코 파올로가 그의 곁에 있고, 사랑하는 조카 탄크레디도 옆에 있다. 때는 1883년 7월, 그의 나이 일흔셋이다. 구원을 암시하는 징후나 마르셀을 게으른 연금생활자에서 전업 작가로 만든 예술적 소명 같은 것은 전혀 없다. 돈 파브리치오는 자신이 살리나 가문의 마지막 후손임을 분명히 의식한다. "그는 혼자였다. 난파되어 뗏목에 몸을 싣고 표류하는 사람, 거친 조류에 떠밀려간 먹잇감이었다." 그에게 남은 것은 일련의 기억뿐인데, 이 또한 자신이 그 기억을 가진 마지막 사람이라는 의식으로 희미해진다. 이토록 음울한 상황에 그나마 숨통을 틔워주는 것은 공작이 자연, 특히 별에 과학적인 관심을 보인다는 사실이다. 이로 인해 그는 죽음의 고통에서 잠시나마 벗어나 모든 것을 감싸 안는 대양의 리듬에 자신을 내맡긴다. 여기서 작가는 천재적인 솜씨를 부려, 아름다운 안젤리카를 이름을 숨긴 채 대양의 밀사로 등장시킨다. 전형적인 여성적 관능미의 화신인 그녀가 예기치 못하게 그의 침대 옆에 등장하자 그간 억눌려 있던 그의 열정이 분출되고, 이어 그는 담담하게 죽음을 맞는다.

나는 이런 장면에 드러난 프루스트의 영향을 당장이라도 설명하고 싶지만, 먼저 영화와 소설 모두에 큰 영향을 미친 두 번째 인물 그람시에 관해 몇 마디 해야겠다. 그람시가 1926년 무솔리니에 의해 투옥되기 전에 남긴 마지막 미완성 작품은 『남부 문제』였다. 긴 분량의 초고가 현재 남아 있으며, 그람시가 남긴 단일 저작 가운데 가장 집중력을 갖고 지속적으로 매달렸던 작품이다. 사상과 영향력 면에서 람페두사와

---

* style indirect libre: 직접화법과 간접화법을 혼용한 문제로 3인칭 대상을 마치 1인칭 대상처럼 묘사하는 방법을 말한다.

비스콘티에게 선구적인 발판을 마련해준 이 작품의 중요성은 아무리 강조해도 지나치지 않다. 사르데냐 출신인 그람시는 개인적인 경험을 통해 남부의 문제―가난하고 저개발되었고 북부의 착취를 당한―를 이해했던. 하지만 그람시의 남부 문제 분석에서 주목할 점은 그가 이 문제를 리소르지멘토* 이후(그리고 이전도 포함) 이탈리아가 걸어온 역사의 구조 내에 위치시킨다는 점이다. 즉 이탈리아의 통일은 시칠리아, 나폴리, 사르데냐 같은 지역의 발전을 저지하고 왜곡시켜, 결국은 사회·경제·정치적으로 불균형적인 현실에 가두고 고립시켰다는 것이다. 따라서 그람시에게 남부는 거대한 사회적 분열의 공간이다. 궁핍하고 핍박받는 소작농들의 무리는 방대한 토지를 소유한 소수의 집단에 빌붙는 중간 계급(성직자, 교사, 세금징수원)의 좋은 먹잇감이 된다. 그람시는 비범한 통찰력을 발휘하여 거대한 출판사(대표적으로 라테르차Laterza)와 거대한 문화적 인물(가장 유명한 인사는 베네데토 크로체이다)의 존재가 악화일로로 치닫는 소작농들의 경제 상황과 어떻게 공존하는지, 그러면서 어떻게 서로 이상하리만치 무관한지를 보여준다. 이뿐만이 아니다. 북부의 토리노와 밀라노를 중심으로 공장 노동자들과 노동 운동가들, 지식인들이 벌이기 시작한 노동자 운동도 남부를 철저히 소외시켰다. 남부는 리소르지멘토로 시작된 이탈리아 통일 프로젝트에 포함되지 못했다. 그람시의 말대로 여러분은 소름 끼치는 문제를 가진 것이다.

　　그람시에게 남부는 물론 현실의 장소이지만, 감옥에서 남긴 수고에서 이탈리아 사회의 특수성을 설명하는 대목을 읽어보면 그에게 남부는 두 가지 사항을 더 상징함을 알 수 있다. 하나는 이항 대립 구도에 영원히 갇혀 더 힘센 외부 세력의 지배를 받는 열등한 사회다. 두 번째는 사회적으로 통합되지 못한 미완의 존재, 통일 이전의 세월의 잔재, 이탈리아 전체에서 낙후된 지역, 그래서 기본적으로 활력이 필요한 지역이다. 그람시의 남부 문제 분석은 그의 포괄적인 이탈리아 역사 분석 내에 위치한다. 그는 옥중에 있을 때 '이탈리아 역사에 대한 소고'라는 제목 하에 그 역사를 비문을 새기듯 분석한 글을 남겼다. 여기서 그가 말한 대부분의 내용은 1860년부터 1862년까지를 주요 시대 배경으로 하는 람페두사의 소설의 주제와 직접적으로 맞닿아 있다.

그람시의 주장은 통일을 향한 전반적인 움직임이 혁명이 아니라 그가 변형주의*라고 부른 특징을 보인다는 것이다. 이런 개념이 서사를 통해 가장 두드러지게 실현된 예가 『표범』에서 탄크레디가 가리발디와 손잡고 싸우다가 '붉은 셔츠'를 포기하고 피에몬테의 군대에 들어가 가리발디와 그의 부하들을 공격하는 장면이다. 무도회에서 팔라비치노 대령은 명예로운 손님으로 방문하여 숙녀들과 정답게 말을 주고받는다. 여기서 그 또한 아스프로몬테 산기슭에서 가리발디에게 총격을 가한 변절자임이 밝혀진다. 탄크레디의 기회주의적인 행각은 나중에 더 이어진다. 안젤리카와 결혼하여 그녀의 아버지의 재력을 이용했던 그는 새로 건설한 국가에서 공작이 제의를 받았으나 거절했던 상원위원 자리에 오를 예정이다. 탄크레디의 정치관을 전적으로 보여주는 것은 다음과 같은 그의 발언이다. "우리가 상황이 계속 그대로 머물러 있기를 바란다면 상황은 바뀔 것입니다."9

그람시의 포괄적인 남부 문제 분석을 람페두사가 실제로 읽었는지 여부는 알기 어렵지만(데이비드 길모어는 그가 『옥중수고』는 알고 있었다고

---

* Risorgimento: 이탈리아어로 '부흥'이라는 뜻으로 1861년에서 1870년까지 진행된 이탈리아 통일 운동을 말한다.
* transformismo: 지배 계급이 상대편의 요소들을 점진적으로 흡수하여 자기들 편으로 끌어들임으로써 다수파를 형성하는 전략을 말한다.

넌지시 밝힌다), 많은 면에서 두 사람의 견해는 상당히 가깝다. 소설의 앞부분에 나오는 한 장면에서 돈 파브리치오는 부르봉 왕가의 나폴리 왕("얼굴에 죽음의 흔적을 드리운 군주제"의 마지막 인물[TL 19])을 접견한다. 누가 봐도 몰락해가는 시시한 궁전인데도 파브리치오는 왕에게 예의에 맞는 공손한 태도를 보이며, 아직까지 자신에게 요구되는 복종의 형식을 충실히 따른다. 비스콘티는 영화에서 이 장면을 삭제했다. 아마 그렇게 권위가 떨어진 공작의 모습을 보여주면 그의 영웅적인 고매함이 침해될 수 있으리라 생각했던 모양이다. 어쨌든 람페두사가 묘사하는 남부의 모습―거의 백치처럼 우둔하고 노쇠한 부르봉의 소왕小王의 지배를 1860년까지 받고, 토지는 말라붙었고 소작농들은 가난에 찌들었고, 귀족들은 부패하고 아무 희망도 없이 어슬렁거리는― 은 그람시가 묘사하는, 변화에 냉담하고 무능한 남부의 침울한 분위기와 대단히 유사하다. 게다가 공작은 유명한 천문학자이기도 하다. 람페두사는 자신의 주인공이 천문학 논문으로 소르본 대학에서 상을 받는 장면까지 만들어낸다. 이것은 비록 사소한 사항이긴 하지만, 남부의 문화적 명사가 자신의 환경에 대해서는 비생산적일지언정 국제적 명성과 박식함은 남들 못지않다는, 그람시 특유의 관찰을 강화해주는 대목이다.

사회 분열, 혁명의 실패, 불모와 정체로 묘사되는 남부의 모습은 소설의 모든 페이지에 뚜렷이 나타난다. 하지만 그람시가 제안하는 남부 문제의 해결책은 의도적으로 소설에서 빠져 있다. 그람시의 에세이는, 지리적으로는 멀지만 사회적 억압을 받는 두 집단인 북부의 프롤레타리아와 남부의 소작농들을 어떻게든 공통의 기획으로 묶을 수만 있다면 남부의 비참한 상황이 경감될 수 있다고 주장한다. 여러 곤경을 딛고 이런 연합이 이루어진다면 희망과 혁신, 진정한 변화가 일어날 수 있다. 그리고 남부는 람페두사의 소설이 힘 있게 묘사한 그런 분열을 더 이상 겪지 않을 것이다.

하지만 람페두사는 그람시의 그 같은 진단과 처방을 끈질기게 부정한다. 거의 모든 페이지에 죽음, 부패, 노쇠를 가리키는 구절들이 나온다. 그래서 남부의 혼란을 완화시키려는 시도에 걸림돌이 되고자 이 소설을 계획했다고 생각하지 않기가 어려울 정도다. 역설적이게도 이 말년의 양식의 부정은 대단히 쉽게 술술 읽히는 형식으로 전달된다. 람페두사의 말년의 양식은 읽거나 듣는 재미를 침해하고 수용자의 이해를 적극적으로 어지럽히는 아도르노나 베토벤이 아니다.

정치적으로 볼 때 람페두사는 그람시의 거의 정반대편에 서 있는 인물이다. 공작은 지성의 염세주의, 의지의 염세주의를 대표한다. 소설의 첫 문장은 피론 신부가 매일 읊조리는 묵주기도의 마지막 말인 '이제와 저희가 죽을 때에'이며, 이것이 소설 전체의 어조를 규정한다. 람페두사가 묘사하는 첫 번째 사건은 죽은 병사가 정원에서 발견된 것이다. 공작에 관한 한 이제는 죽음의 시간이다. 작품이 진행되는 동안 그가 행하는 어떤 것도 그와 가족, 그리고 그의 계급 주위에 널려 있는 무기력과 부패에 아무런 효력을 미치지 않기 때문이다. 요컨대 『표범』은 남부 문제에 대한 남부의 응답이다. 통합도 초월도 희망도 없다. 돈 파브리치오는 그에게 상원의원 자리를 맡아달라고 부탁하고자 토리노에서 온 사신 슈발레에게 이렇게 말한다.

> 시칠리아인들은 스스로를 완벽하다고 생각하기에 개선하려는 욕망이 전혀 없소. 그들의 허영심이 그들의 비참함보다 더 강력하기 때문이지. 외부인들, 태생적으로든 정신적으로든, 외부인들에 의한 침략은 그들의 완벽하다는 환상을 뒤엎고, 그들의 기대에 찬 기다림을 헛수고로 만들 위험이 있소. 이미 수십 차례나 여러

민족들에게 짓밟혔기에, 그들은 이제 그런 장엄한 과거는 끝내고
화려한 장례식으로 안녕을 고해야 한다고 생각하오.
슈발레, 당신이 정말로 시칠리아를 보편적인 역사의 흐름으로
편입하고자 시도한 최초의 사람이라 생각하는 건 아니겠죠?
[공작은 그런 시도를 한 여러 강국들에 대해 이야기한다.] …그들
모두에게 무슨 일이 일어났는지 이제 누가 알겠소! 시칠리아는
그들의 간원에도 불구하고 잠들기를 원했소. 자신이 이렇듯
부유하고 현명하고 문명화되고 정직하고 모든 이들의 존경과 질시를
받고, 한마디로 완벽하다면, 대체 왜 그들의 말을 듣는단 말이오? (TL
171-72)

세상을 개선하려는 노력, 발전과 진정한 변화의 약속은 모두 외부의
간섭이라며 무시된다. (공작은 프루동과 마르크스가 옹호한, 인간은 완벽해질 수
있다는 주장에 대해 시큰둥하다. 마르크스를 "내가 이름을 잊어버린 독일 유대인"이라고
칭한다) 무자비하게 내리쬐는 시칠리아의 태양, 불모의 언덕과 넓은 들판,
웅장한 성과 쓰러져가는 성벽 위 좁은 벽은 변화를 거부하는 실체,
시칠리아 사회를 특징짓는 것은 바로 이런 것들이지 그람시가 마음속에
그린 정치적 노력이 아니다.

하지만 이런 금욕적인 태도 옆에는 삶에 대한 사랑과 편안함을
즐기려는 뿌리 깊은 습성도 있다. 탄크레디의 경우 이런 대조가
극명하게 드러나는데, 역설적이게도 그는 적어도 한동안은 이런 대조가
아무렇지도 않다는 듯 행동한다. 귀족적인 행동거지와 훌륭한 태도를
삼촌에게서 물려받았지만 탄크레디는 낮은 신분의 칼로제로 세다라의
딸과 그녀의 매력에 기꺼이 반응하는 것이다. 시칠리아와 동일시하는
경향은 탄크레디도 여전하지만, 그가 이 남부의 거대한 섬을 전유하는

방식은 다분히 약탈적이다. "그는 사랑스러운 입맞춤을 하면 시칠리아를 다시 손 안에, 팔코네리 가문이 수세기 동안 군림해왔고 반란의 실패 이후 그에게 굴복한 저 아름답고도 불충한 땅을, 그 육욕적인 즐거움과 황금빛 작물을 다시 손 안에 넣을 수 있다는 듯 보였다."(TL 142)

새로운 세대는 불가항력적으로 다가오고, 공작이 대표하는 구질서가 사라지자, 사회적·정치적 모순들이 더욱 거대하게 불거지고 덮어두거나 그저 개인사로 치부하기 어려워진다. 람페두사 소설의 말년성은 개인적인 것이 집단적인것으로 변모하려는 찰나에 사건들이 일어난다는 데에 있다. 소설의 구조와 플롯은 이런 순간을 실로 멋지게 그려내지만 여기에 동조할 생각은 결단코 없다. 공작은 아들이 자신을 승계하게 할 수 없다. 그의 정신을 이어받은 유일한 계승자는 영리한 조카인데, 조카의 기회주의와 이기적인 착취를 공작은 인정하면서도 결국은 스스로 물러난다. "우리가 상황이 계속 그대로 머물러 있기를 바란다면 상황은 바뀔 것입니다." 우리는 탄크레디가 자신을 못마땅하게 여기는 삼촌에게 이렇게 말하는 것을 이미 들은 바 있다. 탄크레디는 마르크스의 『루이 보나파르트의 브뤼메르 18일』에 나오는 나폴레옹의 조카와 무척 닮았다. 귀족과의 연줄을 통해 권력의 세계로 들어가려는 탄크레디의 장인 칼로제로 같은 부류의 인물을 이용해 먹으면서 지배권을 장악하는 인물이다. 공작의 다른, 그리고 어떤 면으로는 더 진정한 상속인은 그의 완고한 딸 콘체타이다. 그녀는 심지어 50년이 지난 뒤에도 우아한 취향과 교회에 대한 존경심이 없다며 탄크레디를 용서하지 않는다. 그녀는 아버지와 탄크테디보다 오래 살았지만, 그들처럼 지적인 면모나 유별난, 거의 껍데기뿐인 자존심조차 갖지 못했다. 람페두사는 그녀를 모질게 대한다. 그녀가 가장 좋아하는 소유물은 아버지의 개로, 죽은 뒤에 박제로 만들어 보관한다. 소설은 콘체타가 개의 가죽을 보며 갑자기

"내적 공허함"을 깨닫는 것으로 끝난다.

> 짐승의 몸통이 벗겨질 때 휑한 눈이, 버려지고 제거되는
> 존재가 갖는 약간은 비난하는 듯한 눈빛으로 그녀를 노려보았다.
> 몇 분 후 벤디코의 남은 부분이 청소부가 매일 들르는 뜰 한쪽
> 구석에 버려졌다.
> 창문 밖으로 내던져질 때 그 형체가 한순간 다시 모습을 갖추었다.
> 긴 수염을 달고 저주하듯 오른쪽 앞다리를 쳐들고 있는 네발짐승이
> 공중에서 춤추고 있었다. 이어 검푸른 먼지 더미에 내던져져서
> 평화를 맞았다.(TL 255)

파국까지는 아니라 해도 이처럼 갑작스러운 쇠락은 람페두사가 여기서 누구를 혹은 무엇을 그리고 있는가 하는 질문을 던지게 한다. 결국 이 소설은 무엇의 이야기, 누구의 이야기인가? 람페두사가 아이 없이 따분한 삶을 보냈다는 사실을 아는 사람이라면 소설이 어느 정도는 시칠리아판 『이반 일리치의 죽음』이라는 생각을 피할 수 없다. 즉 소설이라는 형식을 빌려 자신의 이야기를 한 것이다. 따라서 살리나 가문의 마지막 후손은 바로 람페두사 가문의 마지막 후손, 즉 저자 자신이 된다. 자기 연민의 감정 없이 그가 스스로 선택한 침울함이 소설의 중심에 놓인다. 그는 20세기의 연속적인 역사에서 자발적으로 떨어져 나와 감상주의와 향수를 배제한 단호하고 금욕적인 원칙과 진정성에 따라 시대착오적인 말년성의 상황을 소설에 담는다.

람페두사의 소설과 비스콘티의 영화 모두 역사에 관한 질문과 장르의 문제를 흥미롭게 제기한다. 앞서 내가 말했듯이, 소설은 그람시에 대한 응답이자 부분적인 긍정이라고 말하는 것이 옳다. 아도르노의

비평이나 슈트라우스의 말년의 음악과 달리 『표범』은 형식적으로 까다로운 도전을 요구하는 작품이 전혀 아니며, 술술 읽힐 뿐만 아니라 심지어 상투적이기까지 하다. 하지만 소설의 정황과 저자의 이력 때문에 드물고 고귀한 문화적 산물이 된다. 이 작품은 통속적인 사회학 분석에 들어맞지 않는 만큼 일반화하기도 불가능하며, 제한된 호소력과 음울한 분위기 때문에 많은 출판업자들이 거절했다. 그런데 비스콘티의 영화 「표범」은 그렇지 않았다. 20세기 폭스사의 든든한 지원을 받아 번들번들한 테크니컬러 영화로 제작되었다. 람페두사를 읽을 때 우리는 이 작품이 개인의 역사이며, 그것도 아주 특이한 개인의 역사라는 점에 이의를 달지 않는다. 소설은 공작이 시칠리아에 대해, 그리고 시칠리아를 위해 말할 때 독자들로 하여금 아이러니를 느끼게 한다. 람페두사가 자신의 목소리로 19세기의 마차와 20세기의 비행기의 관계를 들려줄 때, 우리는 살리나 가문이 사실상 끝났지만 자손들은 제2차 세계대전 후에도 살아남아 가냘픈 명맥을 유지했다는 것을 안다.

비스콘티가 전하는 시칠리아의 역사는 조잡한 기계의 이미지에서 대단히 강력한 서사 매체로 발전한 20세기 영화의 역사이기도 하다. 리소르지멘토 이후 이탈리아 역사를 자의식을 통해 웅장하게 담아낸 영화가 바로 「표범」이다. 영화의 군중 장면, 특히 팔레르모 시가전과 거대한 무도회 장면은 20세기 후반의 영화가 보여줄 수 있는 장대한 스펙터클을 과시한다. 영화의 외양은 세심하게 구성되고 조정된 면도 있지만, 사치스럽고 대규모이며 때론 압도적이다. 사실적이고 무엇보다 호사스럽게 재현된 꼼꼼한 의상과 인테리어, 실외 세트 앞에서 관객은 보잘것없는 구경꾼이 된 듯한 느낌을 받는다. 이 영화에 관한 글 대부분은 비스콘티가 얼마나 꼼꼼하게 소품을 요구했는지 설명한다. 백 명의 재단사들, 무도회 장면에 사용할 고기와 과자를 공급해줄 엄청난

수의 요리사들, 한 장면 촬영에만 50일이 걸리고 편집에 40일이 걸린 점, 에어컨과 마차들과 전기기술자와 군사 고문 등등. 람페두사가 들려주는 연로한 귀족의 내밀한 역사는 비스콘티에 이르면 갑자기 부풀려지고 노골적이 되어 전혀 다른 이야기로 변모한다. 쇠락해가는 시칠리아 귀족 가문의 역사가 아니라 현대 이탈리아의 역사가 되며, 유명인사들의 참여와 웅장한 범위는 할리우드에 맞먹을 정도다. 비스콘티는 이 영화를 통해 그람시의 변형주의 이론을 구현하려 했다고 말한 바 있으며, 이런 의도는 유명한 좌파 지식인이자 귀족인 비스콘티 본인의 관점으로 전달된다. 사실 영화는 그 이상이다. 북부 지역의 산업을 대표하는 기계이자 동력인 영화 매체를 통해 남부의 쇠락을 집단적으로 설명하는데다가, 이 영화가 남부를 선택한 데에는 진정한 시칠리아 모습을 기록하겠다는 목적 말고 그것을 즐길 만한 소비 대상으로 만들려는 욕망도 존재하기 때문이다.

기 드보르가 말한 '스펙터클 사회'의 총아인 비스콘티의 「표범」은 사실상 훌륭한 시대극으로, 영화 테크닉을 완벽하게 통제하여 과거가 갖는 사적 특징뿐만 아니라 람페두사 소설의 핵심이라고 할 수 있는 과거의 과거성, 되돌릴 수 없음이라는 특성마저 지우고 만다. 원작 소설은 과거를 들여다보는 수많은 통찰력들을 제공하지만, 그것은 하나같이 뭔가 말할 수 없는 것, 혹은 아무리해도 포착할 수 없는 것이라는 인상을 남긴다. 따라서 칼로제로와 돈 파브리치오가 서로를 알아가게 될 때, 세련되지는 못해도 통찰력 있는 미래의 장인은 공작에게서 "추상적인 경향으로 향하는 활력, 삶의 모습을 다른 사람들을 보고 흉내내는 것이 아니라 자신의 내부로부터 만들어가려는 경향[을 본다]. 이런 추상적인 활력은 돈 칼로제로에게 깊은 인상을 남겼다."(TL 128) 독자는 여기서 많은 것을 알아낼 수 있다. 공작의 대단한 자부심, 자제력, 까다롭고 탐욕을 모르는 성격, 무엇보다 지칠 줄 모르는, 그리고 결국은 꺾이고 마는 활력. 람페두사는 칼로제로가 그의 이런 활력에 깊은 인상을 받았다고 말한다. 그리고 이 대목에서 돈 파브리치오의 특징이 "추상적인 활력"과 미묘한 내면적 성향임이 공표되었으므로 우리는 더 이상 공작의 실체에 가까이 갈 수 없다. 이 구절이 강한 말년성의 느낌을 자아내는 것은 도처에 필멸과 쇠퇴를 묘사하는 부분이 많고, 비록 공작의 시대는 지났지만 그의 고결함만은 무엇도 건드릴 수 없기 때문이다. 이렇게 해서 람페두사는 필멸성과 시대착오적인 영웅주의를 무엇인지 정확히 명시하지 않으면서 슬쩍 드러내 보인다. 물론 공작도 세파에 찌들고 남들이 다 아는 패배의 역사에서 벗어날 수 없지만 말이다.

이 모든 것이 영화에는 전혀 포착되지 않는다. 버트 랭커스터의 연기는 어떤 기준으로 봐도 탁월하며 배우가 발휘할 수 있는 최고의 경지를 보여준다. 1983년 영화가 재상영되었을 때 폴린 케일은 감사의 찬사를 보내는 글을 『뉴요커』에 기고했으며, 귀족 사회를 내부의 시각에서 묘사한 비스콘티의 업적을 각별히 강조했다. 그녀는 영화의 의식의 중심을 장악한 랭커스터에게 특별한 칭찬을 보내며 강조해서 말했다. "우리가 그의 몸속에 들어간다고 한들 이보다 더 그에게 가까워질 수는 없다. 아무튼 우리는 정말 그렇게 되었다. 우리는 그가 보는 것을 보고, 그가 느끼는 것을 느낀다. 우리는 그의 마음속에 무엇이 있는지 안다."[10] 그녀의 평가에 동의하지 않더라도 랭커스터의 고결한 연기에 대한 그녀의 열의는 충분히 느낄 수 있다. 영화는 원작 소설이 가진 미덕 덕분에 미적 존재가 되지만, 람페두사가 제시한 인물들과 상황의 시시콜콜한 요구를 모두 재현하지 않으며 그럴 수도 없다. 대신 우리는 표면적인 사항들을 람페두사의 텍스트보다 훨씬 더 상세히 묘사할 수 있는 시각 매체를 통해 모방적 리얼리즘을 즐긴다. 사실 영화는 소설을 안으로 파고드는 것이 아니라 밖으로 확장함으로써, 즉 원작의 극히 염세적이고 개인적인 주제를 과장하고 추가하고 결국은 압도함으로써 효과를 발휘한다. 우리는 무도회 장면에서 랭커스터의 피곤한 얼굴을 들여다볼 때는 물론, 그의 얼굴에서 오만하면서도 육감적인 안젤리카의 모습으로 커트될 때, 그리고 거기서 다시 원작에 "계집들의 별실"이라고 표시된 놀라운 장면으로 바뀔 때에도 그의 금욕적인 고통을 이해할 수 있다. 별실 장면에서 랭커스터는 여자들이 마치 설탕 주위에 바글바글 꼬이는 개미들처럼 모여서 장난치고 노는 광경을 보고는 구토할 듯한 느낌을 받고 피곤해한다(실제로 람페두사는 책에서 여자들을 "백 마리의 암원숭이"로, 공작을 "동물원 관리인"으로 묘사한다[TL 205]).

    안젤리카가 살리나 가문의 손님으로 돈나푸가타를 처음 방문했을 때 지어보이던 과장되고 크고 지나치게 길게 이어지는 웃음도 마찬가지다. 이것은 영화를 공작의 사적이고 추상적인 세계에서 벗어나 전혀 다른 영역으로 향하게 한다. 이 장면에는 내가 상당히 불온하게 느낀 여성차별의 요소가 있다. 비스콘티는 또한 소설에는 나오지 않는, 랭커스터와 음식을 준비하는 여성이 돈나푸가타에 가는 도중에 서로 만나는 대목을 추가한다. 파브리치오가 가끔 찾아가곤 했던 매춘부 마리아니나를 만나기 위해 한밤중에 팔레르모로 가는 장면에서는 바로크풍 인테리어로 장식한다.

    비스콘티가 영화라는 매체를 통해 람페두사의 소설에 추가한 것은 일종의 프루스트식 논평, 과잉에 대한 세기말적 집착, 그리고 물건값이 얼마인지, 자기들 재산이 얼마나 오래 남아 있을지 그다지 고민하지 않는 특권 계급의 여가와 무절제한 쾌락이다. 람페두사는 공작과 그의 가족이 한때는 당당한 귀족이었지만 이제 궁핍해지기 일보직전임을 강조한다. 탄크레디는 사실상 무일푼이고, 피론 신부가 공작에게 콘체타가 탄크레디를 사랑한다는 사실을 일깨우자 공작은 조카에게 필요한 돈이 콘체타에게 없다며 그 말을 무시한다. 영화에서 랭커스터의 훈계는 지나가면서 하는 정도이며, 살리나 가문이 얼마나 자금 사정이 안 좋은지 우리가 눈치챌 수 있는 건 이 장면이 유일하다. 아무튼 이 장면은 짧게 지나가며 버트 랭커스터의 말을 들어보면, 그는 조카에게 필요한 많은 자금을 제공하는 것만큼이나 조카를 통해 대리만족하며 사는 것에도 흥미를 보인다. 이 장면을 제외하면 비스콘티의 영화는 무제한적인 부와 시들지 않는 명성을 과시한다. 가문의 가신들은 묵묵히 집안일을 관리하고, 마을 사람들은 사실상 경의를 표하기 위해 존재하는 종복으로 묘사된다. 무도회 장면에서는 시칠리아가 가난한 남부 지방이기는커녕 파리라고 해도 믿을 정도로 성대하게 그려진다.

앞서 말했듯이, 비스콘티의 「표범」은 그의 경력의 마지막 장을 여는 작품으로, 과장되고 돌이킬 수 없이 치명적으로 퇴락한 세계를 다룬 그의 일련의 영화들 가운데 첫 번째 작품이다. 당시 비스콘티는 오페라 제작에도 깊숙이 관여했고, 돌이켜보면 선정적이고 감상적인 희곡(가령 『가엾게도 그녀가 창녀라니』)도 작업했다. 이런 점은 「표범」의 몰락과 퇴보의 요소에 거의 스며들지 않았다. 비스콘티는 이 작품을 영웅적인 것, 존경할 만한 것, 그리고 물론 풍요로운 것으로 만들고자 세심하게 신경을 썼기 때문이다. 물론 람페두사의 소설이 가진 본질에서 벗어날 수는 없다. 종종 비탄에 잠기고 절대 들뜨지 않는 어조는 원작에서 비롯된 특징이다. 노엘 스미스는 영화의 마지막 장면이 리소르지멘토의 실패에 대한 아이러니한 논평으로 의도된 것이라고 본다. 가리발디 반군들은 죽어야 하지만(멀리서 화포 소리가 들린다) 공작과 그의 가족은 자신들의 생존을 보장해주는 새로운 계급과 손을 잡았기 때문이다.

나아가 스미스는 비스콘티가 가족과 시칠리아로부터 초연한 공작에 동일시하는 것은—우리가 마지막으로 보는 공작은 바다를 향해 혼자 걸어가는 그의 모습이다.—마지막 장면에서 비스콘티가 혁명의 실패를 거론함으로써(사운드트랙에 들리는 화포 소리) 홀로 남은 공작을 위로하니, "영화에서 배제된 듯했던 정치적 관점을 영화에 부여"하므로 충분히 넘어갈 수 있는 문제라고 말한다. "이것은… 비스콘티가 믿기는 했지만 관여하지는 않았던 혁명의 대의에 바치는 경의의 표시이다."[11]

    비범한 이 두 작품의 정치적 태도를 어떻게 분석하든 간에, 분명한 것은 이들 작품에서 정치가 실은 주된 논점이 아니라는 사실이다. 영화와 소설 모두에서 우리는 되돌릴 수 없는 세계의 재건을 본다. 반은 환상이고 반은 역사이며, 실제보다 과장된 한 영웅적 인물이 이를 이끌어간다. 다시 말해 어떤 작품도 우리를 표범*과 동일시하게 만들지 않는데, 그것은 대부분의 독자와 관객들이 어쩌면 그가 슈발레에게 말하는 바로 그 자칼, 하이에나, 양이기 때문이며, 한편으로는 거대한 외형의 영화와 미묘하게 반성적인 소설의 소격 효과로 인해 독자와 관객들이 어느 정도 거리를 두고 이를 바라보기 때문이다. 소설에서 람페두사는 자신의 토지와 가족을 수호하는 돈 파브리치오의 가장적 권위, 가족의 안녕과 가문의 과거를 지키고 자손을 돌보는 가장으로서의 책임감을 강조한다. 그가 어느 정도는 실제 인물이라는 점, 재치와 이해를 바탕으로 이 모든 것을 쓰고 있는 작가의 실제 조상이라는 사실은 그의 당당한 혜안에 무게를 실어준다. 영화에도 그처럼 일관되고 책임감 있는 모습이 조금은 보이지만, 그것은 공작의 성격에서 나오는 것이 아니다. 내가 볼 때 영화 속 공작의 권위와 아우라는 다른 시대극 영화에서 상당 부분 가져온 것이다. (위대한 군주와 왕, 영웅 같은 캐릭터들은 「십자가의 기적」, 「쿠오바디스」, 「벤허」, 「엘시드」, 「십계」 같은 할리우드 서사극에 등장한다.

확실히 버트 랭커스터는 이런 전례를 떠올리게 한다. 흥미롭게도 비스콘티가 원래 그 배역으로 점찍은 배우는 로렌스 올리비에였는데, 그게 무산되자 말론 브란도를 캐스팅하려 했다가 결국은 20세기 폭스사의 스타이자 전속배우인 랭커스터로 결정했다.) 아니다. 공작의 권위는 비스콘티가 스크린에 구현한 세계에 속하는 것이며, 그 세계를 만든 사람은 감독 자신이다. 물론 질적으로 보자면 비스콘티의 세계는 람페두사 가문의 세계의 한 변형이며, 19세기 이탈리아를 꼼꼼하게 재현하고 영화 매체의 가능성에 정통했다는 점에서 이 영화는 할리우드 영화가 아니라 바그너와 프루스트, 그리고 물론 람페두사에게도 빚지고 있는 말년의 양식을 보인 한 예술가의 작품이다.

이런 점들은 비스콘티와 람페두사가 작업했던 매체의 대량 소비적 속성에 잘 들어맞지 않는다. 아도르노와 슈트라우스의 경우, 이보다 훨씬 전문적이고 기본적으로 저항적인 매체인 철학적 에세이와 고전 음악 분야에서 작업했으므로 이들과 뚜렷하게 대조된다. 하지만 이들 네 사람에게도 공통점이 있다. 모두들 유복하게 자랐고, 사치에 대한 동경이 있고, 쉽게 용인되는 것을 가차 없이 부정할 뿐만 아니라, 권위적인 체계와 대단히 모험적이고도 적대적인 협약을 맺는다. 심지어는 어떤 체계도 거부하는 것을 최우선으로 여기는 오만한 저자의 권위조차 이들은 거부한다. 내가 여기서 논의한 인물들은 모두 말년성 혹은 비시의성과 상처받기 쉬운 성숙함의 특징을 갖는다. 이를 바탕으로 대안적이고 비계통적인 주관의 양태를 실험했으며, 말년의 베토벤이 그랬듯이 이를 위해 평생 솜씨를 연마하고 준비를 했다. 아도르노,

---

* 돈 파브리치오가 슈발레에게 시칠리아인들은 표범과 사자이고 다른 지역 사람들은 자칼 혹은 하이에나라고 말하는 장면을 가리킨다.

슈트라우스, 람페두사, 비스콘티는—이런 점에서는 글렌 굴드와 장 주네도 마찬가지이다—음악 비즈니스, 출판, 영화, 저널리즘이라는, 20세기 서구 문화를 확산시킨 거대한 규약들의 힘을 업신여기고 이용한다. 그들은 자의식이 무척 강하고 전문기술 또한 뛰어나지만, 그들의 작품에서 수줍어하는 기색은 찾아보기 어렵다. 비록 나이는 먹었지만 으레 수반되기 마련인 평온함이나 성숙함은 필요 없다는 듯이, 사랑스럽게 굴거나 환심을 사려는 생각은 없다는 듯이 군다. 그러나 이들 누구도 필멸을 부인하거나 회피하지 않는다. 오히려 죽음의 주제로 계속 돌아옴으로써 관습적인 언어와 미적인 것을 훼손하고 그 한계를 묘하게 넓힌다.

6

지식인 비르투오소

어떤 의미로 보든 굴드는 어떤 공동체에도
속하지 않았고, 영향을 받은 음악가나 사상가도 없다.
그에 대한 모든 것이 관습적인 영토에서 벗어나
연주를 통해 자신의 거주지를 스스로 만들어가는
초연한 남자의 이미지를 드러낸다.

1982년 쉰의 나이에 뇌졸중으로 세상을 떠난 캐나다의 피아니스트이자 작곡가이며 지식인인 글렌 굴드만큼 음악계 외부에서도 풍부하게 논의된 인물은 음악사에서 그리 흔치 않다. 하물며 연주자로 범위를 좁히면 겨우 손꼽을 정도다. 고전 음악계(음악 비즈니스는 물론 제외하고)와 다른 문화계 사이의 간극이 갈수록 넓어지는 데는 몇 가지 요인이 있다. 이런 간극은 가령 문학이 회화, 영화, 사진, 무용과 상당히 밀접한 관계를 이어가는 것에 비하면 꽤 심각하다고 할 수 있다. 오늘날 문학계 지성과 일반 지식인들은 음악 예술에 대한 실용적 지식이 거의 없고, 악기를 연주한다거나 음악 기초이론을 배우는 경우가 드물며, 카라얀과 칼라스 같은 몇몇 유명 연주자들의 음반을 구매하는 것을 제외하면 음악 실제에 관한 한 사실상 문맹이다. 서로 다른 연주와 해석 및 양식의 차이를 인식하지 못하고, 모차르트, 베르크, 메시앙 음악에서 화성과 리듬이 어떻게 다른지를 판별하지 못하기 때문이다. 이런 간극이 생기게 된 요인으로는 학교 교과과정에서 음악 과목의 비중이 갈수록 줄고 있고, 아마추어 연주가 쇠퇴했으며(한때는 성장기에 피아노나 바이올린 레슨을 받는 것이 관례였다), 현대음악에 접근하기가 만만치 않다는 점을 들 수 있다. 이런 것들을 생각할 때, 현재 중요하게 거론되는 이들은 불과 몇 명 되지 않는다. 베토벤은 당연히 포함되고, 모차르트(잘츠부르크 페스티벌과 영화 「아마데우스」의 공이 크다), 루빈슈타인(그가 출연했던 영화와 그의 양손과 머리카락 덕분이다), 리스트와 파가니니, 바그너, 그리고 최근 인물로는 피에르 불레즈와 레너드 번스타인 정도가 있다. 여기에 오페라의 대중화를 이끈 쓰리 테너도 넣을 수 있겠지만, 엘리어트 카터, 다니엘 바렌보임, 마우리치오 폴리니, 해리슨 버트위슬, 죄르지 리게티, 올리버 크누센 같은 우리 시대를 대표하는 뛰어난 음악가들은 그들이 응당 받아야 하는 음악 문화의 중심 자리를 차지하기보다는 규칙의 예외적인 존재로서 받아들여진다.

　이렇게 볼 때 굴드의 의의는 일반인들의 상상력을 사로잡은 것은 물론이요, 죽은 지 20년이 훌쩍 넘은 지금까지도 영향력이 식을 줄 모른다는 점에 있다. 그는 지적인 장편 영화 한 편의 주제였고,* 에세이와 픽션에도 종종 특이하게 모습을 보인다. 조이 윌리엄스의 에세이 「호크」와 토마스 베른하르트의 『몰락하는 자들』이 대표적인 예이다. 그가 남긴, 혹은 그에 관한 음반과 비디오는 여전히 발매되고 잘 팔린다. 그가 첫 번째로 녹음한 「골트베르크 변주곡」 음반은 영국의 『그라모폰』이 선정한 20세기 최고의 음반 10장에 포함되었다. 그를 피아니스트로서 작곡가, 이론가로서 다룬 전기, 연구서, 분석서들이 꾸준히 나오고 있고, 음악 매체가 아닌 주류 매체도 여기에 주목한다. 대부분의 사람들에게 굴드는 바흐를 대표하는 인물이다. 카살스, 슈바이처, 란도프스카, 카를 리히터, 톤 쿠프먼 같은 대단한 음악가들도 굴드에는 미치지 못한다. 나는 이 글에서 굴드와 바흐의 연관 관계를 파고들어, 그가 평생 연구했던 이 위대한 대위법 천재와의 인연이 어떻게 지식인이자 비르투오소로서 굴드 자신이 만들어낸 독특하고 흥미롭게 부자연스러운 미적 공간을 구축하는지 이해하고자 한다.

　하지만 나는 굴드가 독특한 개성의 연주자로서 행한 일들은 물론이거니와 그가 평생 동안 끝없이 추구해온 여러 지적 활동들을 통해서도 대단히 높은 수준의 즐거움을 선사할 수 있었다는 사실도 놓치고 싶지 않다. 앞으로 보겠지만, 이것은 한편으로는 내가 여기서 밝히게 될 그의 독보적인 기교의 직접적인 작용이기도 하고, 한편으로는 그 효과가 가져온 결과이기도 하다. 그와 같은 부류에 속하는 다른 디지털 마법사들과 달리, 굴드의 비르투오시티는 그저 청자들에게 깊은 인상을 남겨 결국, 그들을 소외시키려는 목적이 아니라, 청중을 도발하고 기대감을 전치시키고 바흐 음악 연구를 통해 주로 얻은 새로운 종류의 사고를 펼쳐 연주 속에 끌어들이기 위함이다. "새로운 종류의 사고"라는 표현은 베토벤이 9번 교향곡을 작곡하면서 창시한 것에 관한 권위 있는 논문에서 메이너드 솔로몬이 한 말이다. 솔로몬은 베토벤이 여기서 그저 새로운 질서만이 아니라 새로운 이해 양식, 심지어는 노스럽 프라이가 말하는 새로운 신화 체계를 찾으려 했다고 주장한다. 굴드는 1964년 연주회장을 떠난 이후를 포함하면 1950년대 중반부터 1982년 죽을 때까지 활동하며 20세기 후반에 신드롬을 일으켰다. 성인 이후 줄곧 정체성을 잃지 않았던 비르투오소의 활동치고는 참으로 도전적이고 복잡한 지적 성과를 거의 혼자서 만들어냈다. 가히 새로운 이해 양식이라 불러도 부족하지 않을 정도다. 하지만 나는 많은 이들처럼 굴드를 즐기기 위해 그가 행한 이 모든 활동들을 반드시 알아야 한다고 생각하지는 않는다. 다만 유례를 찾기 어려운 지적 비르투오소로서 그가 전체적으로 무엇을 이루려 했는지 더 잘 이해한다면 그가 남긴 성과도 그만큼 풍성하게 보일 것이다.

　소위 비르투오소라 불리는 명인 연주자가 유럽 음악계에 독자적인 세력으로 등장하기 시작한 것은 리스트와 파가니니가 훌륭한 모범을 선보인 이후였다. 이들은 작곡가이자 마력을 지닌 연주자로 활동하면서 19세기 중반 대중들의 문화적 상상력을 사로잡았다. 그들의 주요 선배와 동년배와 후배들, 가령 모차르트, 쇼팽, 슈만, 심지어 브람스도 중요한 연주자이긴 했지만 작곡가로서 누린 명성에는 미치지 못했다. 리스트는 당대에 가장 널리 알려진 인물이었는데, 그의 일차적인 이미지는 주로

---

* 프랑수아 지라르 감독의 1993년작 「글렌 굴드에 관한 서른 두 개의 짧은 단편」을 말한다.

독주회에서 수많은 청중들을 매료시키고 놀라운 탄성을 자아내는 매력적인 인물이었다고 한다. 이렇듯 비르투오소는 부르주아 문화가 꽃피운 산물이며, 한때 모차르트, 하이든, 바흐, 그리고 초기 베토벤을 양육했던 교회, 궁정, 사유지를 대체하면서 새롭게 등장한 자율적이고 세속적인 시민 연주 공간(콘서트홀, 리사이틀홀, 공원, 그리고 작곡가가 아니라 최근에 떠오르는 연주자를 무대에 올리기 위해 특별히 건립된 예술 궁전)의 산물이다. 리스트가 선구적으로 개척한 것은 연주자가 돈을 지불하는 중산층 청중들에게 봉사하는 경이의 대상으로서 전문화될 수 있다는 생각이었다. 이와 관련된 이야기들은 제임스 패러킬러스가 편집을 맡은 『피아노 역할』에 수록된 피아노와 피아니스트의 역사에 관한 매혹적인 에세이에서 찾아볼 수 있다. 그리고 내가 다른 글에서 말한 바 있지만, 우리가 놀라운 기교를 가진 천재를 들으러 가는 현대 콘서트홀은 실은 짜릿함과 흥분을 극한 상황으로 체험하는 일종의 벼랑 같은 곳이다. 여기서 작곡하지 않는 연주자에게 환대를 보내는 청중들은 결코 평범하지 않고 반복할 수도 없는 극한의 이벤트에, 제한된 공간에서이긴 하지만 재앙과 상존하는 위험의 가능성을 안은 아찔한 경험에 참여하는 것이다. 20세기 중반에 이르면 연주회 경험은 일상의 삶으로부터 심각하게 소외된 것, 개인적인 즐거움과 만족을 위해 악기를 연주하는 행위와는 단절된 것, 그래서 서로 경쟁하는 연주자, 티켓판매원, 대리인, 관리자, 흥행사, 여기에 갈수록 지배력이 높아가는 음반사와 미디어 임원들로 이루어진 세계하고만 관련된 것으로 분화되었다. 굴드는 바로 이런 세계가 낳은 산물인 동시에 이에 대한 반작용이었다. 그는 자신의 경력의 중요한 시기에 컬럼비아 레코드사의 전폭적인 지원과 스타인웨이 피아노사의 아낌없는 협조가 없었다면 그런 유명세를 결코 얻지 못했을 것이다. 전화 회사, 콘서트 매니저, 영민한 음반사 프로듀서와 엔지니어,

그리고 성인이 된 후 줄곧 함께 일해온 의료진들은 말할 것도 없다. 그러나 그는 그런 환경에서 멋지게 활동하면서 한편으로는 그 경계를 훌쩍 뛰어넘은 대단한 재능의 소유자였다.

낮은 의자, 연주 도중 흥얼거리고 몸짓하고 얼굴 찡그리고 지휘하기, 모차르트처럼 자신이 싫어하는 작곡가 멋대로 해석하기, 고개를 갸우뚱거리게 하는 레퍼토리 고르기(그가 즐겨 연주한 작곡가로는 독특한 해석으로 온전히 자기 것으로 만든 바흐를 포함하여 비제, 바그너, 시벨리우스, 베베른, 리하르트 슈트라우스 등 건반 음악이 일차적인 분야가 아닌 작곡가들이 포함된다). 이렇듯 굴드를 별난 괴짜로 보이게 하는 특징들은 여기서 파고들 생각이 없다. 그러나 굴드의「골트베르크 변주곡」음반이 세상에 나오면서 비르투오소의 역사에 진정으로 새로운 무대가 열렸다는 사실은 그냥 지나칠 수 없다. 그는 대중 앞에서 연주하는 기교만 하더라도 한 차원 높게, 혹은 그의 연주가 파격적임을 감안한다면, 전례없이 특이한 종류로 승화시켰다. 그의 출현을 더욱 돋보이게 하는 것은 그가 음악사에서 누구도 선례로 참고하지 않았고(부소니를 떠올릴 수도 있겠지만, 굴드가 작업하는 것을 보거나 듣는 순간 이탈리아계 독일인 사상가이자 피아니스트인 그와의 비교가 적절치 못함이 금세 드러날 것이다), 그 어떤 명문 교사나 악파에도 속하지 않았으며, 이전에는 피아노 리사이틀의 정규 레퍼토리로 생각도 못했던 작곡가들(가령 버드, 스벨링크, 기번스*)의 곡을 연주했다는 점이다. 여기에 굴드가 잘 알려진 작품들을 아주 빠른 속도로 리듬감을 살려서 도발적으로 연주했고,「골트베르크 변주곡」의 사라방드 아리아와 서른

---

* 16세기 말에서 17세기 중반까지 초기 바로크 시대에 활약했던 작곡가들이다. 굴드는 이들이 오르간이나 하프시코드용으로 남긴 곡들을 피아노로 연주했다.

곡의 변주에서 완벽하게 구현된 푸가와 샤콘느 형식에 커다란 애착을
갖고 있었다는 점도 놓칠 수 없다. 적어도 굴드의 연주를 처음 접할 때는
그의 모습에서, 좋은 식당에 들어가 저녁을 기다리듯 가만히 앉아서
작품이 차려지기를 기다리는 조용하고 수동적인 청중에 맞서 싸움을
거는 돌발적인 천재의 모습을 볼 수 있다. 1957년 굴드가 카라얀과 함께
베토벤의 「삼중 협주곡」을 녹음하는 장면이나 푸가를 연주하는 비디오를
한두 장면만 보면 콘서트 비르투오소 이외의 다른 면모가 있음을
금방 눈치 채게 된다. 굴드의 기본적인 피아노 솜씨만도 호로비츠에
필적할만한 놀라운 수준임을 덧붙여야겠다. 호로비츠는 굴드가 한때
자신의 라이벌로 과대평가된 인물이라고 언급했던 피아니스트이다.
민첩하고 명료하게 건반을 오르내리는 솜씨에 대해 말하자면, 그는
겹3도/겹6도/옥타브 음정과 반음계 시퀀스를 자유자재로 구사하는 능력,
피아노를 거의 하프시코드처럼 소리 내는 근사한 포르타멘토,* 대위법적
텍스처에서 성부를 투명하게 부각시키는 독특한 터치, 복잡한 현대
음악이든 고전주의 관현악곡이든 오페라든 가리지 않고 악보를 쉽게
읽고 암기하고 피아노로 연주해내는 탁월한 능력(그가 슈트라우스 오페라의
성부들을 모두 살려서 연주하는 것을 들어보라)을 보인다. 한마디로 기교면에서
그는 미켈란젤리, 호로비츠, 바렌보임, 폴리니, 아르헤리치와 같은 반열에
놓인다. 그래서 굴드를 들을 때 우리는 과거와 현재의 비르투오소들이
주는 것과 같은 즐거움을 얻을 수 있다. 하지만 내가 하고 싶은 말은 그를
그토록 특별한 인물로 만든 데에는 그 이상의 뭔가가 있다는 것이다.

    여기서 굴드의 연주 스타일에 대한 수많은 흥미로운 설명과
분석들을 되풀이하고 싶지는 않다. 우리는 이미 제프리 페이전트의
선구적인 연구 성과를 알고 있고, 굴드의 연주와 애정 생활에 드러난
가학피학성 요소를 정신병력의 관점에서 분석한 피터 오스왈드의 연구도

있으며, 케빈 바자나의 『글렌 굴드: 작품 속의 연주자』 같은 본격적인 철학, 문화 연구서도 있다. 여기에 오토 프리드리히의 뛰어난 전기까지 포함하면, 굴드의 활동을 비르투오소 이상의 존재로 해석한 연구서들은 충분하다. 내가 하려는 일은 그의 작업에서 특정한 지적 비평 전통과 관련된 부분을 설명하려는 것이다. 그가 비르투오시티를 의식적으로 재설정하고 재정립하여 도달하려 한 결론은 일반적으로 연주자가 아니라 언어를 사용하여 담론을 만들어내는 지식인들의 영역에 속한다. 따라서 굴드의 작업을 전체적으로 보면—그가 글을 상당히 많이 썼고, 라디오 다큐멘터리 작업에 자신의 연주의 비디오 작업까지 연출했음을 기억하라—비르투오소가 연주와 과시라는 협소한 틀을 의식적으로 넘어서서 담론의 영역으로 나아간 좋은 예가 된다. 그는 현대 콘서트 청중이 일반적으로 이해하고 받아들이는 연주 미학과 급진적으로 충돌하는 연주와 활동을 펼쳐 보임으로써 지적 해방과 비판의 논의를 제시했다.

아도르노의 청취의 퇴행 연구는 음악적 상황이 얼마나 척박해졌는지 상세하게 보여주는데, 특히 그는 현대의 음악 관행에서 비르투오소 음악가 숭배와 관련된 대가와 지배라는 개념을 집중적으로 해부한다. 아도르노는 토스카니니에게서 이런 비르투오소의 전형을 본다. 음악 연주를 압축하고 통제하고 간소화하여 청자를 홀리게 하는 미끈한 사운드로 만들려고 현대의 조직 문화가 창조해낸 지휘자라는 것이다. 아래의 짧은 인용구는 『소리의 형상들』에 수록된 「마에스트로의 숙달된 솜씨」에서 가져온 것이다.

---

* Portamento: 한 음에서 다른 음으로 옮겨갈 때 미끄러지듯이 연주하는 방법.

그의 자신만만한 태도 뒤에는 혹시 자신이 한순간이라도 지배력을 놓친다면 청자들이 쇼에 싫증을 내고 달아나지 않을까 하는 불안감이 잠복해 있다. 사람들은 그에게서 청중에게 영감을 불러일으키는 확고한 능력이 있다고 생각하지만, 실은 그와 무관한 박스오피스 제도의 이상理想일 뿐이다. 결국 이로 인해 위대한 음악에 담기고 위대한 해석을 통해 실현되는, 부분과 전체의 대화는 헛되고 만다. 대신 우리는 마치 그림을 그리기 전에 스케치를 하듯 처음부터 전체를 추상적으로 떠올린다. 순간적인 감각적 화려함으로 청자의 귀를 압도하는 소리의 양감 때문에 디테일은 활력을 잃고 느슨해진다. 어떻게 보면 토스카니니의 음악성은 시간에 적대적이다. 즉 시각적이다. 전체의 앙상한 형식에 소외된 자극들을 덧칠해 문화 산업에 더 잘 어울리는 원자화된 청취에 영합한다.[1]

확실히 굴드가 1964년 경력의 정점에서 연주회 무대를 포기한 것은, 그가 여러 차례 밝혔듯이 아도르노가 그토록 통렬하게 거부했던 인공성과 왜곡을 피하기 위한 나름의 방법이었다. 굴드의 연주 스타일이 최상의 상황일 때면 아도르노가 토스카니니를 공박하며 말했던 원자화되고 앙상한 음악성과 정반대의 효과를 나타낸다. 사실 아도르노의 비판에는 부당한 면이 있는데, 토스카니니가 남긴 베르디와 베토벤의 가장 좋은 연주는 굴드의 바흐 연주의 명료함과 간결한 구조성을 보인다. 어쨌든 굴드는 콘서트 무대에서는 어쩔 수 없는 왜곡이 일어난다며 이를 피했다. 무대에서는 5층 발코니에 앉은 청중의 주목도 끌어야 하기 때문이다. 그래서 그는 무대를 완전히 떠났다. 그렇다면 이 도피는 어디로 이어지는 도피였고, 굴드는 자신이 어디로 간다고 생각했을까? 그리고 굴드가 비르투오소로서 걸어간 지적 경로에서 바흐 음악은 왜 그렇게 중요했을까?

먼저 굴드가 1964년 11월에 토론토 대학의 예비 졸업생들을 대상으로 한 수업에서 했던 말을 들여다보는 것으로 논의를 시작하자. 연주하는 음악가로서 자신이 갖고 있는 계획을 밝히는 가운데 언급한 것이다. 그는 젊은 졸업생들에게 음악이란 "체계적인 사고를 순전히 인공적으로 구성한 산물"임을 깨달아야 한다고 역설했다. 여기서 인공적이라는 말은 부정적인 의미가 아니라 긍정적인 의미로 "이면裏面과 관련된 것"을 나타낸다. "부분들로 나뉠 수 있는 일용품"이 전혀 아니라 "부정을 통해 잘려나간 것, 부정의 공백에 맞설 수 있는 아주 작은 담보물"이다. 그는 계속해서 우리가 정중해야 한다고, 다시 말해 부정이 체계와 비교할 때 얼마나 인상적인지 적절히 설명해야 하며, 이런 점을 명심할 때에만 졸업생들이 "창조적인 생각의 출처인 창안력을 계속적으로 공급받아" 두각을 나타낼 수 있다고 말한다. "왜냐하면 창안은 체계 내에 확고하게 자리 잡고서 체계 바깥에 있는 부정에 조심스럽게 몸을 담그는 것이기 때문이다."[2]

은유들이 다소 불완전하게 제시되어 혼란스럽기는 하지만, 굴드가 여기서 전하려는 생각이 무엇인지는 대충 알아들을 수 있다. 음악은 합리적인 체계, 구성된 체계다. 그것이 인공적이라 함은 자연히 존재하는 것이 아니라 인간의 구성물이기 때문이다. 도처에서 우리를 둘러싸고 있는 것을 '부정'하거나 무감하게 하려는 기획에 맞서는 주장이기 때문이다. 그리고 여기서 가장 중요한 것은 체계를 넘어 부정(굴드는 음악 바깥의 세계를 이런 식으로 묘사한다)으로 과감히 발을 내디뎠다가 다시 음악이 나타내는 체계 안으로 돌아오는 창안이다. 이런 설명이 무엇이든 간에, 아무튼 열심히 연습하고 악보를 충실히 지키라는 식의 조언이나 늘어놓기 십상인 비르투오소들의 전문가적 조언과는 거리가 멀다.

굴드는 여기서 음악을 표현과 해석의 예술로 생각하여 일관성과 체계와 창안을 얻기 위해 노력하라는, 까다롭고도 참으로 도전적인 과제를 제시하고 있다. 굴드가 이 말을 했을 때는 이미 그의 이름이 바흐와 자연스럽게 연결되던 시대였음을 기억하자. 그는 바흐에 전념하면서 자신이 '수직적' 낭만주의 음악이라고 부른 것을 줄기차게 거부해왔다. 굴드가 음악가로서 경력을 쌓아갈 무렵, 이미 낭만주의 음악은 대단히 상업화되고 말랑말랑한 레퍼토리로 변질된 상태였다. 이런 음악에 따라다니는 매너리즘을 그의 대부분의 연주(특히 바흐 연주)는 격렬히 거부한다. 또한 그는 시대적 유행이나 관습을 따르기를 극도로 싫어했고, 리하르트 슈트라우스처럼 시대성과 무관한 작곡가들을 높이 평가했으며, 연주를 통해 희열에 가까운 자유를 경험하게 했고, 일상적인 연주회 활동을 완전히 포기했다. 이 모두가 굴드가 무대 밖에서 펼친 독특한 비르투오소적 기획과 밀접하게 관련된다.

사실 굴드가 늦은 밤에 녹음 스튜디오에 틀어박혀 만들어낸 연주 양식의 독특한 점은 첫째 합리적 일관성과 체계적 의미가 있다는 느낌을 전달했다는 것이고, 둘째 이런 이상을 구현하기 위해 바흐의 다성음악 연주에 집중했다는 것이다. 지금도 바흐(그리고 바흐의 합리주의에 지대한 영향을 받은 12음기법 음악)에 그렇게 매달리기가 생각만큼 쉽지 않으며, 굴드가 1950년대 중반에 피아니스트로서 경력을 다질 수 있었던것은 바로 그 때문이다. 당시는 반 클라이번과 블라디미르 아쉬케나지 같은 대단한 피아니스트들이 절정의 명예를 누리고 있었고, 그들이 연주하여 갈채를 받은 음악은 리스트, 쇼팽, 라흐마니노프 등 낭만주의 표준 레퍼토리였다. 이런 음악들은 젊고 사실상 변두리 출신인 캐나다 피아니스트가 경력의 출발점에서 포기하기에는 너무도 중요했다. 특히 당시 「골트베르크 변주곡」은 낯선 음악이었고, 바흐를 피아노로 연주한다는 자체가 극히 드문 일이었다. 일반인들은 바흐를 골동품 취미로나 여겼고, 바흐를 즐거움이 아니라 연습을 위해 어쩔 수 없이 연주했던 피아노 학생들은 그를 어렵고 '재미없는' 작곡가라고 생각했다. 그런데 굴드는 자신이 쓴 글과 바흐 연주를 통해 여기서 한발 더 나아가, 연주를 통해 "재창조하려는 열광적이고 대담한 노력"이야말로 "궁극적인 즐거움"이라고 주장했다. 우리는 여기서 잠시 멈추고 굴드가 1964년에 했던 말의 배후에 깔린 전제와 그가 바흐 연주를 통해 표현하려 했던 피아노적인 생각, 그리고 그가 바흐를 우선적으로 선택한 이유를 이해할 필요가 있다.

먼저 여러 성부를 통해 밖으로 뻗어나가는 다성음악 특유의 그물망 구조가 있다. 굴드는 활동 초창기부터 바흐의 건반악기 곡들이 한 가지 악기만을 위해 작곡된 것이 아니라 오르간, 하프시코드, 피아노 등 여러 악기로 연주하게끔 작곡되었거나,「푸가의 기법」처럼 어떤 악기를 위해서도 작곡된 곡이 아님을 강조했다. 따라서 바흐는 관례나 관습, 혹은 시대정신이 요구하는 정치적 올바름과 분리된 채로 연주해도 무방하며, 굴드는 물론 기회가 있을 때마다 이런 것들을 무시해왔다. 둘째, 당대의 바흐는 옛 교회 형식과 엄격한 대위법 규칙으로 회귀하려는 시대착오적인 작곡가이자 연주자였으면서, 동시에 고난도 작곡 기법과 과감한 반음계를 종종 구사했던 대담한 현대적 작곡가이기도 했다. 굴드는 스스로를 일반적인 독주회 관습에 반항하는 인물로 드러냄으로써 이런 사항들을 치밀하게 실현에 옮겼다. 그의 무대 매너는 순응과는 거리가 멀었고, 그의 연주는 낭만주의 이전의 바흐로 돌아갔으며, 간소하고 무뚝뚝하고 피아노적이지 않은 톤을 구사함으로써 음악 사운드를 소비의 대상이 아닌 엄밀한 분석의 대상으로 만들었다는 점에서 온전히 현대적이다.

아도르노는 1951년에 발표한 유명한 에세이 「바흐 애호가들에 맞선 바흐 옹호」에서 내가 방금 바흐의 작곡 기교 핵심에 놓이는 모순의 관점으로 굴드에 대해 설명한 것과 비슷한 말을 체계적으로 풀어놓았다. 바흐의 기교는 결국 대위법 즉 "주어진 주제적 재료를 거기에 포함된 모티브의 주관적 반성을 통해 해체하는 것"과 "낡은 기술을 더 작은 구성요소들로 잘게 나누는 식으로 행하는 제작 방식"을 연계시킨 것이라 할 수 있다. "그 결과 재료 생산이 합리화된다면, 바흐야말로 합리적으로 구성된 작품의 이념을 최초로 구현해낸 작곡가이다…. 그가 자신의 대표적인 기악곡을 음악적 합리주의가 이룩한 가장 중요한 기교적 성취에 따라 명명한 것은 우연이 아니다. 어쩌면 바흐의 가장 내밀한 진실은, 오늘날까지도 부르주아 시대를 지배하고 있는 사회적 경향을 보여줄 뿐만 아니라 이를 이미지를 통해 반영함으로써 그런 경향이 시작되었을 순간에는 그로 인해 침묵할 수밖에 없었던 인본주의의 목소리와도 화해시킨다는 것이다."[3]

굴드가 아도르노를 읽었거나 심지어 들어본 적이나 있을지 모르겠지만, 어쨌든 두 사람의 견해는 놀랄 정도로 일치한다. 굴드의 바흐 연주에는 심오하고 특이한―그래서 종종 저항을 받는―주체성이 굴절된 흔적이 새겨져 있으며, 역설적이게도 그렇기에 명료하고 자기주장이 강하고 대위법적으로 엄격하고 겉치레가 없다. 바흐에게서 그랬듯이 극단적인 두 면은 굴드에게서도 서로 융합된다. 아도르노는 이렇게 말한다. "가장 앞서간 통주저음의 대가인 바흐는 동시에 구시대적인 다성음악가로서, 자신이 직접 형성하기도 한 당대의 시대적 경향[모차르트와 같은 갈랑트 양식]에 복종하기를 거부했다. 그것[음악]으로 하여금 자기의 내밀한 진리를 찾게끔 돕기 위해서다. 주체성 그 자체가 기원인 일관된 전체 속에서 대상성을 향한 주체의

해방을 돕는 것이다."(BDA 142: 162)

　　　바흐의 핵심은 시대착오적이다. 구시대적인 대위법 장치와 현대적인 합리적 주체의 결합이 그의 작품의 본령이며, 이런 융합은 아도르노가 "음악적주체-대상의 유토피아"라 부른 것을 만들어낸다. 따라서 바흐의 작품을 연주를 통해 실현한다는 것은 "바흐의 본령인 풍요로운 음악적 텍스처가 연주를 통해 부각되어야지, 경직되고 부동적인 단조로움만 앞세우고 다양함을 무시한 채 통일성의 공허한 가상으로 그 풍요로움을 대체해서는 안 된다"는 뜻이다.(BDA 145: 166) 아도르노가 시대악기의 진정성이 기만적이라며 공격한 것에 모두가 동의하지는 않겠지만, 바흐에서 창의적이고 효과적인 면이 탕진되거나 "원한과 반계몽"의 영역으로 퇴보해서는 안 된다는 그의 주장은 절대적으로 옳다. 아도르노는 이렇게 덧붙인다. 바흐 작품의 "진정한 해석은 엑스레이 촬영과 같다. 악보를 충실하게 연구해서 작품의 모든 특성과 내적 연관관계의 전체적인 모습을 감각적인 현상으로 드러내는 것이 해석의 본연의 임무이다…. 악보는 결코 작품과 동일하지 않다. 텍스트에 전념하라는 말은 악보가 숨기고 있는 것을 파악하고자 부단히 노력하라는 뜻이다."(BDA 144: 165)

　　　이런 정의에 따르면 바흐 연주는 드러냄인 동시에 들어올림이 된다. 바흐에 있는 특정한 종류의 창안을 연주자가 포착하여 현대적 관점으로 재구성하는 것이다. 굴드가 이런 식으로 연주할 수 있었던것은 놀라운 선견지명과 본능을 발휘하여 명인기적이면서 한편 담론적인 의미에서 지적이기도 한 다성음악 작법에 드러난 바흐의 창조성을 이해했기 때문이다. 내가 말하려는 내용을 간략하게 설명하기 위해 나는 1996년에 출판된 로렌스 드레이퍼스의 연구서『바흐와 인벤션 패턴』의 도움을 얻을까 한다. 내가 생각하기에 드레이퍼스는 바흐가 거둔 창조적 성과에 대해 새롭게 이해할 수 있는 길을 열어준 선구자로, 굴드가 연주자로서 할 수 있었던것을 우리가 제대로 이해할 수 있게 해주었다. 드레이퍼스가 어디서도 굴드를 언급하지 않은 것은 애석한 일인데, 바흐와 굴드의 공통적인 요소는 바흐 자신이 사용한 바 있고, 드레이퍼스가 퀸틸리아누스와 키케로까지 거슬러 올라가는 수사학 전통과 관련된다고 옳게 지적한 인벤션(창안)invention*이라는 말이기 때문이다. '인벤티오'inventio라는 말은 오늘날 우리가 사용하듯이 가령 전구나 트랜지스터 튜브 같은 새로운 뭔가를 창조하는 것이 아니라 재발견하고 되돌아간다는 의미를 갖는다. 이런 낡은 수사학적 의미에 따르면 창안은 논거를 발견하여 정교하게 다듬는 것이고, 이것이 음악의 영역에 사용되면(인벤션) 주제를 발견한 다음 그 가능성이 모두 표명되고 표현되고 다듬어지도록 대위법적으로 전개하는 것을 말한다. 인벤티오는 비코가 특히 선호한 말로 그의 『신과학』에서 핵심 용어로 사용되었다. 그는 이 말을 인게니움ingenium, 즉 인간의 역사를 인간의 마음이 작용한 산물로 파악하는 능력을 설명하기 위해 사용한다. 따라서 비코가 볼 때 호메로스의 시는 합리적인 철학자의 슬기로운 지혜가 아니라 상상력 풍부한 정신이 쏟아낸 창안적인 발산, 그래서 이후에 해석자가 호메로스의 태곳적 신화로 되돌아감으로써 창안적으로 회복할 수 있는 것으로 해석되어야 한다. 결국 창안은 창조적인 반복과 되살림의 형식이다.

    이렇게 해석과 시를 창안으로 여기는 경향은 바흐가 남긴 다성음악 작품의 높은 수준을 확인함으로써 음악으로 확장될 수 있다. 바흐가 푸가 작법에서 보여준 창안의 재능은 하나의 주제에 내재된 가능한 모든 조합을 끌어낼 수 있을 만큼 특출하다. 주제는 마치 호메로스의 시의 재료들이 그랬듯이, 작곡가의 마음에 하나의 대상으로서 제시되어

능숙한 연주와 창안의 솜씨를 위한 재료가 된다. 이것을 드레이퍼스는
다음과 같이 말한다.

> 나는 음악 구조가 무의식적으로 성장한다고 이해하기보다는—
> 인간의 의도적인 행위를 넘어서는 자발적인 창안을 가정하는
> 미적 모델—차라리 작곡가가 음악을 작업하는 방식이 예측
> 가능하고 역사에 의해 결정된다는 것을 강조하고 싶다. 바흐의
> 고집스러움을 이렇게 파악하면 우리는 그의 음악 작품이 불가피하게
> 현재 모습으로 작곡된 것이 아니라 음악적 재능이 관습과 제약의
> 끈질긴 방해를 딛고 생각을 이리저리 고친 결과로 생각할 수
> 있다⋯. 바흐의 경우 부분과 전체가 종종 기적적일 만큼 일관된
> 모습을 보이는 것이 사실이지만⋯ 나는 음악적 '기적'이라는
> 생각은 물리고⋯ 대신 바흐가 어떤 규칙은 지켜야 할 것으로 어떤
> 규칙은 무시해도 좋은 것으로 간주하고, 어떤 한계는 신성하게
> 받아들이지만 어떤 한계는 구속적이라며 버리고, 어떤 기법은
> 생산적으로 보지만 어떤 기법은 쓸모없다고 무시하고, 어떤
> 아이디어는 존중하지만 어떤 아이디어는 낡은 것으로 치부한
> 경향을 추적해보는 것이 더 생산적이라 생각한다. 요컨대⋯
> 바흐를 생각하는 작곡가로 보고 분석하자는 뜻이다.[4]

이리하여 바흐의 재능은 창안의 능력, 기존의 음표들 집합에서 새로운

---

* 인벤션이 음악 용어로 사용되면 2성부 대위법 형식의 곡을 말한다. 물론 바흐는 인벤션 형식의 곡을 많이 남겼다.

미적 구조를 창조하는 능력, 그 누구도 따라갈 수 없는 솜씨를 부린 결합의 예술ars combinatoria이 된다. 바흐가 「푸가의 기법」에서 행한 것과 관련해서 드레이퍼스의 문장을 다시 인용해보자.

> 여러 종류의 푸가 인벤션을 많이 경험해본 사람의 입장에서 이 작품을 보자면, 바흐가 여기서 단일 주제로 된 작품을 쓰며 '교과서'적인 모범을 보여야 한다는 압박을 전혀 받지 않았다는 사실이 놀랍다. 전형적이고 타당한 질서에 따라 작품의 구조를 배치했을 수도 있었는데 그렇게 하지 않았다. 대신 바흐는 푸가 인벤션이 화성적 가능성의 추구라는 점에서 얼마나 멀리까지 나갈 수 있는지 보여주는 대단히 독특한 작품을 만들었다…. 이것이 바로 「푸가의 기법」이 교실에서 푸가 작법을 가르치는 용도로 사용하기 어려운 이유이며, 동시에 가장 영감을 주는 인벤션으로서 불가사의한 지위를 누리는 이유이기도 하다.[5]

간단히 말하면 이것이 바로 굴드가 연주하려 했던 바흐의 진정한 면모다. 생각하는 작품을 작곡함으로써 생각하는 지적인 비르투오소로 하여금 자기 나름대로 해석하고 창안하고 혹은 개정하고 재조정할 수 있게 기회를 부여한, 그래서 매번 연주 때마다 템포, 음색, 리듬, 색채, 톤, 프레이징, 성부 진행, 인플렉션을 이전과 달리 새롭게 결정하도록 만든, 그 결과 바흐가 작곡한 대위법 작품을 연주자가 재창안하고 재작업한다는 느낌을 최선을 다해 청중들에게 전달하도록 한 그런 작곡가가 바로 굴드가 본 바흐의 참모습이다. 굴드가 실제로 이런 작업을 하는 광경을 눈으로 보면 그의 피아노 연주가 새롭게 들린다. 가장 중요한 것은, 섬뜩하게도 그의 경력의 맨 처음과 맨 끝을 이루는 「골트베르크 변주곡」의 두 레코딩 연주에서 볼 수 있듯이, 굴드가 작품에서 대단히 섬세한 대위법 구조와 샤콘느 형식을 찾아내 밝힘으로써 자신이 비르투오시티를 통해 바흐의 창안력을 계속해서 탐구하고 있음을 보여준다는 사실이다.

굴드는 여기서 길게 확장된 대위법 인벤션을 제시된 그대로 연주하기보다는 숨겨진 구조를 드러내고 주장하고 정교하게 다듬어 그 가능성을 완전히 실현하고자 하려는 것으로 보인다. 연주 행위라는 것이 어쩔 수 없이 시간적 순서를 따르고 리사이틀 프로그램의 제약을 받는 콘서트홀에서 벗어나 레코딩 기술의 '반복가능성'take-twoness(굴드가 가장 좋아했던 용어다) 덕분에 수사학적 의미로 완연한 인벤션 예술(반복되는 인벤션, 반복되는 테이크)을 마음껏 실현할 수 있는 스튜디오로 옮겨가야 한다고 했던 글렌 굴드의 평생에 걸친 고집은 이렇게 이해된다.

무엇보다 주목할 점은 우리가 이제 겨우 바흐의 거대하고 독보적인 재능에 대해 조금씩 깨닫기 시작한 것을 굴드는 이미 바흐 연주를 통해 앞서 보여주었다는 사실이다. 바흐의 놀라운 재능은 그가 1750년에 죽고 나서 250년이 흐르는 동안 모차르트에서 쇼팽을 거쳐 바그너, 쇤베르크 등으로 이어지며 미적 자손들을 낳았다. 굴드의 연주 스타일과 글쓰기, 그리고 많은 비디오/레코딩 작업은 그가 바흐의 창조성의 심원한 구조를 제대로 이해했음을 보여주는 동시에, 명인 연주자로서 자신이 추구한 경력에 지적이면서 극적인 요소가 있다는 것 또한 스스로 인식하고 있었다는 증거가 된다. 그는 바흐와 어떤 의미에서 바흐가 창안했다고 할 수 있는 다른 작곡가들을 연주하면서 그런 식의 작업을 계속해나갔다.

나는 굴드가 몇 차례 중요한 기회를 통해, 자신이 연주하려고 선택한 바흐의 작품엔 뭔가를 생성해내는 뿌리 같은 면이 있다고 언급한 사실에 주목하고 싶다. 예컨대 「골트베르크 변주곡」 음반의 라이너노트에서 서른 곡의 변주―자손을 배태할 수 있는 "어버이의 책임감 같은 특성"을 언급한다. 그런데 굴드 본인은 생전의 청중과 사후의 청중은 물론 그를 개인적으로 알았던 사람에게도 대단히 고립된 인물, 독신에 우울증에 괴상한 습관이 있고 제멋대로이고 지적이고 낯선 인물로 여겨졌다. 어떤 의미로 보든 굴드는 어떤 공동체에도 속하지 않았고, 영향을 받은 음악가나 사상가도 없다. 그에 대한 모든 것이 관습적인 영토에서 벗어나 연주를 통해 자신의 거주지를 스스로 만들어가는 초연한 남자의 이미지를 드러낸다. 굴드가 바흐 음악을 풍성한 열매를 맺는 창조성의 보고로 여기면서 정작 자신은 자손도 없이 고립된 생활을 했던 것은 문제가 되지 않는다. 바흐만큼이나 시대착오적이면서 자기 완결적인 연주 스타일과 실제 연주로 충분히 보상되기 때문이다. 굴드가 비르투오소로서 거둔 성취의 극적인 면은, 그의 연주가 명백한 수사학적 양식을 통해 전달될 뿐만 아니라 대부분의 음악 연주자들이 시도하지 않고 어쩌면 시도할 수도 없는 특정한 유형의 진술로서도 전달된다는 점이다. 그것은 바로 전문화 시대, 반인본주의적인 원자화 시대에 연속성, 합리적 지성, 미적 아름다움의 가치를 주장하는 진술이다. 따라서 굴드는 즉흥에 가까운 연주를 통해 연주의 경계를 넓혀 음악의 본질적인 모티브 흐름과 창조적 에너지를 자연스럽게 드러냈다. 뿐만 아니라 그 과정에서 작곡가와 연주자가 행했던 사고의 과정도 드러낸다. 결국 굴드에게 바흐의 음악은 도처에서 우리를 둘러싸고 있는 부정과 무질서에 맞서는 데서 본질적인 힘을 과시하는 합리적 체계의 등장을 보여주는 원형 같은 것이다. 이것을 피아노로 실현하려면 연주자는 스스로를 소비하는 대중이 아니라 작곡가와 일치시켜야 한다. 그리고 대중은 연주자의 명인기를 통해 그저 넋을 잃고 수동적으로 바라보고 듣는 것이 아니라 합리적 행위가 청각적·시각적은 물론 지적으로도 다른 사람에게 전달되는 것을 목격하게 된다.

　굴드의 비르투오시티에 존재하는 긴장은 해소되지 않는다. 그의 연주는 워낙 독특해서 청자의 환심을 사거나 고독한 황홀경과 일상의 혼잡함 사이의 거리를 좁히려는 시도를 전혀 하지 않는다. 대신 그의 연주가 의식적으로 노리는 것은 합리적이면서 동시에 즐거운 예술, 연주를 통해 작품이 여전히 작곡되고 있음을 보여주는 예술을 대표하는 비평적 모델이 되려는 것이다. 이로 인해 연주자가 작업할 수 있는 틀이 넓어졌고, 지식인이라면 당연히 그래야겠지만, 인간의 정신을 죽이고 인본주의와 합리화를 거부하는 만연된 관행에 대항하는 새로운 논의가 만들어진다. 따라서 이것은 지적 성취일 뿐만 아니라 인본주의의 성취이기도 하다. 굴드가 미래의 청자들에게 창조적인 기회를 제공하는 것으로 옹호했다고 오도되는 전자 테크놀로지의 가능성보다는 사실 이런 점이야말로 굴드가 계속해서 청중들의 마음을 사로잡고 영감을 불어넣는 이유다.

7

그 밖의 맏넌이 양시들

아셴바흐가 자신의 필멸과 미적 능력의
한계까지 내몰릴 때, 브리튼은 그의 운명을,
신비한 대상을 향한 자신의 욕망을
물리치지도 못하고 그렇다고 완전히
이루지도 못하는 남자의 운명으로 그린다.

1 모든 양식은 일차적으로 예술가가 자신의 시대 혹은 역사, 사회, 선례와 어떤 관계를 맺느냐에 달려 있다. 미적 작품은 독특한 개성에도 불구하고 결국은 그것이 만들어지고 등장한 시대의 일부이며, 때로는 역설적이게도 일부가 되기를 거부했다는 점에서 역시 그 일부이다. 이것은 그저 사회적 혹은 정치적으로 시기가 일치한다는 문제만이 아니라 이보다 더 흥미로운 수사학 혹은 형식에 관련된 문제이다. 그리하여 모차르트는, 낭만주의와 밀접한 관계가 있는 세속적인 환경에서 등장한 베토벤이나 바그너와 달리 자신의 음악에서 궁정과 교회의 세계에 더욱 가까운 양식을 선보였다. 낭만주의는 개인의 창조성을 숭배했고, 후원 체계의 붕괴로 대개 자신의 시대와 불화했으며, 이 시기에 작곡가의 위상은 더 이상 (바흐나 모차르트처럼) 하인 신분이 아니라 자랑스럽게 혹은 자기도취에 빠져 자신의 시대와 갈라서는 까다롭고 창조적인 천재의 이미지로 변모했다. 비교해서 말하자면, 모차르트는 베토벤과 바그너처럼 사회적 부적응자가 아니었다. 대신 베토벤과 바그너는 자신의 시대의 예술적·사회적 규범에 도전했던 독창적인 사상가였다. 발자크 같은 사실주의 예술가의 예처럼 가끔은 예술가와 그의 사회적 환경 간의 관계가 쉽게 파악되기도 하지만, 묘사적이거나 연극적이지 않은 예술을 하는 음악가의 경우, 사회에 적대적인 태도는 판별하거나 공식화하기 어렵다. 베토벤의 말년의 작품들은 개인적인 분투와 불안정함을 새롭게 드러내는데, 이것은 「영웅」 교향곡과 다섯 곡의 피아노 협주곡처럼 자기확신에 찬 사교적 모습을 내보였던 앞선 작품들과 상당히 다른 모습이다. 베토벤이 마지막 십 년 동안 작곡한 만년의 걸작들은 자신의 시대를 훌쩍 넘어섰고 과감하고 놀랄 정도의 새로움으로 시대를 앞서갔다는 점에서, 그리고 무엇보다 역사의 매정한 전진에 의해 잊혀지거나 뒤에 남겨진 영토로의 되돌아감을 묘사한다는 점에서

말년의 특징을 드러낸다.

    모더니즘 문학은 조이스와 T. S. 엘리어트 같은 예술가들이 영감을 구하기 위해 자신의 시대를 떠나 신화와 서사시, 고대 종교 의식 같은 옛 형식들로 돌아가려 했다는 점에서 그 자체가 말년의 양식의 현상으로 볼 수 있다. 모더니즘은 역설적이게도 명칭과 달리 새로움을 내세운 운동이라기보다 늙어감, 종말의 운동이 된 것이다. 하디의 『비운의 주드』의 구절을 인용하자면 "소년의 가면을 쓴 노인"인 셈이다. 사실 소설에서 주드의 아들로 나오는 '꼬마 영감'은 일찍이 쇠락을 맞이했고 이를 벌충하기 위해 반복과 포괄성의 태도를 취하는 모더니즘의 알레고리로 보인다. 하지만 하디에게 어린 꼬마는 결코 구원의 상징이 아니다. 이것은 '꼬마 영감'이 주드와 수를 만나기 위해 기차에 오르는 첫 등장에서 명백히 드러난다.

> 아이는 소년의 가면을 쓴 노인이었는데, 가면을 쓴 것이 극히 서툴렀기 때문에 여기저기 틈바구니 사이로 그의 본래의 모습이 보였다. 오랫동안 밤기운을 맞은 대지는 인생의 여명기에 있는 아이를 이따금씩 높이 들어 올리려는 것 같았다. 그의 얼굴이 막막한 시간의 대양을 멀리 돌아보았고, 자신이 본 것이 아무래도 좋다는 듯 덤덤한 표정을 지었다. 다른 승객들이 차례차례 눈을 감았다. 새끼고양이조차 놀이에 지쳤는지 바구니 속에 몸을 웅크렸다. 이때 소년은 노예가 된 듯 왜소해진 신처럼 눈을 뜨고 두리번거렸다. 수동적으로 앉아 다른 승객들을 바라보는 그의 모습은 마치 눈앞에 있는 승객들의 현재 모습이 아니라 그들의 전체 삶을 바라보고 있는 것 같았다.[1]

어린 주드가 나타내는 것은 조숙한 노쇠가 아니라 시작과 종말, 소년과 노인이 전혀 예기치 못하게 공존하고 있는 상태다. 신과도 같은 이런 능력을 바탕으로 그는 자신과 타인을 판단한다. 나중에 그가 이런 판단 행위를 자신과 어린 형제들에게 행하자 그 결과는 집단 자살이 된다. 마치 극단적인 젊음과 극단적인 노년의 수치스러운 결합은 그리 오래 살아남을 수 없다는 것을 보여주려는 것처럼 말이다.

그러나 종말과 생존은 함께 갈 수 있고, 그것이 바로 내가 여기서 중점적으로 논의하고 있는 바이다. 그중에서도 생전에 출판업자의 관심을 전혀 끌지 못한 회고적인 소설 하나만을 썼던 시칠리아의 귀족 람페두사와 역시 생전에 아무것도 출판하지 않았던 알렉산드리아 출신의 그리스 시인 콘스탄티노스 카바피가 주목할 만하다. 이들은 자신의 시대와 연결되기를 거부했으면서도 놀라운 힘을 가진 반半저항적 예술작품을 만들어낼 수 있었던 진귀하고 거의 소중하기까지 한, 그러면서도 몹시 까다로운 미적 심성의 소유자들이었다. 철학에서는 니체가 마찬가지로 '비시의적인' 자세를 보여주는 원형적인 인물이다. '말년'이나 '때 늦은'이라는 단어는 그런 인물들에게 절묘하게 어울리는 말이다.

헤르만 브로흐는 라헬 베스팔로프의 『일리아드에 대하여』의 서문을 쓰면서 자신이 옛 시대 양식이라 부르는 것을 아래와 같이 기술한다.

> [그것은] 항상 오랜 세월의 연륜이 빚어낸 산물만은 아니다. 다른 재능과 마찬가지로 예술가에게 부여되고 어쩌면 시간과 함께 무르익어, 때로는 죽음의 전조 앞에서 서둘러 꽃을 피우기도 하고, 노년이나 죽음이 다가오기도 전에 스스로를 드러낸다. 그것은 새로운 수준의 표현에 도달한 것이다. 티치아노가 인간의

살과 영혼을 용해시켜 더 높은 통일체로 이끌어낸 찬란한 빛을 발견했듯이, 렘브란트와 고야가 한창 성년일 때 인간과 사물의 가시적인 것 밑에 놓인 형이상학적 표층을 발견하여 이를 화폭에 담았듯이, 혹은 바흐가 노년에 이르러 특정한 악기를 염두에 두지도 않고—왜냐하면 그가 표현하고자 했던 것은 음악의 가청 표면 아래에 있거나 이를 넘어서기 때문에—「푸가의 기법」을 구술했듯이.[2]

2

에우리피테스는 말년성—어쩌면 퇴폐라고 할 수도 있는—의 양식과 원시적인 내용의 묘한 결합을 보여주는 인물이다. 그는 굳건한 아이스킬로스만큼 가치를 쉽게 알아볼 수 없고, 소포클레스만큼 대항적인 면이 부각되지도 않는다. 니체는 에우리피테스를 가리켜, 디오니소스와 아폴로 신화—비극 형식의 기초—를 꽉 움켜잡고는 "교조주의자들의 엄격하고 영리한 눈"으로부터 마지막으로 구해내어 이를 다시 한번 비극으로 구현해낸 인물이라고 말한다. "신성모독자 에우리피테스여, 당신이 죽어가던 신화를 다시 한번 작품에 이용하려 했을 때 그대가 원한 것은 무엇이었던가? 그것은 당신의 폭력적인 손아귀에서 죽었다. 그러자 당신은 모조되고 위장된 신화… 낡은 장신구로서만 그럴싸하게 포장할 수 있었던 신화를 필요로 하게 되었다." 에우리피테스에 이르러 낡은 비극은 가까스로 살아남았지만 그것은 "비참하고 폭력적인 죽음의 기념물"[3]에 지나지 않았다.

이상하게도 에우리피테스의 마지막 비극인 『바코스의 여신도들』과 『아울리스의 이피게네이아』는 거의 기억하기도 힘든 출발점으로 눈을 돌려 주제를 취하고 있다. 예이츠가 "야수의 터전 위의 감당할 수 없는 신비"[4]라고 부른 것을 처음으로, 하지만 몹시 혼란스럽게 보여주는 단서가 아닐까 싶다. 『바코스의 여신도들』은 동방에서 온 올림포스 산의 아웃사이더, 변덕스럽지만 위협적인 성욕의 신인 디오니소스의 등장을 전한다. 그는, 카드모스를 계승하여 테베의 왕위에 올랐고 이제 디오니소소를 신으로 인정하지 않으려 하는 젊고 의심많은 펜테우스 왕을 응징한다. 두 번째 전령의 빼어난 연설로 전달되는 클라이맥스 장면은 펜테우스의 어머니이자 디오니소스 숭배에 전향적으로 돌아선 아가우에가 황홀경에 빠져 아들의 사지를 찢어 죽이는 장면이다. 자신이 야만적으로 찢은 것이 사자였다고 철석같이 믿고 있는 아가우에는 이제 아들의 머리를 마치 자랑스러운 트로피인 양 손에 들고 바코스 신도들을 무대 합창대석으로 이끈다. 이때 펜테우스의 왕궁이 불타고 테베 자체가 완전히 바뀐다. 디오니소스는 최소한의 희생만으로 의기양양하게 승리를 거둔다.

『아울리스의 이피게네이아』에서 에우리피데스는 드라마의 무대를 트로이전쟁이 일어나기 직전으로 잡는다. 아트레우스의 두 아들 아가멤논―클리타임네스트라의 남편이자 이피게네이아, 엘렉트라, 오레스테스의 아버지―과 메넬라오스―헬레네의 남편―가 이끄는 그리스 군대는 동방으로 진격하려고 하지만, 죽음처럼 고요한 아울리스 항구에 발이 묶여 있다. 예언자 칼카스가 아가멤논에게 그의 딸이 아울리스의 여신에게 바쳐질 때에만 군대가 항해를 계속할수 있다고 말한다. 군사적 행동의 대의에 더 집착했던 아가멤논은 미케네에 있는 자신의 부인과 아이들을 꾀어 아울리스로 불러들이며, 어린 이피게네이아에게는 아킬레스와 결혼하기 위해서라고 둘러댄다. 하지만 클리타임네스트라는 자신의 딸이 결국 살해당할 것임을 알고는 당연히 저항한다. 에우리피데스가 펼치는 부모와 딸의 드라마에서 훗날 클리타임네스트라를 간통과 아가멤논의 살해―이런 피비린내 나는 비극적 사건을 전면적으로 다룬 작품이 아이스킬로스의 『오레스테이아』이다―로 내몰게 되는 원한과 복수의 씨앗은 이렇게 뿌려진다. 『아울리스의 이피게네이아』는 어린 소녀가 비탄에 잠긴 어머니를 뒤로 하고 아버지의 야망에 따라 자신을 희생하기로 결심하면서 끝을 맺는다. 그녀는 합창대에게 춤을 추라며 이렇게 말한다.

춤을 춥시다.
아르테미스 여신을 찬양하는 춤을.
내 피로

> 희생을 바쳐
> 여신의 숙명적인 저주를
> 씻으려 하니.
> 오 어머니, 고귀하신 분이여,
> 내 이렇게 지금 눈물을 흘립니다.
> 신성한 장소에 이르면
> 그때는 더는 눈물을 흘리지 않을 테니까요.[5]

에우리피데스를 각색한 영화들에 대해 매리언 맥도널드가 말했듯이, 이런 연극들은 끔찍하고 공포스러운 행동들로 넘치지만 마음 깊은 곳에 있는 것을 드러내 보인다. 소포클레스와 아이스킬로스에서처럼 여기서도 옛날 신화에서 소재를 취하고 있음이 금방 드러나지만, 에우리피데스는 위대한 두 선배보다 상황의 심리를 한층 더 통찰력 있게 포착하고, 교활한 속임수를 더욱 노골적으로 드러내며, 희생과 자기기만을 더욱 충실히 그려낸다. 따라서 『바코스의 여신도들』과 『아울리스의 이피게네이아』의 말미에 이르면 앞선 비극들에서 자주 발견되는 화해와 종결의 느낌을 얻을 수 없다.

이런 상대적으로 말년적인 특징 때문에 에우리피데스는 어느 정도 친숙한 재료를 자신의 연극에서 반복하고 재해석하고 개작한다. 하지만 그의 비극이 불러일으키는 독특한 흥분은 연극적인 유희에 있다. 이것은 비극적 행동을 정교화하고 확장하고 장식하고 설명하기 위해 그가 사용하는 무심하고 거의 순수하게 형식적인 제스처를 말한다. 그래서 우리는 에우리피데스를 읽으며 현대적인 심리를 생생하게 느끼고, 아울러 인물과 상황 구성, 수사학적 표현에서 거의 추상적인 즐거움을 얻는다.

그렇다고 이 때문에 그의 작품의 절박함과 혼란스러움이 후퇴하지는
않는다. 오히려 그 반대다. 디오니소스는 테베와 카드모스의 집을
폐허로 만든 다음 자신이 누구인지를 드러내는데, 이때 그의 말에는
섬뜩한 힘이 들어가 있다. 마치 자신을 얕보았던(진지하게 학대하지는
않았어도) 필멸의 존재를 언제라도 손봐줄 준비가 되어 있다고 말하는
것 같다. 에우리피데스는 아가멤논의 소름끼치는 계략과 사내다운
고집에 맞선 이피게네이아의 희생을 아름답게 변호하는 시인이지만,
한편으로는 이렇듯 디오니소스의 잔혹한 가학성을 노래하는 시인이기도
하다. 에우리피데스가 낡고 죽어가는 신화를 구한 것은 오로지 그것을
파괴하기 위해서였다고 니체가 말했을 때, 그의 의도는 에우리피데스가
오래되고 비인간적인 것에 인간성을 불어넣으려 했을 뿐만 아니라,
그렇지 않으면 시공간에 초연한 존재로 남았을 신들과 영웅들에게
인간의 논리, 즉 생명의 구조를 부여했음을 지적하려는 것이었다.

    연극적 과장과 음악은 에우리피데스의 비극에서 현대 연출가들의
관심을 가장 많이 끄는 요소이다. 1984년 안제이 바이다*가 무대에 올린
소포클레스의 『안티고네』는 자유노조 출범으로 인한 폴란드 사회의
변화를 정치적으로 논평하기 위해 기획된 연극이다. 그 작품도 훌륭하긴
했지만 사실 그런 식의 기획은 에우리피데스를 깎아내리는 것이다.
그의 말년의 작품들은 열정과 교활함이 서로 호응하도록 구성된 것이기
때문이다. 프랑스의 연극 연출가 아리안느 므누슈킨은 극히 대담한
그리스극 연작 프로젝트 '아트리드가의 사람들'에서 『이피게네이아』를
아이스킬로스의 『오레스테이아』의 프롤로그로 사용했다. 이를 위해
그녀는 파리 외곽의 뱅센에 위치한 태양극단*의 길고 좁은 헛간식
구조를 직사각형의 투우장으로 바꾸었고, 일종의 바이로이트 악극처럼
의식과 음악, 대단히 양식화된 연기를 결합하여 태생적으로 끔찍한 일이

벌어질 운명인 한 가정의 몰락을 그려냈다.

　　므누슈킨의 기획의 핵심은 열여덟 명에서 스무 명의 무용수들이 남녀 상관없이 로브와 무릎패드를 착용하고 묘한 검정/빨강/흰색 화장을 한 채 합창단으로 등장한다는 것이다. 무대 세팅은 인류학적이고 민속적인 근동 지역의 분위기를 낸다. 무용수들은 마치 다브케*의 열에서 떨어져 나온 듯한 형태로 춤을 추는데, 물론 다브케보다는 훨씬 역동적이고 격렬하다. 남녀 배우들은 황홀에 빠져 대사를 읊는데, 그들의 대단한 몸짓과 대사도 합창단의 리더를 맡은 카트린느 샤우브의 비범함에는 미치지 못한다. 고양이처럼 재빠르게 움직이며 알쏭달쏭한 미소를 짓는 그녀는 악마 같은 마력을 지닌 낭독과 외침과 울부짖음을 통해 합창단은 물론 배우들까지 다그치고 괴롭힌다. 합창단 가운데 말을 하는 사람은 그녀뿐이다. 하지만 마지막에는 제물로 바쳐지는 이피게네이아와 겁에 질린 그녀의 어머니 모두가 함께 어울려 타악기 밴드(공, 드럼, 심벌, 트라이앵글, 실로폰)의 집요한 리듬에 맞춰 춤을 춘다. 앙상블에 가끔 호른이 끼어들고 최종 순간에는 개 짖는 소리가 들린다.

　　잉마르 베리만*이 제작을 맡은 「바코스의 여신도들」은 므누슈킨의 「아울리스의 이피게네이아」처럼 발레가 아니라 스톡홀름의 로얄오페라하우스에서 오페라로 공연된 작품이다. 지역에서 명성이

---

* Andrzej Wajda: 폴란드를 대표하는 영화감독이면서 연극 연출가로도 활동했다. 공산주의 시절에 자유노조 운동에 적극 관여하여 국외로 추방되었고, 바웬사가 대통령이 된 후에는 귀국하여 직접 정치에 뛰어들기도 했다.
* Theatre du Social: 므누슈킨이 동료들과 함께 1964년에 창단한 아방가르드 연극 단체.
* dabke: 레반트 지역의 대표적인 춤으로 결혼식 같은 흥겨운 행사에서 추는 일종의 라인댄스이다.
* Ingmar Bergman: 스웨덴 출신의 영화감독으로 형이상학적 주제를 주로 탐구했다고 알려져 있지만, 그는 연극 무대와 오페라 극장에서도 연출 활동을 펼친 바 있다.

높은 음렬주의 작곡가 다니엘 뵈르츠가 음악을 맡았다. 디오니소스 역에는 여배우가 캐스팅되었는데, 여성 특유의 아름다움과 역동성을 통해 여러 형태로 변신하는 디오니소스의 면모를 강조하기 위함이었다. 므누슈킨처럼 베리만도 제작에 총괄적으로 관여했다. 합창단의 여신도들 각각에 이름과 개인사와 성격이 부여되었고, 그 덕분에 합창단은 정체불명의 집단에서 인격화된 존재로 승화되었다. 앙상블은 단 한 번 방해를 받는데, 그것은 두 번째 전령인 페터 스토메어가 펜테우스의 사지가 찢겼음을 노래가 아니라 말로서 전하는 대목이다. 에우리피데스의 걸작을 위압적이지 않게 무대에 옮긴 베리만의 「바코스의 여신도들」은 파멸의 공포와 슬픔을, 무대 위의 배우들이 정말로 디오니소스와 대면한 듯한 감정으로 승화시킨다. 베리만이 제작한 영화에서처럼 여기서 비인격적인 것, 영웅적인 것은 신성을 벗고 아래로 내려와 일상의 삶, 격의 없는 사건이 된다.

 새롭게 무대에 올려진 에우리피데스의 희곡 두 편은 현대어 (프랑스어와 스웨덴어)로 상연되었음에도 그를 친숙한 인물로 만들지는 못했다. 두 경우 모두 연출자가 소격 효과를 노린 것 같은 인상을 준다. 마치 유례없이 사악한 세력과 어두운 마음에 철저히 유린당한 인물들에게 너무 가까이 다가가거나 너무 쉽게 동일시하지 말라고 말하려는 것 같다. 그런데 실은 이 희곡들이 처음 상연되었던 기원전 410년에도 이미 그러했다. 따라서 위의 두 작품은 독특하고 비시의적인 에우리피데스의 면모를 강조하는 효과가 있다. 그는 신화와 현실의 교차, 하나가 다른 하나를 뒤집고 도전하는 모습을 극적으로 표현했다. 그 결과 우리는 비범한 인공물을, 스스로를 혼란과 두려움에 떨며 보고 듣기 위한 것이라고 선언하는 공연을 갖게 되었다.

3

이집트 알렉산드리아 태생의 그리스 시인 콘스탄티노스 카바피는 1933년에 죽었다. 그는 자신이 쓴 시 가운데 154편을 남겼는데, 그의 모든 시는 20세기 시의 기준으로 보자면 상당히 짧고, 브라우닝의 극적 독백 양식으로 되어 있으며, 개인의 과거나 그리스의 과거에 벌어진 한 순간 혹은 사건을 명료하게 포착한다. 그가 자주 참고한 출처는 플루타르코스이다. 셰익스피어에도 많이 의존했고 배교자 율리아누스에도 매혹되었던 것으로 알려져 있다. 알렉산드리아는 그의 전 경력에 걸쳐 남긴 여러 시에 등장한다. 초기의 작품 중에 「도시」라는 시가 있다. 두 친구의 대화로 구성되는데, 첫 번째 화자(아마 전직 통치자)가 이름 없는 이집트 항구 도시에 죄수로 갇혀 있는 자신의 운명을 한탄한다.

> 언제까지 내 마음이 이곳에서 썩어 없어지게 내버려둬야 할까?
> 고개를 돌리고 주위를 둘러볼 때마다
> 내 인생의 암울한 몰락을 여기서 보네.
> 그토록 오랜 세월을 여기서 보냈는데,
> 이제 내 인생이 완전히 헛되게 망가지게 생겼으니.

두 번째 화자가 이에 대해 카바피 양식의 특징인 짧은 호흡과 냉철한 공정함을 보이는 억양으로 답한다.

> 자네는 새로운 나라를, 또 다른 고향을 결코 발견하지 못할 거네.
> 이 도시가 항상 자네를 따라다닐 테니까.
> 자네는 같은 거리를 걷고, 같은 동네에 살다가 나이를 먹고,
> 결국은 같은 집에서 늙어갈 테지.

자네는 이 도시에서 벗어나지 못하네.
그러니 다른 곳에서 새로운 삶을 펼칠 희망은 버리게.
자네를 실어다 줄 배는 없네, 자네에게 열린 길은 없어.
여기 이 좁은 모퉁이에서 이제까지 삶을 낭비했듯이,
세상 어디에 가든 마찬가지로 삶을 망칠 것이네.6

화자를 붙잡아 두고 있는 것은 도시만이 아니라 운명에 의해 그가 강제로 묶인 반복적인 행위이기도 하다. 카바피는 「도시」와 더불어 「총독령」을 자신의 시 세계가 성숙하게 된 계기로 보았다. 「총독령」에서 화자가 말을 건네는 사람은 아닥사스다 왕이 통치하는 지역에 가면 새로운 지위를 얻을 수 있지 않을까 해서 알렉산드리아를 떠나려는 한 남자이다. 도망자는 자신이 이루려는 희망을 우려하는 아래의 목소리가 자꾸만 마음에 걸린다.

자네는 뭔가 다른 것을 갈망하고 있어,
다른 것을 간절히 바라지.
얻기도 어렵고 쓸모도 없는
대중들의 갈채와 궤변가들의 칭찬을,
광장, 극장, 월계수 왕관 같은 것들을.
자네는 아닥사스다 왕으로부터 이런 것들을 얻을 수 없네.
총독령에서는 이런 것을 발견하지 못할 거야.
한데 그런 것이 없다면 자네가 살아갈 인생은 어떻게 되는 거지?
(CP 29)

이런저런 한계가 있지만 알렉산드리아 — E. M. 포스터는 한때

이 도시를 가리켜 "목화 위에 세워진 도시, 양파와 달걀의 교역지, 건설도 계획도 배수 설비도 형편없는 도시"[7]라고 했다―는 카바피에게 그것 없이는 살아갈 수 없는 희망, 결국에는 배신과 실망으로 끝나고 말 희망을 약속한다.

　카바피의 시들은 고집스러울 만큼 도시를 배경으로 하며, 미몽에서 우울하게 깨어난 풍자적이고 투박한 어조로 단조로운 일상과 신화를 함께 묶는다. 그러나 그의 시에서 19세기 말과 20세기 초 이집트의 모습을 찾으려 한다면 현대의 아랍 세계와 얼마나 무관한지 깨달고는 놀라게 될 것이다. 그의 시에서 알렉산드리아는 시인이 살았던 이름 없는 장소이거나(술집, 빌린 방, 카페, 연인들을 만났던 아파트), 한때 로마, 그리스, 알렉산더 대왕을 전후로 한 비잔틴, 프톨레마이오스의 이집트, 아랍 제국으로 이어지던 절대권 통치 하의 그리스 문화권의 한 도시였다. 허구와 실제가 뒤섞인 시의 등장인물들은 삶의 지나가는 순간들을 맞이하고 있다. 시는 그 순간들이 역사로 인해 마감되어 우리 앞에서 영원히 사라지기 전의 모습을 드러내고 신성하게 받든다. 불과 몇 분 지속되지 않는 시속의 시간은, 카바피가 주관적으로 과거에 흘러들어가는 것으로 취급하는 실제의 현재 밖에서 나란히 흘러간다. 카바피는 자신을 학문적인 그리스어 특유의 표현을 계승한 마지막 현대 작가라고 생각하는데, 이런 언어가 그의 시의 간소한 멋, 본질만을 뽑아 순화시킨 듯한 특징을 빛나게 한다. 그의 시는 과거와 현재 사이에 존재하는 최소의 생존을 담아낸 형식이며, 비유도 각운도 없는, 거의 산문에 가까운 시구로 표현된 비생산의 미학은 그의 작품의 핵심에 자리한 영원한 망명의 느낌을 전한다.

　따라서 카바피에게 미래는 일어나지 않으며, 설령 일어난다 해도 어떤 면에서는 이미 일어난 것과 마찬가지다. 거창한 계획이 계속해서

배반과 우롱을 당하느니 차라리 변변치 않은 기대를 속으로 삭히며
옹색하게 있는 편이 낫다. 그의 가장 치밀한 시 가운데 하나인 「이타카」는
오디세우스에게 말을 건네는 형식으로 되어 있다. 페넬로페를 만나기
위해 그가 집으로 돌아오는 여정은 『오디세이아』의 모든 구절에서
중요하게 언급될 만큼 미리 계획된 것이다. 하지만 그렇다고 해서 여행의
즐거움까지 빼앗긴 것은 아니다.

> 자네가 즐거움을 안고 기쁨에 들떠
> 처음으로 본 항구에 들어설
> 여름날의 아침은 수없이 많으니,
> 페니키아의 시장에서 잠시 길을 멈추고
> 좋은 물건들을 사게.
> 자개와 산호, 호박과 흑단,
> 그리고 기분을 좋게 하는 온갖 종류의 향수도.

그러나 모든 즐거움은 화자의 발언 안에 미리 세심하게 명시된다. 시의
마지막 구절은 이타카가 고향으로 향하는 영웅의 목적지가 아니라 그의
항해를 일으킨 시발점임을 다시금 확인시킨다("이타카는 자네한테 놀라운
여행을 선사했지/ 이타카가 없었다면 자네의 여정은 시작되지도 못했을 테니/ 이제
이타카는 자네에게 줄 게 하나도 없네"). 이로써 이타카는 임무를 완료해서
약속의 짐을 벗었으니 이제 영웅을 매료시키거나 기만할 일이 없다.
항해의 여정과 귀환이 시의 행에서 완결되었기 때문이다. 제한된 궤적을
따라 여정을 완료한 이타카는 이제 개별적인 장소가 아니라 인간의
이해를 이끌어내는 경험이라는 새로운 의미를 얻는다.

> 그리고 그 땅이 설령 초라하다 할지라도 이타카는 자네를
> 속이지 않을 것이니, 많은 경험을 쌓아 현자가 되도록 하게.
> 그때가 되면 이타카가 무엇을 의미하는지 이해하게 될 것이네.
> (CP 36-37)

"그때가 되면 이해하게 될 것이네"라는 구절의 문법적 형식은 시를 최종적으로 명료하게 마무리하는 한편, 어떤 행동도 직접 취하지 않는 화자는 그냥 옆에 계속 내버려둔다. 카바피의 시의 기본적인 태도는 이렇게 다른 사람에게 의미를 전할 뿐 자신은 보답을 전혀 바라지 않는 것으로 보이며, 이는 탈그리스화된 알렉산드리아에서 그가 겪었던 실존의 고립을 그대로 재현해낸 망명의 형식이다. 카바피의 가장 잘 알려진 시 「야만인을 기다리며」에 보면 "더 이상 야만인들은 없다"는 깨달음에 이어 갑자기 사람들이 재앙의 밀어닥침을 기다리고, 그런 뒤 "그 사람들은 일종의 해결책이었다"는 구절에서 드러나듯 자신들을 탓하며 후회를 한다. 모호하지만 세심하게 명기된 시적 공간에서 독자는 실제로 무슨 일이 벌어지고 있는지 엿들을 수 있을 뿐 전체적인 상황 파악은 불가능하다.

    카바피의 위대한 업적이라면 극단적인 말년성, 육체적 위기, 망명을 형식과 상황을 통해, 그리고 무엇보다 창안적이고 보석세공인처럼 차분한 양식을 통해 표현한다는 점이다. 늘 그런 것은 아니지만 알렉산드리아 도시의 역사가 그런 배경을 제공할 때가 종종 있는데, 플루타르코스의 책에 나오는 이야기를 소재로 삼은 「신께서 안토니우스를 버리시네」 같은 유명한 시가 대표적이다. 이 시는 자신의 권력과 경력을 다 잃고 이제는 자신의 도시까지 잃게 될 상황에 처한 로마의 영웅에게 말을 건넨다. "이제 작별 인사를 하게. 떠나는 알렉산드리아에게 작별을 고하게."

화자는 안토니우스에게 싸구려 후회와 안일한 자기기만만 안겨줄
뿐인 감각적인 위안을 걷어치우라고 말한다. 대신 한때 그가 건설에
참여했지만 순간적인 모든 존재가 그렇듯 이제는 그로부터 멀어지고
있는 알렉산드리아를 생기 있고 힘차게 경험하라고 권한다.

> 이 도시를 손에 넣었던 당신에게 어울리게
> 단호한 발걸음으로 창문가에 다가서라.
> 그리고 깊은 감정의 소리를 들어라.
> 겁쟁이가 푸념하는 소리, 간청하는 소리는 무시하라.
> 목소리들, 저 낯선 행렬이 들려주는 절묘한 음악에 귀를 기울여라.
> 그것이야말로 당신한테 주어진 마지막 즐거움일 테니.
> 이제 작별 인사를 하게. 떠나는 알렉산드리아에게 작별을 고하게.
> (CP 33)

이런 근사한 구절의 효과를 더욱 높여주는 것은 카바피가
안토니우스에게 엄밀하고 어쩌면 최종적일지도 모를 침묵을 부여한다는
점이다. 덕분에 안토니우스는 자신이 잃어가고 있는 "절묘한 음악"의
정확한 음들을 마지막으로 들을 수 있다. 절대적인 고요 속에 긴밀하게
조직된 즐거운 음악을 듣는 광경이 무미건조하고 억양 없는 발성을 통해
멋지게 구현된다.

    포스터가 카바피를 가리켜 "우주를 향해 옆으로 비켜서서는 까딱도
않고 서 있다"[8]고 묘사한 표현은 어두운 곳에 있다가 밖으로 불려나온
듯한, 꼼꼼하고 나지막하게 뭔가를 표명하는 그의 말년의 양식의 황홀한
효과를 제대로 포착해낸 말이다. 카바피가 말년에 쓴 시 가운데 가장
섬세한 작품으로 꼽히는 「마이리스, 서기 340년 알렉산드리아」에서

화자는 한때 자신의 술친구였고 이제 죽어서 교회에 묻히게 될 기독교 신자 마이리스의 장례식에 참석한다. 그런데 갑자기 마이리스를 향한 자신의 애정에 눈이 멀어 이곳에 왔다는 생각이 들자 '끔찍한 집'에서 도망치기 시작한다.

> 나는 그들의 끔찍한 집에서 서둘러 나왔지.
> 마이리스에 대한 나의 기억이
> 그자들의 기독교 정신에 의해 곡해되기 전에 서둘러 달아났어.
> 〈CP 164〉

이것은 말년의 양식만이 누릴 수 있는 특권이다. 깨달음과 즐거움 간의 모순을 해결하지 않고 둘 모두를 그대로 드러내는 힘은 말년의 양식의 특징이다. 반대 방향으로 팽팽하게 맞서는 두 힘을 긴장 속에 묶어둘 수 있는 것은, 오만한 태도를 버리고 오류 가능성을 부끄러워하지 않으며 노년과 망명으로 인해 신중한 확신을 얻은 예술가가 가진 성숙한 주체성이다.

4 도널드 미첼은 브리튼의 오페라「베네치아에서의 죽음」에 그저 연대기적 의미* 이상으로 말년의 특징이 존재하는가 하는 적절한 질문을 던졌다. 게다가 그는 브리튼이 이 작품을 자신의 오페라 경력을 마감하는 작품으로 의도하지 않았다는 확실한 증거까지 제시했다. 그럼에도 미첼은 이 오페라가 주제적인 면에서 말년의 유언장 같은 작품이라는 사실에는 동의했다. 브리튼의 유약하고 불안한 건강 상태, 오페라의 압축되고 종종 까다로운 양식(미첼은 이를 '우화 예술'이라는 장르에 속하는 특징이라 했다), 주인공 구스타프 폰 아셴바흐에게 밀어닥치는 파국, 이 모두가 브리튼이 선택한 독일의 (하지만 상징적으로는 유럽의) 고독한 예술가 토마스 만에 더없이 잘 어울린다. 이 유명한 작가는 (토마스 만 본인의 말에 따르자면) "그의 작품이 더 이상 맹렬하게 타오르는 환상의 유희로 기쁨을 만들어내지 못했기"9때문에 침울해하며 뮌헨을 떠나 새로운 곳으로 도망치려는 "말년"의 충동에 사로잡혀 있었다고 한다. 만의 소설에서 아셴바흐가 반쯤 멍한 상태로, 하지만 불가피하게 베네치아로 떠나는 항해 장면은 독자들에게 베네치아가 여러 징후들과 과거에 일어났던 일(가령 1883년에 바그너가 그곳에서 죽었다)과 독특한 특징 때문에 특별한 궁극성을 찾기에 적절한 장소라는 느낌을 불어넣는다. 이야기가 진행되는 동안 아셴바흐가 만나는 모든 것들, 특히 보트에 동행한 이상한 승객에서 지나치게 상냥한 이발사까지 소설 곳곳에 등장하는 섬뜩한 인물들은 그가 살아서는 베네치아를 떠날 수 없을 것 같다는 느낌을 갖게 한다.

    토마스 만의『베네치아에서의 죽음』은 1911년에 출간되었다. 그의 전체 작품에서 비교적 초기에 해당하는 중편소설인데, 그럼에도 인생의 전성기를 지나 황혼을 맞이하는 듯한, 그리고 때로는 구슬픈 만가와 같은 특징을 보인다는 점에서 이례적이다. 브리튼이 이 작품을 접하게 된 것은 그의 경력과 삶이 황혼에 접어들었을 무렵이다. 로자문드 스트로드가 지적했듯이, 우리는 그가 이 작품을 "1965년에는 이미 마음속으로 구상하고" 있었지만, 작곡을 마치고 초연을 하기까지는 9년이라는 세월이 더 걸렸음을 안다.[10] 오페라와 중편 모두에서 주목할 점은 자전적으로 해석되는 내용을 담고 있으면서도 한편으로는 이런 해석을 거부한다는 점이다. 이들 작품에서 만과 브리튼은 분명 자신들의 경험을 토대로 예술가들만이 겪게 되는 위기와 도전, 그리고 복잡한 내면을 다룬다. 우리는 두 사람에게 동성애가 예술가로서의 창조성 탐구에 활력을 불어 넣었다는 걸 안다. 오페라와 중편 모두 이런 사실을 외면하지 않는다. 하지만 이보다 더 중요한 것은, 두 작품이 질병에 무릎을 꿇거나 아셴바흐가 도달한 부정하고 (혹은 적어도 원숙하지 못하고) 비합리적인 열정에 최종적으로 굴복하기를 거부하고 결국 예술적 성취가 승리를 거두는 것으로 묘사한다는 사실이다. 두 작품은 해변에서 죽은 노인을 의도적으로 거리를 두고 묘사한다. 가련하고 슬픈 주인공으로부터 작가와 작곡가는 일치감치 마음이 떠났다. 수많은 유사성과 암시에도 불구하고 마치 저 사람은 내가 아니야 하고 말하는 것 같다.

　　도리트 콘에 따르면, 만은 "서술 구조를 두 갈래로 나눔"으로써 이런 성취를 이루어냈다고 한다. 그렇게 해서 "서술자[아셴바흐가 아니다]는 아셴바흐의 생각과 느낌에 친밀하게 다가가면서 이념적으로는 점차 그와 거리를 둘 수가 있었다." 그런데 콘은 여기서 한 발 더 나아가 만의 서술자와 만 본인을 구분한다. "저자는 작품 배후에 서서 자신이 작품 속에 둔 서술자가 알지 못하는 다른 메시지를 전한다."[11] 만은

---

* 1973년 브리튼이 예순 살에 완성한 작품으로 그가 남긴 13편의 오페라 가운데 마지막 작품이다.

아셴바흐가 보이는 단순한 도덕적 결단에 풍자적인 양태를 취함으로써 의구심을 드러내지만, 서술자는 도덕적 판단을 내리는 식의 문장을 계속 구사한다. 몇몇 평자들(콘은 T. S.리드를 거론한다)은 이를 가리켜 만이 대담하지 못한 증거라고 말한다. 이야기를 "찬송가처럼" 구상했기 때문에 "도덕적인" 해결이 필요했고, 그래서 어떤 의미를 전할지가 불확실한, 나쁜 뜻에서 모호하고 혼란스러운 작품이 되었다는 것이 리드의 주장이다.

하지만 나는 콘과 마찬가지로, 소설의 겉으로 드러난 도덕적 결단을 서술자 자신의 필요—서술자와의 풍자적 거리를 의도적으로 유지하고 있는 만 자신의 필요가 아니라—에 부응하는 것으로 보는 견해에 동의한다. 콘은 예술가가 처한 곤경을 탐구하고 있는 만의 또 다른 작품『파우스트 박사』를 생각해보라고 한다. 즉 제레누스 차이트블롬이 아드리안 레버퀸을 창조한 게 아니듯이, 『베네치아에서의 죽음』의 서술자가 아셴바흐라는 인물을 창조한 게 아니라는 것이다.

만의 "양방향에 걸친 아이러니"—작가 본인과 서술자 사이의 거리, 서술자와 주인공 사이의 거리—는 문학적 서술의 수단을 통해 얻어지는데, 이것을 작곡가가 이용하기는 어렵다. 나는 브리튼의 「베네치아에서의 죽음」이 단순하고 다소 초보적인 구성을 취하는 이유가 바로 여기에 있다고 생각한다. 중편소설이라는 매체를 다른 것으로 바꾸는 과정에서 필연적으로 짊어질 수밖에 없는 고행askesis이다. 대본을 맡은 마이패니 파이퍼는 만의 원작에서 오페라 '대본'을 어떻게 구성했는지를 중요한 기록에서 밝히고 있다. 만의 작품이 "치밀하고 사람의 마음을 교란시키고", 계속해서 뭔가를 환기하고, 지시하고, 모호하게 흐리는 텍스트인 반면, 오페라 대본은 "대단히 정교한 시적 산문"을 무대 형식으로 옮긴 것임을 인정한다.[12] 적절하게도 그녀는 자신이 주로 했던 작업이 원작을 편집하고 의역하고 압축하는 것이었음을 설명한다. 그 결과 독백과 음악이 결합된 독특한 대본이 만들어지게 되었다.

오페라의 이야기는 대단히 능숙한 솜씨로 재구성되었지만 대신 아셴바흐가 행하거나 생각하는 바를 설명하면서 그에 관해 독자들에게 생각의 방향을 정해주는 조롱과 교화와 풍자의 목소리인 서술자의 존재는 오페라에서 사라졌다. 가령 주인공이 도시를 배회할 때(그는 방금 "나는 너를 사랑해"라고 말한 참이었다) 서술자는 그를 가리켜 "우리의 모험가"라고 부르며 그의 흔들리는 행동을 서술하는 한편 동시에 그로부터 멀찍이 (그리고 불만스럽다는 듯이) 거리를 둔다. 이런 독특한 장치는 오페라에 나오지 않는다. 사실 브리튼의 초고 스케치를 보면 그는 이런 장치를 처음부터 의도적으로 뺐다. 원래부터 아셴바흐로 하여금 (행동에서 멀찍이 물러나 있는 서술자처럼) 가끔 자신의 일기를 읽게 함으로써 오페라에 외적 서사 구조를 부여할 계획이었고, 이것이 결국 피아노 반주의 레치타티보가 되었다. 이런 식으로 외적 서사의 차원은 음악적 요소에, 특히 오케스트라에 완전히 흡수되었다.

또 다른 흥미로운 변동 사항은 소설의 초반부에 등장하는 한 순간과 관련된다. 아셴바흐는 방금 교회 영안실 현관에서 이국적인 외모의 한 남자를 보았다. 그는 아무런 말도 하지 않았지만 주인공에게 남쪽으로 여행하고 싶다는 욕망을 자극했다. 이어 서술자는 아셴바흐의 생각을 묘사하면서 그가 스스로에게 부과한 조심스러운 한도를 전했다. "그는 여행을 떠나기로 했다. 호랑이가 있는 머나먼 곳까지는 아니더라도."[13] 여기서 중요한 것은 이국적인 남자가 주인공에게 불러일으킨 환각에서 어렴풋이 비치는 "호랑이의 눈"이다. 이렇게 호랑이를 보러 멀리까지 가지는 않아야겠다는 생각은 오페라에서 사라졌다. 대신 이국적인 남자는 아셴바흐에게 "남쪽으로 여행"하라고 직접 권고하며, 그 과정에서

"반짝반짝 빛나는 육식동물 특유의 눈"을 언급한다. 그리고 이어 아셴바흐는 "태양과 남쪽"으로, "순종적인 길을 걸어온 그의 영혼이 마침내 원기를 회복하게 될" 장소로 가겠다는 결심을 노래한다. 이 장면에 앞서 과연 순종적인 일상에서 벗어날 수 있을까 하는 의구심을 보이는 구절이 잠깐 등장하며, 이어 아셴바흐는 실제로 그런 삶에서 과감하게 벗어난다.

 만의 텍스트가 신중하고 심지어 멀리 돌아가는 느낌마저 준다면—결국 베네치아에서 역병이라는 형식으로 그를 덮친 것은 호랑이의 세계, 이국적 동방의 세계가 될 터이기 때문이다—브리튼의 오페라는 즉각적이고 노골적이다. "호랑이가 있는 머나먼 곳까지는 아니더라도"라는 문장은 아셴바흐의 독백일 수도 있고 서술자가 아이러니하게 삽입한 것일 수도 있어서 묘한 느낌을 준다. "정상적으로" 읽을 때는 대수롭지 않게 넘어가는 대목이다. 하지만 혼자서 찬찬히 의식적으로 다시 읽어보면 멈추고 앞으로 돌아가야 할 순간들이 있다. 텍스트를 앞뒤로 오가며 의미를 다시 생각하고, 단어들이 서로 다른 차원에서 겹치는 모호하고 불안정한 대목들을 발견한다. 글로 씌어진 (그래서 읽히는) 산문의 연속적인 시간성은 이렇게 비연속적인 내적 행위를 유도하고 조장한다. 『베네치아에서의 죽음』은 치밀한 구성과 폭넓은 인용, 고도의 짜임새로 인해 찬찬히 신중하게 읽어야 하는 텍스트이다. 레치타티보와 장면과 아리아와 중창이 정신없이 연속으로 이어지는 무대 위에서의 음악 연주가 요구하는 독해와는 완전히 다르다.

 다른 음악 장르들과 비교할 때 오페라는 청중들이 처리해야 할 직접적인 정보를 가장 많이 전달한다. 가사, 음표, 의상, 등장인물, 신체 동작, 오케스트라, 무용, 무대 세트, 이런 것들이 무대에서 관객들에게 쏟아져 들어오고, 관객들은 자료들의 절대적인 분량만도 흡수하고 이해하기가 버겁지만 어쨌든 무대에서 무엇이 벌어지고 있는지 파악해야 한다. 또 브리튼의 「베네치아에서의 죽음」에는 만의 중편이 차지하는 비중도 상당해서 오페라가 전개될 때 소설을 어느 정도 알고 있어야 한다. 그러므로 우리가 보고 듣는 것은 기억과 복잡하게 어우러지며, 이 모두를 지배하는 것은 "내 마음이 뛴다"라는 첫 문장으로 자신의 이야기가 불가항력적으로 전개될 것임을 밝히는 아셴바흐라는 존재이다. 만의 작품은 행동을 내면화하지만, 브리튼의 오페라는 당연하게도 행동을 외면화한다. 아셴바흐의 생각은 오페라에서 항상 눈에 보이고 귀에 들리지만, 소설에서는 앞서 내가 말했듯이 자신의 생각과 서술자의 생각 사이를 기묘하게 왔다 갔다 하는 식으로 읽힌다.

하지만 이런 차이점에도 불구하고 두 작품 모두는 결국 강렬한 고독감을 전달하며, 두 작품에서 아셴바흐는 타치오를 향한 자신의 사랑을 어디서도 완성할 수 없으므로 엄청난 슬픔 역시 전달한다. 아셴바흐가 타치오와 육체관계를 갖지 못하는 것은 타치오와 그의 친구이자 아셴바흐의 적수인 야슈가 서로 신체적 친밀감을 표현하는 것과 대조된다. 마지막 장면에서 타치오가 바다를 향해 걸어가기 시작하자 이제 치명적으로 감염된 아셴바흐는 향수를 뿌리고 기괴하게 두건을 쓰고 몸단장을 한 채 의자에 홀로 앉아 묵묵히 그를 바라보다가 숨을 거둔다. 이처럼 어긋난 사랑의 간극은 『베네치아에서의 죽음』에서 시종일관 유지된다. 마치 작가와 작곡가가 우리에게 아셴바흐가 남쪽으로 떠났지만 호랑이를 보러 간 것이 아니라는 것을, 다시 말해 욕망이 실현되고 환상이 충족되는 야생의 지역에 다다른 것은 결코 아니라는 것을 계속 일깨워주려는 것 같다. 만과 아셴바흐에게 베네치아는 그가 도착한 남쪽 도시이지만 진정한 동방 도시는 아닌 곳, 유럽에 속하므로 정말로 이국적인 장소는 아닌 곳이다. 하지만 이런 질문은 여전히 가능하다. 만과 브리튼은 왜 아셴바흐에게 멀리 떠나는 것을 허락하지 않았을까? 왜 하필 베네치아를 선택했을까?

바그너가 죽음을 맞이한 곳이라는 인연을 제외하더라도, 베네치아에는 그 자체로 놀랍고 대단히 풍부한 문화의 역사가 있다. 토니 태너가 『욕망의 베네치아』라는 훌륭한 책에서 바로 이 문제를 다루었다. 태너는 만이 선택한 도시가 19세기 상상력이 빚어낸 풍부한 역사를 이어받은 상속인임을 그에 앞선 누구보다 설득력 있게 보여준다. 바이런, 러스킨, 헨리 제임스, 멜빌, 프루스트가 베네치아에서 "진가를 발견하고 건강을 되찾고 매력으로 눈부신" 특별한 자질을 발견했고, 이들 대부분은 베네치아의 특별한 외양과 쇠락의 역사, 무엇보다 욕망을 자극하는 힘에 주목했다. 태너는 이렇게 말했다.

> (특히 소멸과 쇠락의 과정에서) 파멸로 무너지거나 산산조각이 나면서도 은밀한 성욕을 드러내는, 그래서 죽음과 욕망이 어지럽게 혼합된 양상을 발산하거나 암시하는 베네치아는 많은 작가들에게 바이런이 "나의 상상력이 빚어낸 가장 푸르른 섬"이라고 말하며 기대했던 바로 그곳이 된다. 바이런이 2년 후 베네치아를 떠났을 때 그곳은 "바다 소돔"이 되었다. 베네치아는 자신을 숭상했던 문필가들에게 등을 돌리는, 다른 어떤 도시에서도 찾아보기 어려운 독특함이 있다.14

도시 베네치아의 현실은 영광스럽고 비길 데 없고 번뜩이는 창조성과, 지저분하고 복잡하게 얽힌 부패와 심각한 타락의 역사라는 두 극단이 아무렇지도 않게 결합되어 있다. 한편으로는 플라톤이 말한 공화국의 면모가 있고, 다른 한편으로는 죄수들과 불길한 공권력과 내부 불화와 폭정으로 얼룩진 도시의 면모가 있다.

태너의 책은 베네치아의 이런 전체적인 모습을 처음으로 조망했다는 데 의의가 있다. 그런데 이 책의 진정한 가치는, 그가 인용하고 있는 많은 작가들이 도시의 모습을 극히 다양하게 전하고 있음에도 불구하고 베네치아의 이미지에 일관되게 흐르는 어떤 곤혹스러운 공통점이 존재한다는 것을 설득력 있게 설명한다는 점이다. 한 명(태너는 여기서 러스킨을 거론한다)은 베네치아에서 어떻게 "눈부신 화려함이 그야말로 순식간에 너절한 쓰레기[도시의 두 가지 극단적인 면]로 변하는지" 전한다. 태너는 『베네치아의 돌』에서 러스킨의 말을 아래와 같이 인용한다.

> 베네치아는 어린 시절 눈물로 씨를 뿌렸고 수확기에 웃으며 그 열매를 거두어 들였다. 이제 베네치아는 웃으며 죽음의 씨를 뿌린다. 그때 이후로 국가는 해가 갈수록 깊어가는 갈증을 금지된 쾌락의 샘물로 풀었고, 이제까지 알려지지 않았던 어두운 곳에 우물을 팠다. 오래전에 불굴의 의지와 헌신으로 모든 기독교 도시들을 능가했던 베네치아가 이제는 혀를 내두르게 하는 방종함과 온갖 허영심으로 그 도시들을 추월했다. 그리고 예전에는 유럽의 권력자들이 베네치아의 법정 앞에 서서 그녀가 내리는 정의의 판단을 기다렸지만, 지금은 젊은 유럽이 쾌락의 예술을 배우기 위해 베네치아의 사치스러운 홀에 몰려든다.

베네치아의 마지막 몰락을 추적하는 것은 고통스럽기도 하거니와 불필요한 일이다. 평원 도시의 저주, 즉 "교만함과 풍족한 식량과 만연한 게으름"이라는 고대의 저주가 베네치아를 덮쳤다. 베네치아는 내부로부터 열정이, 고모라에 내린 유황 비처럼 뜨거운 열정이 활활 타올라 여러 국가들 사이에서 소멸되고 있다. 그리고 타고 남은 재는 죽어가는 바다의 수로에 내려앉아 숨통을 조인다.(VD 124)

이처럼 천국과 지옥을 정신없이 오가는 모습이 러스킨이 바라본 베네치아의 참모습이다. 이것은 『베네치아에서의 죽음』에 대해 시사하는 바가 대단히 많다! 확실히 만과 브리튼 모두 자신들의 작품에서 이런 생각topos을 포착하고 나름대로 새롭게 펼쳤다.

베네치아의 이미지에서 두 번째로 눈여겨볼 점은 도시가 항상 외부자(밖에서 온 방문객)에 의해 씌어지며, 그렇기에 이미 "어떤 이미지를 바탕으로 하고, 이것이 다시 텍스트에 의해 강화된다"는 점이다. "베네치아는 항상 이미 보고 이미 읽은 것일 뿐만 아니라 이미 씌어진 것이다." 따라서 프루스트는 어떤 면에서는 러스킨을 읽고 베네치아에 대해 배워서 이를 자기 나름의 독특한 방식으로 다시 쓴 것이라고 할 수 있다. 태너는 말한다.

> 아득히 먼 느낌이 전부이다. 프루스트의 소설에서 베네치아는 규정할 수 없고 제한할 수 없는 부재의 쾌락을 나타내는 동시에 그런 쾌락 자체이다. 지연된 쾌락과 구별이 불가능한 쾌락, 아니 지연 자체가 쾌락이다. 현재의 베네치아는 잃어버린 베네치아이다···. 그러나 어쩌면 그런 잃어버림은 또 다른 양태로 다른 무엇을 발견하기 위한 서두인지도 모른다···. 베네치아의 쾌락은 분명하게 말할 수 있는 문제가 아니다.(VD 243)

토마스 만 역시 이런 정보를 받아들여 베네치아를 되돌아가야 할 먼 장소로, 그리고 그의 전임자들이 만들어 놓은 거대한 문화적 기억을 담고 있는 저장고로 활용한다. 적어도 아셴바흐를 내세워 그렇게 한다.

덧붙이자면 만의 작품은 시간과 거리를 두고 잃어버린 베네치아를 "또 다른 양태로 발견하는 것"이다. 브리튼의 오페라 역시 베네치아를 연장하거나 회복하려는 또 다른 시도인데, 그는 이미 존재하는 문학 텍스트를 아무렇지도 않다는 듯 활용한다는 점에서 만보다 훨씬 노골적이다. 그는 예술가가 자신의 내적인 (그리고 어두운) 감각적 충동과 화해하는 문제를 다루기 위해 베네치아가 가진 특별한 화려함을 파헤친다.

따라서 브리튼은 태너가 그토록 설득력 있게 분석한 베네치아의 예술적 이미지를 충실히 반영하고 있는 텍스트(만의 소설)를 통해 외부에서 베네치아에 접근한다는 점에서 한층 흥미롭다. 게다가 베네치아의 역사 자체가 영광과 타락으로 얼룩진 탓에 이것은 성숙한 오페라를 위한 말년의 무대로는 더 이상 좋을 수 없다. 구체적으로 과도하게 다듬어진 양식은 그 자체로 말년에 이르러 어떤 장소나 주제 혹은 양식에 도달하게 된 예술가의 곤경을 다룬 알레고리(미첼의 단어로 하자면 우화)가 된다. 그리고 예술가가 말년에 찾는 장소는 프로스페로의 섬 같은 신비의 장소가 아니라 낡고 이미 많이 파헤쳐진 극히 세속적인 장소, 예전에도 와본 적이 있고 이번에 마지막으로 찾은 장소다. 여기서 우리는 알레고리가 무엇을 대상으로 하고 있는지는 항상 시간이 흐른 뒤에 돌아봐서 확인할 수 있을 뿐이라는 사실을 기억해야 한다. 우화나 알레고리의 서사는 경험이나 주제가 이후의 연주를 통해 전달된 후에 밝혀진다.

앞서 나는 만의 『베네치아에서의 죽음』이 아셴바흐와 그의 이야기를 전달하는 서술자 사이에 거리를 두기 위해 아이러니한 서사적 장치를 도입하며, 만이 이런 서술자를 만들어낸 것은 자신과 자신이 만든 인물인 아셴바흐 사이에 거리를 두기 위함이었음을 지적한 바 있다.

하지만 브리튼은 만의 중편을 오페라로 옮기면서 이런 장치를 과감하게 버린다. 그래서 오페라 「베네치아에서의 죽음」은 독일어 '원작'을 알레고리화하면서 오페라가 진행되는 동안 실제의 베네치아 현재를 우리 눈앞에 펼쳐 보인다(오케스트라 '서곡' 앞에 나오는 '베네치아'라고 이름 붙여진 1막의 첫 두 장을 제외하면).

토마스 만의 원작과 달리 오페라는 본질적으로 공동의 작업이다. 그럼에도 브리튼의 역할은 단연 두드러진다. 그가 작곡한 음악은 대본을 취해 거기에 청각적 어휘를 입히고, 최종적으로 가장 세밀한 오케스트라와 성악 파트에 이르기까지 작품의 미적 실체를 형성한다. 이 과정에서 베네치아 역시 작품의 음악적 짜임새에 흡수되어 실제의 현재로 상연되는데, 그럼에도 베네치아는 오페라에서 중심을 차지한다. 그러나 원작에서 차지했던 역할과는 상당히 다르다. 오케스트라 프롤로그는 음악을 도시에 도착하는 장면에 일치시키는데, 그저 앞에서 말로 전하는 것만이 아니라 관객이 눈앞에서 바로 보고 들을 수 있게 감각적으로 제시한다. 따라서 베네치아는 우리가 아센바흐와 함께 있는 장소가 된다. 이리하여 브리튼의 음악은 (앞의 두 장에서) 베네치아에 도착하는 장면을 보여주는 것은 물론, 지리적 거리를 훌쩍 뛰어넘어 우리로 하여금 베네치아를 풍자적인 서술자와 자의식적인 회의주의가 생략된 음악극의 환경으로 받아들이게 한다.

브리튼이 오페라를 통해 만의 소설이 의식적으로 피하고자 했던 직접적이고 즉각적인 동일시를 이끌어내려 했다는 점은 만의 소설에서 분명하게 구별되는 일곱 가지 서로 다른 역할(비록 내적으로 서로 연관되기는 하지만)을 바리톤 한 명이 맡도록 브리튼이 지시했다는 점에서 확실히 드러난다. 브리튼은 우리에게 베네치아가 행동이 벌어지는 무대임을 가끔이지만 분명하게 일깨워준다. 베네치아는 또한 다양한 언어를 쓰는 호텔 고객들, 직원들, 아셴바흐가 만난 여러 베네치아인들 등 수많은 다양한 정체성을 구현하고 있다. 그러나 브리튼에게 베네치아는 또 다른 의미가 있다. 아폴로와 디오니소스 사이에 신성한 대결 혹은 갈등(1장 마지막에 나오는 아폴로가 주재하는 경기에서 예비된다)이 벌어지는 장소이다. 디오니소스가 자신의 목소리로 노래할 때 그것은 이방인("낯선 신")으로서 노래하는 것이다. 비록 그가 꿈에 나타나는 장면은 아셴바흐가 베네치아의 은밀한 자아에 스스로를 일치시키고 난 직후의 일이지만 말이다. "필사적이고 불길하고 파멸적인 도시의 비밀은 나의 희망이다."

이때가 되면—좀더 정확히 말하면 앞 장면에서—도시에는 이미 동방의 역병이 퍼진 상태다. 아셴바흐가 정보를 구하러 들른 여행국의 영국인 서기가 상황을 자세히 설명한다. 그러므로 아셴바흐가 오페라에서 경험하는 것은 (한 명의 바리톤이 작품 전체를 거치면서 일곱 명의 정체성을 축적하듯이) 베네치아에 뿌리 박혀 있는 정체성들을 축적하는 것이다. 영광스러운 기독교 도시이자 평원의 도시, 유럽이자 아시아인 도시, 예술적이면서 몹시 혼돈스러운 도시. 브리튼의 '모호한' 음악적 어법—복조성, 복리듬, 다형태—도 유럽적인 오케스트라와 동양적인 오케스트라를 함께 가동한다. 이 작품에서 브리튼의 목표는 지옥 같기도 하고 천국 같기도 한 모호한 성격의 베네치아를 꽁무니 빼지 않고 겪으면서 거기서 일련의 장애와 시련을 감내하려는 것처럼 보인다.

나는 브리튼의 「베네치아에서의 죽음」이 오랜 예술적 삶의 과정에서 일어나는 요약과 회귀의 감각을 전달하기 위해 베네치아를 알레고리로 사용한다는 점에서, 그리고 화해할 수 없는 반대의 인물들이 고의적으로 충돌하고 총체적인 무의미를 만들겠다고 위협하는 장소로 베네치아를 선택한다는 점에서 말년의 작품이라고 생각한다. 태너는 적절하게도 아셴바흐가 베네치아에서 듣는 음악이, 혼란스럽고 혐오스럽고 야수적인 것이 명료한 의식과 예술적 소통을 유린하는 광경을 나타내는 반反언어라고 지적한다.

 브리튼은 자신의 오페라에서 말과 음악 혹은 텍스트적인 것과 텍스트 외적인 것이라는 손쉬운 대조를 활용하지 않았다. 그래서 비유럽 음악과 자신이 과거에 작곡했던 곡을 가져와 오페라의 음악을 만든다. 이 음악은 (베네치아가 그렇듯이) 일반적으로 조화롭지 못한 요소들을 통합하여 독특한—다시 말해, 예기치 못한 진귀한—혼합물로 만들어낸 것이다. 브리튼은 이런 방식을 통해 자신이 예술적 기획의 한계를 면밀하게 탐구할 수 있다고 보았고, 그러면서 한편 디오니소스(이방인)와 아폴로(명료한 감각 부여자) 사이의 투쟁까지 거슬러 올라가는 대조적 요소들을 그대로 보존하고 심지어 연장할 수 있다고 생각했던 것 같다. 이렇게 하여 오페라는 비록 "호랑이"—모든 감각의 말소—가 있는 먼 곳까지 가지는 않더라도 갈등을 해결하지 않으며, 따라서 내가 볼 때 브리튼은 구원의 메시지나 화해를 전혀 제시하지 않는다. 아셴바흐가 자신의 필멸과 미적 능력의 한계까지 내몰릴 때, 브리튼은 그의 운명을, 신비한 대상을 향한 자신의 욕망을 물리치지도 못하고 그렇다고 완전히 이루지도 못하는 남자의 운명으로 그린다. 나는 이것이 브리튼의 말년의 작품의 핵심이라고 주장한다. 마지막 장면에서 자리에 앉은 아셴바흐와 점차 멀어지는 폴란드 소년 사이의 공간은 이를 가장 통렬하게 보여주는 장면이다. 앞서 우리가 보았듯이 아도르노는 그런 상반된 거리감을 구현한 인물을 "주관이자 객관"이라고 부른다. "객관은 파열된 풍경이고, 주관은 그 속에서 활활 타올라 홀로 생명을 부여받는 빛이다. 그[예술가]는 이들의 조화로운 종합을 끌어내지 않는다.

분열의 원동력으로서 그는 이들을 시간 속에 풀어헤쳐 둔다. 아마도 영원히 이들을 그 상태로 보존해두기 위함이다. 예술의 역사에서 말년의 작품은 파국이다."15

작품해설
옮긴이의 글
주(註)
찾아보기

작품 해설

「장미의 기사」
리하르트 슈트라우스

리하르트 슈트라우스의 3막 오페라(후고 폰 호프만슈탈 대본)로 1911년에 드레스덴에서 초연되었다. 바그너의 영향을 드러냈던 초기 오페라들과 달리 「장미의 기사」는 모차르트 풍의 활기 넘치는 조성 어법으로 되어 있고, 내용적으로도 성서나 신화가 아니라 18세기 중반 빈의 귀족 사회를 다룬다.

공작부인 마르샬린이 애인 옥타비안과 아침식사를 하고 있는데 사촌인 옥스 남작이 들어온다. 그는 조피와 곧 결혼할 예정으로, 풍습에 따라 신부에게 장미꽃을 바칠 젊은 기사를 찾기 위해 마르샬린을 찾은 것이다. 그녀는 옥타비안을 '장미의 기사'로 추천한다. 그런데 조피가 장미꽃을 들고 온 옥타비안에게 반하면서 문제가 꼬이기 시작한다. 남작과 그 사이에 결투가 벌어지고 이런저런 계략과 소동 끝에 결국은 옥스 남작이 정략결혼을 포기한다. 옥타비안과 조피가 새로운 사랑으로 맺어진다.

「낙소스 섬의 아리아드네」
리하르트 슈트라우스

원래는 막스 라인하르트가 제작을 맡은 몰리에르의 『서민귀족』의 극중극으로 작곡되었지만(1912년), 음악과 대본을 수정하고 앞에 서막을 붙여 1916년 오페라로 무대에 올렸다.
후고 폰 호프만슈탈이 대본 작업을 맡았다. 악기 편성은 슈트라우스의 작품치고는 소편성이며, 흥미롭게도 오페라 세리아와 오페라 부파 양식을 융합한 특징을 보인다.

아리아드네는 그리스 신화에 나오는 인물로 크레타 섬의 왕 미노스의 딸이다. 그녀는 곤경에 처한 아테네의 영웅 테세우스를 구해내 함께 떠나지만 도중에 낙소스 섬에 혼자 남겨진다. 섬에 고립된 그녀는 디오니소스(바쿠스)에 의해 구출되어 그의 아내가 된다. 이 내용이 오페라의 본편을 이루고, 서막은 오페라 상연을 준비하는 과정에서 벌어지는 소동을 다룬다. 장중한 오페라를 작곡한 작곡가와 코메디아 델라르테의 무용수 역을 맡은 체르비네타가 주인공이다. 두 사람은 진지한 드라마와 경쾌한 코미디를 두고 서로 자기 것이 우월하다고 티격태격하다가 의뢰인 부호의 요청에 따라 대조적인 성격의 두 무대를 하나로 합치기 위해 서로 힘을 모은다.

「카프리치오」
리하르트 슈트라우스

슈트라우스의 마지막 오페라로 클레멘스 크라우스가 대본을 썼고 1942년에 뮌헨에서 초연되었다. 「낙소스섬의 아리아드네」에서 다룬 오페라 성격에 대한 논쟁을 이어받아 여기에서는 오페라에서 음악이 먼저인가 말이 먼저인가 하는 문제를 다룬다. 살리에리의 오페라 「음악이 먼저, 말은 그 다음」에서 아이디어를 가져왔다.

글루크와 피치니 논쟁이 벌어지던 18세기 중반 파리의 한 귀족 저택이 무대다. 음악가인 플라망과 시인 올리비에가 백작부인의 사랑을 두고 대결하며, 이는 오페라 감독 라 로슈와 여배우 클레롱, 가수들이 가세하면서 대본이냐 음악이냐 하는 논쟁으로 발전한다. 백작이 그들의 이런 소동을 오페라로 만들자고 제안하는데, 이로써 「카프리치오」는 오페라에 관한 논쟁을 음악극으로 시연해내는 오페라에 관한 오페라가 된다. 18세기의 수많은 작품들은 물론 슈트라우스 본인의 작품까지 폭넓게 인용하는 「카프리치오」는 오페라에 바치는 유쾌한 헌사이다.

「코시 판 투테」
모차르트

사랑을 시험하는 젊은 커플의 이야기를 다룬 이 오페라는 모차르트가 대본가 로렌초 다 폰테와 손잡고 만든 마지막 작품이다. 1790년 빈에서 초연되었다. 페란도와 도라벨라, 굴리엘모와 피오르딜리지, 여기에 철학자 돈 알폰소와 하녀 데스피나, 이렇게 여섯 명이 등장하며, 극의 거의 대부분이 중창곡 중심으로 진행된다.

알폰소가 애인의 사랑을 확신하는 나폴리의 두 장교 페란도과 굴리엘모에게 여자들의 정조를 믿지 말라고 한다. 이들은 내기를 벌이고, 그에 따라 두 남자는 전쟁터로 가게 되었다며 애인과 작별한 다음 외국인으로 변장하여 다시 그녀들 앞에 나타난다. 실상을 전혀 모르는 데스피나의 도움을 받으며 그들은 짝을 바꿔 여자들을 유혹한다. 자살 소동까지 벌이며 구애를 펼치는 남자들 앞에 결국 도라벨라와 피오르딜리지의 마음은 돌아선다. 결혼 계약서에 서명하는 순간 약혼자의 귀환을 알리는 소리가 들리고, 이 모든 것이 알폰소가 꾸민 연극이었음이 밝혀진다.

「피델리오」
베토벤

1805년에 초연된 베토벤의 유일한 오페라. 원작은 프랑스의 대본작가 장 니콜라스 부이이의 『레오노레 혹은 부부의 사랑』이다. 변하지 않는 애정을 가진 여성을 동경하는 베토벤의 이상이 구현된 작품으로, 그는 11년에 걸쳐 오페라를 계속적으로 수정했고 그때마다 서곡을 새로 작곡해 현재 4곡의 서곡이 남아 있다.

스페인의 귀족 플로레스탄은 정적인 돈 피차로에 의해 지하 감옥에 갇혀 있다. 그의 부인 레오노레는 남편을 구하기 위해 남장을 하고 피델리오라는 가명을 사용하여 간수 로코의 딸에게 접근한다. 그(그녀)는 성실함을 바탕으로 로코의 신임을 얻고, 로코도 피차로의 폭정에 지쳐 죄수들을 돕기로 한다. 피차로가 장관이 오기 전에 서둘러 플로레스탄을 해치우려는 순간 레오노레가 앞을 가로막으며 몸싸움을 벌이고, 그때 장관 돈 페르난도의 도착을 알리는 나팔소리가 들린다. 페르난도는 죄수들 가운데서 친구인 플로레스탄을 발견하여 놀라고, 피차로를 체포하게 한다.

「피터 그라임스」
벤저민 브리튼

1945년 런던에서 초연된 벤저민 브리튼의 3막 오페라로 그의 대표작이자 현대 오페라 가운데 가장 자주 공연되는 작품에 속한다. 19세기 초 영국 사회의 풍속을 그린 조지 크랩의 시 '자치도시'가 원작이다. 영국의 한 어촌을 배경으로 소외된 존재인 피터 그라임스의 비극을 그린 이 오페라는 목가적이고 한적한 사회에 감추어져 있는 비정함을 드러낸다.

피터 그라임스는 마을에서 외톨이로 지낸다. 그의 유일한 말벗인 볼스트로드 선장이 그에게 마을을 떠날 것을 제안하지만, 그는 사람들로부터 인정받을 날이 오리라 믿으며 엘런과의 결혼을 꿈꾼다. 피터가 조수로 고용한 소년을 학대하고 그 때문에 엘런과 다투자 마을 사람들이 그의 오두막에 몰려오고, 흥분한 피터는 소년을 낭떠러지로 민다. 사고 소식에 경악한 마을 사람들은 '인간 사냥'에 나서고, 볼스트로드의 충고를 받아들인 피터 그라임스는 배를 타고 바다로 떠난다.

『표범』
주세페 토마시 디 람페두사

시칠리아 귀족 주세페 토마시 디 람페두사가 남긴 유일한 소설로 그가 죽고 1년이 지난 1958년에 출판되었다. 소설의 주인공인 시칠리아 공작 돈 파브리치오는 람페두사의 조부를 모델로 한 것으로 알려져 있다. 19세기 중반 이탈리아 통일 운동이 벌어지던 시대를 배경으로 자신의 가문이 쇠락해가고 귀족 질서가 무너지는 것을 담담하게 받아들이는 살리나 공작의 이야기를 들려준다. 그의 유일한 희망인 조카 탄크레디는 새로운 미래를 대표하는 인물이고, 그와 결혼을 앞둔 안젤리카의 아버지 돈 칼로제로는 새롭게 지배 계층으로 부상하는 신흥부자다. 소설을 전반적으로 지배하는 쇠락과 부패, 사멸의 분위기는 정치적으로나 사회적으로 불모지대로 묘사되는 남부 이탈리아의 모습에 의해 한층 가중된다. 1963년 루키노 비스콘티 감독에 의해 영화로 옮겨졌다.

『베네치아에서의 죽음』
토마스 만

독일의 작가 토마스 만이 1912년에 발표한 중편 소설. 초로에 접어든 작가 구스타프 폰 아셴바흐가 우연히 교회 앞에서 이국적인 남자를 본 뒤 남쪽으로 여행을 떠나기로 한다. 그는 베네치아에서 폴란드계 소년 타치오를 보고 마음을 빼앗긴다. 평생 금욕적이고 엄격한 생활을 하며 예술에 몸바쳐왔던 그가 한순간 젊음의 아름다움 앞에서 무너져 내린다. 베네치아의 습한 공기로 그의 건강이 악화되고 설상가상 역병마저 돌아 베네치아는 죽음의 도시로 변해가지만 그럴수록 타치오를 향한 그의 욕망은 더해간다. 미에 대한 집착과 동성애 욕망을 세기말의 데카당스한 분위기로 묘사한 토마스 만의 대표작으로 1971년 비스콘티에 의해 영화화되었고, 1973년에는 브리튼이 이 작품을 오페라로 만들었다.

『병풍』과 『사랑의 포로』
장 주네

『병풍』은 1961년 장 주네가 마지막으로 쓴 희극이다. 알제리 독립운동을 다루고 있는 이 작품은 정치색이 가장 노골적으로 드러난 작품이며, 등장인물만도 50명이 훌쩍 넘는데다 상연 시간이 네다섯 시간은 걸리는 방대한 규모를 자랑한다.
『사랑의 포로』는 1986년 장 주네 사후에 출간된 자전적 성격의 회고록으로 그가 1970년 초반에 요르단의 팔레스타인 난민촌에서 만났던 팔레스타인 병사들과 미국의 블랙 팬서 단원들에 대한 개인적 경험과 감정, 회고를 담고 있다.

옮긴이의 글

예술가의 말년의 양식은 얼마나 매혹적인 주제인가? 더욱이 그것이 한 사상가가 삶의 마지막에 이르러 탐구한 주제라면? 게다가 그 사상가가 에드워드 사이드라면?

에드워드 사이드는 우리에게 탈식민주의 이론을 주장한 학자로 널리 알려져 있지만, 사실 그의 본업은 비교 문학을 전공한 영문학 교수이며, 일급 문학 비평가이자 음악 비평가로도 유명하다. 내 전공인 음악에 대해 말하자면, 1990년대 초반에 나온 그의 *Musical Elaborations*(『음악은 사회적이다』)는 음악학 관련 논문에 자주 인용될 만큼 영향력 있는 저서이며, 최근에는 그가 지난 30년 동안 음악 현장을 누비며 써온 글들이 『극한에 선 음악』*Music at the Limits*이라는 이름의 책으로 묶여 출간되기도 했다. 따라서 사이드를 그저 『오리엔탈리즘』의 저자로만 기억하는 것은 노암 촘스키나 조지 레이코프를 언어학자가 아닌 정치적 논객으로서만 기억하는 것과 마찬가지다.

그동안 에드워드 사이드의 저서들이 여러 권 국내에 번역, 소개되었지만 정치적 성격의 저술이 아니라 본격적인 비평서가 소개되는 것은 이 책 『말년의 양식에 관하여』가 처음이다. 국내에 처음 소개되는 사이드의 비평서가 그의 유고작이라는 사실은 어쩐지 의미심장하다. 사이드는 어떻게 해서 말년의 양식에 관심을 가졌을까? 말년의 양식이란 무엇일까? 분명한 것은 사이드가 이 책에서 관심을 갖는 양식이 단순히 연대기적으로 생의 말년에 이르러 얻게 되는 자연스러운 양식적 귀결이 아니라는 사실이다. 보통 노년의 특징으로 간주되는 조화, 화해, 포용, 관용, 종합의 몸짓을 그는 거부한다. 오히려 비타협적으로 몰아붙이고, 균열과 모순을 있는 그대로 드러내고, 파국과 죽음의 그림자를 드리우는 것이야말로 그의 관심사다. 본문의 말을 반복하자면, 말년의 양식은 예술이 자신의 권리를 포기하지 않고 현실에 저항할 때 생겨난다. 말년의 양식은 달콤한 열매가 아니라 찌들어 있고 쓴 맛에 가시투성이다.

『말년의 양식에 관하여』는 바로 이런 특징을 보인 예술가들에 대한 탐구다. 사이드는 아도르노를 이론적 길잡이로 삼아 슈트라우스, 모차르트, 장 주네, 람페두사, 비스콘티, 글렌 굴드, 카바피, 브리튼의 작품 속으로 우리를 안내한다. 국적과 표현 양식이 이보다 더 다양할 수 없는데도 사이드는 이들 모두를 말년성이라는 개념 하나로 능숙하게 풀어낸다. 이들 중에는 말년의 특징을 보인 작품을 하나만 남긴 사람도 있고, 아예 삶 자체가 말년의 양식인 예술가도 있다. 심지어는 베네치아라는 도시도 사이드에게 말년의 양식의 탐구 대상이 된다.

이 책의 주인공들은 사이드의 해석을 통해 새로운 의미를 부여받는다. 슈트라우스의 말년의 오페라는 보통 모더니즘 시대사조에 역행하는 음악적 퇴보로 여겨지지만, 이제 조성 음악의 전통을 나치 독일의 야만성으로부터 지켜낸 수호자가 된다. 철없는 사랑의 시험을 다룬 모차르트의 「코시 판 투테」는 도덕과 무관한 세계, 속죄와 변명이 존재하지 않는, 오직 감정의 조작만으로 견딜 수 있고 죽음으로서만 벗어날 수 있는 세계의 은유가 된다. 장 주네는 삶 자체를 무대로 삼아 정체성이라는 개념 자체를 해체하려 한 인물로 설명되고, 글렌 굴드는 해석의 강박을 벗어던지고 연주 자체를 작곡 행위로 승화시킨 예술가가 된다.

비평이란 무엇일까. 예술가가 새로운 영토를 찾아내면 비평가는 거기에 이르는 길을 만들어낸다. 예술가가 자신의 재료로 솜씨를 부려 사람들을 매혹한다면, 비평가는 글을 통해 자신이 만든 길을 설득하고 포장하는 사람이다. 사이드는 매혹적인 길잡이다. 세속의 편견 속에 감추어져 있던 새로운 의미가 그의 문장을 통해 밖으로 드러난다. 나는 그처럼 텍스트를 치밀하게 읽고 해석하여 독자로 하여금 새로운 길의 존재를 보게 해주는,

그리고 그처럼 비평이 창조적인 행위임을
깨닫게 해주는 비평가는 보지 못했다.

그렇기에 미완으로 남겨진 원고가 더더욱
아쉽기만 하다. 그라면 슈베르트의 말년의
기악곡에 대해 뭐라고 말했을까. 그가
말하는 말년성이 시각 예술에서는 어떻게
드러날까. 아무튼 유난히 비평이라는
활동을 가볍게 여기는 국내 풍토에 이 작은
책이 좋은 길잡이가 되었으면 좋겠다.

에드워드 사이드와 좋은 인연을 맺게
해준 도서출판 마티, 그리고 보잘것없는
번역 원고를 수정하느라 연말연시도 잊고
사무실에서 밤을 지새운 박정현, 김혜정
씨께 특별히 감사의 마음을 전한다.

2008년 1월
장호연

주(註)

들어가는 글

1 Samuel Beckett, *Proust* (London: Calder, 1965), p.17.

2 Gerard Manley Hopkins, *Poems* (Oxford: Oxford University Press, 1970), p.108.

3 같은 책, p.100.

4 *Power, Politics, and Culture: Interviews with Edward W. Said*, ed. Gauri Viswanathan (New York: Pantheon, 2001), p.458.

5 "An Interview with Edward Said," in *The Edward Said Reader,* ed. Moustafa Bayoumi and Andrew Rubin (New York: Vintage, 2000), p.427.

6 Edward W. Said, *Musical Elaborations* (New York: Columbia University Press, 1991), xx, xxi, p.93.

7 Theodor W. Adorno, "Alienated Masterpiece: The Missa Solemnis," in *Essays on Music*, ed. Richard Leppert (Berkeley, Los Angeles and London: University of California Press, 2002), p.580.

8 Stathis Gourgouris, "The Late Style of Edward Said," *Alif: Journal of Comparative Poetics* (Cairo) 25 (July 2005): p.168.

9 Edward W. Said, *After the Last Sky* (London: Faber and Faber, 1986), p.53.

10 Edward W. Said, *Humanism and Democratic Criticism* (New York: Columbia University Press, 2004), p.144.

1장 시의성과 말년성

1 "Late Style in Beethoven"은 수전 길레스피Susan H. Gillespie의 새 번역으로 최근 Theodor W. Adorno, *Essays on Music*, ed. Richard Leppert (Berkeley, Los Angeles and London: University of California Press, 2002)에 수록되었다.

2 Thomas Mann, *Doctor Faustus*, trans. H.T. Lowe-Porter (New York: Vintage, 1971), p.52.

3 Rose Rosengard Subotnik, "Adorno's Diagnosis of Beethoven's Late Style: Early Symptom of a Fatal Condition," *Journal of the American Musicological Society* 29, no.2 (1976): p.270.

4 Theodor W. Adorno, *Philosophy of New Music*, trans. Anne G. Mitchell and Wesley V. Blomster (New York and London: Continuum, 2004), p.19.

5 Theodor W. Adorno, *Minima Moralia*, trans. E.F.N. Jephcott (London: Verso, 1974), p.17; 『미니마 모랄리아』(도서출판 길, 2005), 30쪽.

6 Theodor W. Adorno, *Critical Models: Inventions and Catchwords*, trans. Henry W. Pickford (New York: Columbia University Press, 1989), 번역 문장 약간 수정함.

2장 18세기로의 귀환

1 *The Glenn Gould Reader*, ed. Tim Page (New York: Knopf, 1984), p.86.

2 Theodor W. Adorno, "Richard Strauss," in *Musikalische Schriften* (Frankfurt: Suhrkamp Verlag,1978), 3:578, p.579.

3 Michael Steinberg in *Richard Strauss and his World*, ed. Bryan Gilliam (Princeton, N. J.: Princeton University Press, 1992), p.183.

4 Page, *Gould Reader*, p.87.

5 Jane F. Fulcher, *The Nation's Image: French Grand Opera as Politics and Politicized Art* (Cambridge and New York: Cambridge University Press, 1987), p.1.

6 Donald Mitchell, *The Language of Modern Music* (London: Faber, 1966), pp.101-2.

7 Norman Del Mar, *Richard Strauss: A Critical Commentary on His Life and Works* (Ithaca, N.Y.: Cornell University Press, 1986), 3:466.

3장 「코시 판 투테」가 진정으로
말하고자 한 것

1. Charles Rosen, *The Classical Style: Haydn, Mozart, Beethoven* (New York: W.W. Norton, 1972),p.314.

2. Andrew Steptoe, *The Mozart-Da Ponte Operas: The Cultural and Musical Background to "Le Nozze di Figaro," "Don Giovanni," and "Cosi fan tutte"* (Oxford: Clarendon Press, 1988), p.208.

3. Michael Foucault, *The Order of Things*, (New York: Pantheon, 1971), pp.209-10.

4. 같은 책, p.211.

5. Emily Anderson, *Letters of Mozart and His Family* (London: Macmillan, 1938), 3:1, p.351.

6. Donald Mitchell, *Cradles of the New: Writings on Music, 1951-1991*, sel. Christopher Plamer, ed. Mervyn Cooke (London: Faber and Faber, 1995), p.132.

4장 장 주네에대하여

1. "Une Rencontre avec Jean Genet," *Revue d'etudes palestiniennes 21* (Autumn 1986): pp.3-25.

2. Jean Genet, *Le captif amoureux* (Paris: Gallimard, 1986), 122; The Prisoner of Love, trans. Barbara Bray (Hanover, N.H.: Wesleyan University Press, 1992), p.88.

3. Jean Genet, *Les paravents* (Decines: Barbezat, 1961), 130; The Screens, trans. Bernard Frechtman (London: Faber, 1963), p.153.

5장 사라지지 않는 구질서의 매력

1 Theodor W. Adorno, "Alienated Masterpiece," in *Essays on Music*, p.575.

2 같은 글, pp.577~579.

3 Theodor W. Adorno, "The Essay as Form," in *Notes to Literature*, trans. Shierry Weber Nicholsen (New York: Columbia University Press, 1991), 1:22-23.

4 David Gilmour, *The Last Leopard: A Life of Giuseppe di Lampedusa* (London, New York: Quarter Books, 1988), p.127.

5 Laurence Schifano, *Luchino Visconti: The Flames of Passion*, trans. William S. Byron (London: Collins, 1990), p.434.

6 Gilmour, *Last Leopard*, pp.121-22.

7 Schifano, *Visconti*, p.75.

8 Geoffrey Nowell-Smith, *Luchino Visconti* (Garden City, N. Y.: Doubleday, 1968), pp.110-11.

9 Giuseppe Tomasi di Lampedusa, *The Leopard*, trans. Archibald Colquhoun (London: Collins and Harvill, 1960), p.31.

10 Pauline Kael, *State of the Art* (New York: Dutton, 1985), p.52.

11 Nowell-Smith, *Visconti*, pp.116-17.

6장 지식인 비르투오소

1 Theodor W. Adorno, *Sound Figures*, trans. Robert Livingstone (Stanford, Calif.: Stanford University Press, 1999), p.47.

2 Page, *Gould Reader*, pp.4-5.

3 Theodor W. Adorno, "Bach Defended Against His Devotees," in *Prisms*, trans. Samuel and Shierry Weber (Cambridge, Mass.: MIT Press), p.139; 『프리즘』(문학동네, 2004), 158쪽.

4 Laurence Dreyfus, *Bach and the Patterns of Invention* (Cambridge, Mass.: Harvard University Press, 1996), p.27.

5 같은 책, p.160.

7장 그 밖의 말년의 양식들

1. Thomas Hardy, *Jude the Obscure* (London and New York: Penguin, 1998), pp.342-43.

2. Hermann Broch, "Introduction," in *Rachel Bespaloff, On the Iliad*, trans. Mary McCarthy (New York: Pantheon, 1947), p.10.

3. Friedrich Nietzsche, *The Birth of Tragedy*, trans. Shaun Whiteside (New York and London: Penguin, 1993), pp.54-55.

4. W.B. Yeats, "The Magi," in *Collected Poems* (New York: Scribner, 1996), p.126.

5. Euripides, *Iphigenia in Aulis*, trans. Charles R. Walker, in Euripides (New York: Modern Library, n.d.), 3:194.

6. C. P. Cavafy, "The City," in *Collected Poems*, trans. Edmund Keeley and Philip Sherrard (Princeton, N. J.: Princeton University Press, 1992), p.28.

7. E.M. Forster, "The Poetry of C.P. Cavafy," in *Pharos and Pharillon* (New York: Knopf, 1962), p.91.

8. 같은 곳.

9. Thomas Mann, Death in Venice, in *Death in Venice and Seven Other Stories*, trans. H.T. Lowe-Porter (New York: Vintage, 1954), p.7.

10. Rosamund Strode, "A Death in Venice Chronicle," in *Benjamin Britten: Death in Venice*, ed. Donald Mitchell (Cambridge, Mass.: Cambridge University Press, 1987), .p.26.

11. Dorrit Cohn, "The Second Author of Der Tod in Venedig," in *Critical Essays on Thomas Mann*, ed. Inta M. Ezergailis (Boston: G. K. Hall & Co., 1988), p.126.

12. Myfanwy Piper, "The Libretto," in *Benjamin Britten*, p.50.

13. Mann, *Death in Venice*, p.8.

14. Tony Tanner, *Venice Desired* (Oxford, U. K.: Blackwell, 1992), p.5.

15. Adorno, *Essays in Music*, p.567.

찾아보기

ㄱ

가타리, 펠릭스 Felix Guattari — 111

개레로, 프랭크 Frank Guarrero — 79

게이, 존 John Gay — 59, 65

곱비, 티토 Tito Gobbi — 87

구르구리스, 스타티스 Stathis Gourgouris — 10, 18

굴드, 글렌 Glenn Gould — 16, 20, 21, 52~56, 66, 154~175

그람시, 안토니오 Antonio Gramsci — 135, 139~144, 146, 148

글루크, 크리스토프 빌리발트 Christoph Willibald Gluck — 59, 62, 213

길모어, 데이비드 David Gilmour — 131, 135, 141

ㄴ

노엘 스미스, 제프리 Geoffrey Nowell-Smith — 137, 138, 151

ㄷ

다 폰테, 로렌초 Lorenzo da Ponte — 7, 80, 82, 83, 86, 88, 89, 93, 103, 214

다르위시, 마흐무드 Mahmoud Darwish — 123

다윈, 찰스 Charles Darwin — 26, 64

데 시카, 비토리오 Vittorio De Sica — 133

데리다, 자크 Jacques Derrida — 112, 113

델 마, 노먼 Norman Del Mar — 71

도르, 베르나르 Bernard Dort — 138

드레이퍼스, 로렌스 Laurence Dreyfus — 169~172

드보르, 기 Guy Debord – 148

들롱, 알랭 Alain Delon – 132

들뢰즈, 질 Gilles Deleuze – 111

디킨스, 찰스 Charles Dickens – 26

ㄹ

란도프스카, 완다 Wanda Landowska – 158

람페두사, 주세페 토마시 디 Giuseppe Tomasi di Lampedusa – 15, 46, 51, 128, 131~154, 181

랭커스터, 버트 Burt Lancaster – 132, 137, 149~151

러스킨, 존 John Ruskin – 202~204

런트, 앨프레드 Alfred Lunt – 79

레거, 막스 Max Reger – 55

레이미, 새뮤얼 Samuel Ramey – 87

렐슈타브, 루트비히 Ludwig Rellstab – 83

렘브란트 Rembrandt – 15, 28, 182

로렌스, 토머스 Thomas Edward Lawrence – 120

로셀리니, 로베르토 Roberto Rossellini – 133

로시니, 조아키노 Gioacchino Rossini – 64, 81

루소, 장 자크 Jean-Jacques Rousseau – 26, 42, 100

루카치, 죄르지 György Lukacs – 40, 41

루트비히, 크리스타 Christa Ludwig – 79

리게티, 죄르지 Gyorgy Ligeti – 157

리터, 알렉산더 Alexander Ritter – 55

리히터, 카를 Karl Richter – 158

린덴베르거, 헤르베르트 Herbert Lindenberger – 64

ㅁ

마리보, 피에르 Pierre Marivaux – 82

마이어베어, 자모코 Giacomo Meyerbeer – 60

마티스, 앙리 Henri Matisse – 15, 28

만, 토마스 Thomas Mann – 15, 29, 45, 458, 204, 208, 216

매콜리, 토마스 배빙턴 Thomas Babington Macaulay – 64

맥도널드, 매리언 Marianne McDonald – 185

메시앙, 올립비에 Olivier Messiaen – 157

멜빌, 허먼 Herman Melville – 202

모리스, 제임스 James Morris – 87

모차르트 Wolfgang Amadeus Mozart – 15, 21, 56, 58~60, 63, 70, 79~104, 157, 159~161, 168, 173, 179

몰리에르 Moliere – 27, 56

문셀, 파트리스 Patrice Munsel – 79

므누슈킨, 아리안느 Ariane Mnouchkine – 186~188

미슐레, 쥘 Jules Michelet – 64

미첼, 도널드 Donald Mitchell – 62, 102, 196, 205

ㅂ

바그너, 리하르트 Richard Wagner – 15, 28, 46, 51, 52, 60, 63, 65, 81, 90, 132, 153, 157, 161, 173, 179, 196, 202

바레즈, 에드가 Edgard Varese – 57

바렌보임, 다니엘 Daniel Barenboim – 9, 157, 162

바이다, 안제이 Andrzej Wajda - 181, 186

바이런, 조지 고든 George Gordon Byron - 202

바일, 쿠르트 Kurt Weill - 55, 57, 58, 61, 63~65

바자나, 케빈 Kevin Bazzana - 163

바흐, 요한 세바스찬 Johann Sebastian Bach - 28, 45, 129, 158~161, 164, 166~173, 174, 179, 182

반, 스티븐 Stephen Bann - 64

버넘, 스코트 Scott Burnham - 87

버르토크, 벨라 Bela Bartok - 51, 60

버트위슬, 해리슨 Harrison Birtwistle - 157

번스타인, 레너드 Leonard Bernstein - 157

베겔러, 프란츠 Franz Wegeler - 83

베르디, 주세페 Giuseppe Verdi - 28, 60, 81, 164

베르크, 알반 Alban Berg - 38, 71, 130, 157

베른하르트, 토마스 Thomas Bernhard - 158

베리만, 잉그마르 Ingmar Bergman - 187, 188

베베른, 안톤 Anton Webern - 39, 71, 161

베스팔로프, 라헬 Rachel Bespaloff - 181

베케트, 새뮤얼 Samuel Beckett - 13

보부아르, 시몬 드 Simone de Beauvoir - 112

뵈르츠, 다니엘 Daniel Bortz - 188

뵘, 카를 Karl Boehm - 79

부소니, 페루초 Ferruccio Busoni - 55, 161

부이이, 장 니콜라스 Jean-Nicolas Bouilly - 84

불레즈, 피에르 Pierre Boulez - 157

브라우닝, 로버트 Robert Browning - 189

브라운리, 존 John Brownlee - 79

브레히트, 베르톨트 Bertolt Brecht - 61

브로흐, 헤르만 Hermann Broch - 181

브리튼, 벤저민 Benjamin Britten - 15, 21, 51, 57, 58, 63~65, 178, 196~202, 204~208

블랙머, 리처드 파머 Richard Palmer Blackmur - 88

비냥쿠르, 티시에 Tixier Vignancour - 117

비스콘티, 루키노 Luchino Visconti - 21, 46, 51, 131~154

비어, 질리언 Gillian Beer - 26

비코, 지암바티스타 Giambattista Vico - 25, 170

ㅅ

샤우브, 카트린느 Catherine Schaub - 187

샤토브리앙, 프랑소와 르네 드 Francois-Rene de Chateaubriand - 121

서보트니크, 로즈 Rose Subotnik - 32

세로, 파트리스 Patrice Chereau - 80

셀러스, 피터 Peter Sellars - 58, 59, 80

셰익스피어, 윌리엄 William Shakespeare - 15, 57, 58, 135, 189

소포클레스 Sophocles - 15, 28, 183, 185, 186

솔로몬, 메이너드 Maynard Solomon - 21

쇤베르크, 아르놀트 Arnold Schoenberg - 35, 39~41, 47, 51, 55, 71, 173

슈레커, 프란츠 Franz Schreker - 55

슈바르츠코프, 엘리자베스 Elisabeth Schwarzkopf - 79

슈바이처, 알베르트 Albert Schweitzer - 158

슈토이어만, 에두아르트 Eduard Steuermann – 45
슈트라우스, 리하르트 Richard Strauss – 15, 17,
   19, 46, 50~75, 130, 147, 153, 154, 161, 162, 166
스코트, 월터 Walter Scott – 64, 87
스타인버그, 마이클 Michael Steinberg – 55
스테버, 엘리너 Eleanor Steber – 79
스텝토, 앤드류 Andrew Steptoe – 91~93
스토메라, 페터 Peter Stormare – 188
스트라빈스키, 이고르 Igor Stravinsky – 38, 46,
   47, 51, 57, 58, 61~66, 71
스트로드, 로자문드 Rosamund Strode – 196
시에피, 체사레 Cesare Siepi – 87
실러, 프리드리히 폰 Friedrich von Schiller – 129

ㅇ

아도르노, 테오도어 Theodor W. Adorno
   – 9, 14~21, 29~47, 51~54, 66, 67, 72, 73, 90,
   122, 129, 130, 143, 146, 153, 164, 168, 169, 208
아쉬케나지, 블라디미르 Vladimir Ashkenazy
   – 166
아칼라이티스, 조앤 Joanne Akalaitis – 124
알레비, 프로멘탈 Fromental Halévy – 60
알바, 루이기 Luigi Alva – 79
앨런, 토머스 Thomas Allen – 87
에우리피데스 Euripides – 15, 21, 183~188
엘리어트, T. S. Thomas Stearns Eliot – 62, 180
엘리어트, 조지 George Eliot – 26
예이츠, 윌리엄 버틀러 William Butler Yeats – 183

오든, 위스턴 휴 Wystan Hugh Auden – 61
오스왈드, 피터 Peter Ostwald – 162
윌리엄스, 레이먼드 Raymond Williams – 123
윌리엄스, 조이 Joy Williams – 158
율리아누스, 플라비우스 클라우디우스 Flavius
   Claudius Julianus – 189
입센, 헨릭 Henrik Ibsen – 28, 122

ㅈ

자브라, 자브라 아브라힘 Jabra Ibrahim Jabra
   – 123
자코메티, 알베르토 Alberto Giacometti – 107
자콥, 프랑수아 Francois Jacob – 26
제임스, 헨리 Henry James – 19, 56, 202
제임슨, 프레드릭 Fredric Jameson – 36
조이스, 제임스 James Joyce – 180
주네, 장 Jean Genet – 15, 21, 51, 105~126, 154

ㅊ

초서, 제프리 Geoffrey Chaucer – 27
침메르만, 베른트 알로이스 Bernd Alois
   Zimmerman – 71

ㅋ

카나파니, 갓산 Ghassan Kanafani – 123
카르디날레, 클라우디아 Claudia Cardinale – 132
카뮈, 알베르 Albert Camus – 123

카바피, 콘스탄틴 C. P. Cavafy - 15, 21, 181, 189~193

카살스, 파블로 Pablo Casals - 158

카셈, 사미 알 Samih al Kassem - 123

카터, 엘리어트 Elliott Carter - 157

카프카, 프란츠 Franz Kafka - 46

칸트, 임마누엘 Immanuel Kant - 26, 129

케일, 폴린 Pauline Kael - 149

코릴리아노, 존 John Corigliano - 57~59

콘, 도리트 Dorrit Cohn - 197

콘래드, 조지프 Joseph Conrad - 19

쿠프먼, 톤 Ton Koopman - 158

크누센, 올리버 Oliver Knussen - 157

크랩, 조지 George Crabbe - 62, 65

크로체, 베네데토 Benedetto Croce - 140

크세네크, 에른스트 Ernst Křek - 55

클라이번, 반 Van Cliburn - 166

키네, 에드가르 Edgar Quinet - 64

키에르케고르, 쇠렌 Soren Kierkegaard - 39, 46, 83, 87

ㅌ

타이슨, 앨런 Alan Tyson - 88

태너, 토니 Tony Tanner - 202~205, 208

터커, 리처드 Richard Tucker - 79

테봄, 블랑셰 Blanche Thebom - 79

토스카니니, 아르투로 Arturo Toscanini - 163, 164

투칸, 파드와 Fadwa Tuqan - 123

ㅍ

파네라이, 롤란도 Rolando Panerai - 79

파농, 프란츠 Frantz Fanon - 122, 123

파이퍼, 마이패니 Myfanwy Piper - 198

패러킬러스, 제임스 James Parakilas - 160

페이전트, 제프리 Geoffrey Payzant - 162

펠트리넬리, 지안지아코모 Giangiacomo Feltrinelli - 132

폰 제이프리트, 이그나츠 Ignaz von Seyfried - 83

폰탠, 린 Lynn Fontanne - 79

폰테코르보, 질로 Gillo Pontecorvo - 123, 133

폴리니, 마우리치오 Maurizio Pollini - 157, 162

푸르라네토, 프란체스코 Francesco Furlanetto - 87

푸코, 미셸 Michel Foucault - 98, 99, 135

풀랑, 프란시스 Francis Poulenc - 57

풀처, 제인 Jane Fulcher - 60

프라이, 노스럽 Northrop Frye - 159

프로이트, 지그문트 Sigmund Freud - 53, 87

프루스트, 마르셀 Marcel Proust - 14, 42~44, 67, 116, 132, 135~139, 150, 153, 202, 204

프리드리히, 오토 Otto Friedrich - 163

피츠너, 한스 Hans Pfitzner - 55

피히테, 후베르트 Hubert Fichte - 113

핀자, 에지오 Ezio Pinza - 87

ㅎ

하디, 토머스 Thomas Hardy - 180

하비비, 에밀 Emile Habibi - 123

하워드, 리처드 Richard Howard - 121

하이데거, 마르틴 Martin Heidegger - 112, 113

할둔, 이븐 Ibn Khaldun - 25

헤겔, 게오르그 Georg W. F. Hegel - 35, 37, 46, 130

헨델, 게오르크 프리드리히 George Frederic Handel - 59

호가스, 윌리엄 William Hogarth - 61, 71

호로비츠, 블라디미르 Vladimir Horowitz - 162

호르크하이머, 막스 Max Horkheimer - 45

호프만, 윌리엄 William Hoffman - 58

호프만슈탈, 휴고 폰 Hugo von Hofmannsthal - 56, 63, 66

홉킨스, 제라르 Gerard M. Hopkins - 14

후설, 에드문트 Edmund Husserl - 130

흄, 데이비드 David Hume - 26

힌데미트, 파울 Paul Hindemith - 51, 55

말년의 양식에 관하여

에드워드 W. 사이드 지음
장호연 옮김

초판 1쇄 발행   2008년 1월 25일
개정판 1쇄 발행   2012년 10월 20일
개정판 4쇄 발행   2023년 11월 10일

발행처   도서출판 마티
출판등록   2005년 4월 13일
등록번호   제2005-22호
발행인   정희경
편집   서성진, 박정현
디자인   땡스북스 스튜디오

주소   서울시 마포구 잔다리로 101, 2층 (04003)
전화   02. 333. 3110
팩스   02. 333. 3169
이메일   matibook@naver.com
홈페이지   matibooks.com
인스타그램 matibooks
트위터   twitter.com/matibook
페이스북   facebook.com/matibooks

On Late Style
Copyright ⓒ The Estate of Edward W. Said, 2006
Foreword copyright ⓒ Mariam C. Said, 2006
All rights reserved

This Korean translation published by arrangement with Edward W. Said
c/o The Wylie Agency (UK) through Milkwood Agency.

ISBN 978-89-92053-68-6 (94100)